労働保険
事務組合の実務

令和6年版

労働新聞社

は　し　が　き

　労働保険事務組合制度は、労働保険の保険料の徴収等に関する法律が施行される以前の旧労災保険事務組合制度と旧失業保険事務組合制度を含めると60年余の歴史を有し、全国約9千2百（令和4年3月末）の事務組合が設立され、約141万5千（令和3年度）の委託事業の労働保険事務を処理するまでになっています。

　これは、労働保険事務組合の皆様方が日夜努力された成果であることは申すまでもなく、中小企業の皆さんが事務組合の皆さんの手助けをいかに喜んでいるかということだと思います。

　労働保険が昭和50年4月に全面適用になってから40年余が経過しているにもかかわらず、いまだに "手続きがめんどうだ" あるいは "手続きの方法がわからない" 等の理由でその手続きをとっていない事業場、いわゆる未手続事業場が相当数残されているのも事実です。

　その多くは、労働者5人未満の商業・サービス業などの中小零細企業の人達であると思われますが、これらの人達すべてに労働保険の手続きをとって安定した職業生活と福祉の向上を図ることが適用促進の目的でもあります。

　そこで、平成17年度から労働保険事務組合への委託により労働保険未手続事業一掃業務が実施されています。

　本書は、特に事務組合関係者に必要な、労働保険に関する事務処理方法などについて平易に解説したものです。広くご活用いただければ幸いです。

労働新聞社

目　　次

※様式の記入例は参考のため作成したものですので、労働保険番号、業種、料率および金額が一致していない場合もあります。

※本書の掲載内容や様式は、令和6年2月末時点で判明・確認しているものとなります。以降の変更につきましては対応しておりません。ご了承ください。

※最新の様式等については、厚生労働省のパンフレットやWEB等をご確認ください。

第1章

労働保険適用徴収システム

労働保険適用徴収事務を迅速かつ効率的に行うため、昭和56年10月からOCR（光学文字読取装置）を導入した労働保険適用徴収システムを実施しています。

本システム実施によって、事業主および労働保険事務組合の方々から提出される主要な届出書は直接OCRで読み取らせますので、届出書の取扱いおよび記入等に当たっては次のことに注意してください。

（1）取扱い上の注意

①　なるべく折り曲げないようにし、やむを得ない場合には折り曲げマーク（ ▶　　◀ ）の所で折り曲げてください。

②　汚さないようにしてください。

③　パンチ、ホッチキス等で穴をあけないでください。

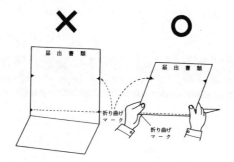

（2）記入上の注意

①　黒のボールペンを使用し記入してください。

②　ボールペンのボタやカスレのないようにするため、別の紙等できれいに調整してから記入を始めてください。

③　ボールペンは図のように持ち、同じ力で書いてください。

④　□□□□で示された記入枠に記入する文字は、「標準字体」にならって大きめの文字で記入してください。

⑤　記入すべき事項のない記入枠は空欄のままとし、※印のついた記入枠には記入しないでください。

（3）OCR標準字体

日本工業規格（JIS）光学文字認識のための手書文字です。

① **数字の標準字体（JIS X9006 − 1979）**

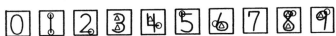

② **カナ文字の標準字体（JIS X9005 − 1979）**

（注）　1．空欄に該当する文字（ヰ、ヱ、ヲ）は、OCRでは読み取ら
　　　　　ない文字です。

　　　　2．○印は特に注意して記入するところです。

　　　　3．△印は空ける部分です。

③ **記号の標準字体**

　（注）1．円記号の￥は一本です。

　　　　　　　　　　2．納付書の納付額を記入するときのみ使用します。

④ **誤読され易い文字**

　字形の似たものはOCRが誤って読み取らないよう、その特徴に注
意して記入してください。

（4）電子申請・電子納付について

　労働保険の適用徴収関係手続は、電子申請・電子納付によっても行うことができます。電子申請を利用することにより、都道府県労働局、労働基準監督署または金融機関の窓口へ出向くことなく、夜間、休日でも手続ができます。

　年度更新を電子申請した場合は、併せて電子納付することが可能です。また、延納（分割納付）の申請をした場合の第2期以降の納付については、年度更新を電子申請していない場合でも電子納付ができます。

　なお、労働保険の適用徴収関係手続の電子申請は、受付機能が平成22年1月から電子政府の総合窓口（e-Gov）に統合されました。

アクセスコードとは

　年度更新の電子申請には、便利な「アクセスコード」を使用できます。
・「アクセスコード」は郵送された年度更新申告書のあて先労働局名の
　右隣に印字されている8桁の英数字です。
・「アクセスコード」を使用すると、年度更新申告書にあらかじめ印字
　されている内容（労働保険番号、保険料率等）と同じ項目を電子申請
　様式に取り込むことができます。これにより、前年度の申告内容等を
　改めて入力し直す手間が省けます。

第2章

労働保険の適用と保険料等

1　適用のしくみ

（1）労働保険の保険関係

　「労働保険の保険料の徴収等に関する法律」（以下「徴収法」といいます）により、労災保険と雇用保険の適用は、ともに「労働保険の保険関係」を通じて具体化されます。

　この労働保険の保険関係というのは、保険事故（業務災害、通勤災害、失業）が生じた場合に労働者ないし被保険者が保険者（政府）に対し保険給付を請求する権利をもち、これに対応して保険加入者（事業主）は、保険者に労働保険料を納付する義務を負うという権利義務関係の基礎となる継続的な法律関係をいいます。

　労働保険の保険関係は、「事業」を単位として成立します。この適用単位としての「事業」とは、工場、事務所、商店等、一つの経営体、すなわち一定の場所において、一定の組織のもとに有機的に相関連して行われる一体的な経営活動をいい、会社そのもの、企業そのものではありません。一つの会社でいくつかの支店や工場がある場合には、保険関係は原則として個々の支店や工場ごとに成立するわけです。

　労働保険の適用を受ける事業は、保険関係の成立のしかたにより、「当然適用事業」と「任意適用事業」に分かれ、また、「一元適用事業」と「二元適用事業」に分かれます。

（2）当然適用事業と任意適用事業

　当然適用事業とは、事業主が望むと否とにかかわらず、事業が行われているかぎり法律上当然に労災保険または雇用保険の保険関係が成立する事業をいい、労働者を使用する事業は当然適用事業です。

　ただし、次に掲げる事業については、当分の間、任意適用事業となっています。

　①　労災保険については、農林水産の事業のうち、労働者数5人未満の個人経営の事業（特定農作業従事者および指定農業機械作業従事者として特別加入する者が、労働者を使用して行う当該特別加入に係る事業および「業務災害の発生のおそれが多いものとして厚生労働大臣が定める事業」を除く）

② 雇用保険については、農林水産の事業のうち、労働者数5人未満の個人経営の事業

（3）一元適用事業

　一元適用事業とは、労災保険の保険関係と雇用保険の保険関係とをあわせて一つの労働保険の保険関係として取り扱い、労働保険料の申告・納付等を両保険一本で行う事業です。大部分の事業がこれに該当します。

（4）二元適用事業

　二元適用事業とは、その事業の実態からして労災保険と雇用保険の適用のしかたを区別する必要があるため、労災保険の保険関係と雇用保険の保険関係とを別個に取り扱い、労働保険料の申告・納付等は、それぞれ別々に、つまり二元的に行う事業で、次に掲げるものがそれです。

① 都道府県および市町村の行う事業
② 都道府県に準ずるもの、および市町村に準ずるものの行う事業
③ 港湾労働法の適用される港湾（東京港、横浜港、名古屋港、大阪港、神戸港、関門港）において同法第2条第2号に規定する港湾運送の行為を行う事業
④ 農林、水産の事業
⑤ 建設の事業

　なお、建設の事業および林業等に対しては労災保険の保険関係についてのみ有期事業としての取扱いがなされますが、雇用保険の保険関係については、有期事業としての取扱いをしないことになっています。したがって、有期事業の一括や請負事業の一括の扱いも労災保険の場合のみに限られます。

2　保険料等のしくみ

（1）労働保険料の種類

　政府は、労働保険の事業に要する費用にあてるため労働保険料を徴収しますが、その種類は次の六つに区分されています。

①　一般保険料

　　事業主が労働者に支払う賃金を基礎として算定する通常の保険料をいいます。

②　第1種特別加入保険料

　　労災保険の中小事業主等の特別加入者についての保険料をいいます。

③　第2種特別加入保険料

　　労災保険の一人親方等の特別加入者についての保険料をいいます。

④　第3種特別加入保険料

　　労災保険の海外派遣の特別加入者についての保険料をいいます。

⑤　印紙保険料

　　雇用保険の日雇労働被保険者についての雇用保険印紙による保険料をいいます。

⑥　特例納付保険料

　　平成23年10月から雇用保険の未手続者に対する救済制度が設けられていますが、未手続者を雇用する事業主が保険関係成立届を提出していなかったとき納付を勧奨する保険料です。通常の年度更新の手続には関係ありません。

（2）一般拠出金

　平成19年度労働保険の年度更新から「石綿による健康被害の救済に関する法律」（以下「石綿健康被害救済法」といいます）に基づく「一般拠出金」の申告・納付が始まりました。

　アスベストは、全ての産業において、その基盤となる施設、設備、機材等に幅広く使用されてきました。このため健康被害者の救済にあたっては、アスベストの製造販売等を行ってきた事業主のみならず、全ての労災保険適用事業場の事業主に一般拠出金をご負担いただくこととしています。

（3）労働保険料の計算方法

イ　一般保険料の計算

　一般保険料は、通常事業主がその事業に使用するすべての労働者に支払う賃金の総額に労災保険率と雇用保険率とを合計した率を乗じて計算します。ただし、労災保険または雇用保険のいずれか一方の保険関係のみが成立している場合には、労災保険率または雇用保険率のみを乗じて計算します。

　　労災保険と雇用保険の双方の保険関係が成立している場合
　　一般保険料＝賃金総額×（労災保険率＋雇用保険率）

ロ　第1種特別加入保険料の計算

　中小事業主等の特別加入者に係る保険料算定基礎額（141ページ参照）の総額に第1種特別加入保険料率（労災保険率と同一の率、220ページ参照）を乗じて計算します。

ハ　第2種特別加入保険料の計算

　一人親方等の特別加入者に係る保険料算定基礎額（141ページ参照）の総額に第2種特別加入保険料率（234ページ参照）を乗じて計算します。

ニ　第3種特別加入保険料の計算

　海外派遣の特別加入者に係る保険料算定基礎額（141ページ参照）の総額に第3種特別加入保険料率（1000分の3、235ページ参照）を乗じて計算します。

ホ　印紙保険料

　雇用保険の日雇労働被保険者1人につき1日当たりの賃金日額が11,300円以上の者については176円（第1級印紙保険料日額）、賃金日額が8,200円以上11,300円未満の者については146円（第2級印紙保険料日額）、賃金日額が8,200円未満の者については96円（第3級印紙保険料日額）です。

（4）一般拠出金の計算方法

　一般拠出金は一般保険料の計算と同様に事業主が労働者に支払った賃金総額に一般拠出金率（平成26年4月1日から一律1000分の0.02）を乗じて計算します。

（5）高年齢労働者についての保険料の免除

　高年齢労働者の雇用の促進と福祉の増進を図るため、保険年度の初日（4月1日）において満64歳以上の労働者であって、短期雇用特例被保険者および日雇労働被保険者以外の者（以下「免除対象高年齢労働者」といいます）については、一般保険料のうち雇用保険分に相当する保険料が免除されていましたが、この保険料の免除は、令和2年4月1日付で廃止されています。

（6）概算保険料の申告と納付（一般保険料の場合）

　工場、事務所、商店等の継続事業は、毎保険年度（毎年4月1日から翌年3月31日まで）の初めにその保険年度の一般保険料を計算し、概算保険料として申告・納付することになります。

　概算保険料は通常の場合、前年度に支払った賃金（支払うことが決まった賃金を含みます）の総額によって算定し、現年度における賃金上昇等による増加分（100分の200以下の増加分）は、翌年度の初めに精算すればよいことになっています。

　保険年度の中途で保険関係が成立した事業は、その日から保険年度の末日までの分を計算して申告・納付しなければなりません。

　納付手続としては、前年度から引続き労働保険の保険関係が成立している事業は、毎年6月1日から7月10日までの間（保険年度の中途で保険関係が成立した事業については、その日から50日以内）に「概算保険料申告書」と「納付書」を作成し、この申告書および納付書に概算保険料を添えて日本銀行〔本店、支店、代理店および歳入代理店（全国の銀行・信用金庫の本店または支店、郵便局）〕、所轄の都道府県労働局または労働基準監督署に申告・納付することになります。

（7）概算保険料の延納（分割納付）

　概算保険料の納付はその保険年度の分の全額について行いますが、次の場合には延納（分割納付）の申請をすることができます。

　継続事業については、①当初の概算保険料の額が40万円（労災保険または雇用保険のいずれか一方の保険関係のみが成立している場合は20万円）以上のもの、または②労働保険事務組合に労働保険事務の処理を委託しているものは、概算保険料を3期〔4月1日から7月31日まで、8月1日から11月30日まで、および12月1日から翌年3月31日までの各期（4月1日から5月31日までに保険関係が成立した事業を含む）〕、または2期（その保険年度において6月1日から9月30日までに保険関係が成立した事業については、その成立した日から11月30日まで、および12月1日から翌年3月31日までの各期）に等分して延納（分割納付）することができます。

　延納（分割納付）する場合の各期分の納期限は次のとおりです（口座振替の納期については86ページを参照）。なお、納付期限が土・日・祝日に当たる場合は、納付期限の直後のこれらの日以外の日となります。

第1期分	7月10日
第2期分	10月31日（11月14日）
第3期分	翌年1月31日（翌年2月14日）

（カッコ内は労働保険事務組合に委託している場合）

　なお、有期事業については、事業の全期間が6カ月を超えるものであって、概算保険料の額が75万円以上のものは、おおむね上記に準じた方法で延納（分割納付）が認められています。

（8）確定保険料の申告と納付（一般保険料の場合）

　継続事業の確定保険料の額は、毎保険年度の末日または保険関係が消滅した日までに使用した労働者に支払った賃金（支払うことが決まった賃金を含みます）の総額を基礎として計算されます。

　確定保険料の算定は、概算保険料の精算のために行われるものですから、概算保険料の額が確定保険料の額に足りない場合には、その不足額を納付し、逆に概算保険料の額が確定保険料の額をこえる場合には、その超過額は翌年度の概算保険料等に充当するか、または事業主に還付することにな

ります。

　確定保険料は6月1日から40日、または保険関係消滅の日から50日以内に申告・納付しなければなりません。すなわち、納付すべき不足額がなければ、「確定保険料／一般拠出金申告書」のみ所轄の都道府県労働局または労働基準監督署に提出することになります。なお、納付すべき不足額があるときは、「確定保険料／一般拠出金申告書」および「納付書」に不足額を添えて日本銀行〔本店、支店、代理店および歳入代理店（全国の銀行・信用金庫の本店または支店、郵便局）〕、所轄の都道府県労働局または労働基準監督署に申告・納付することになります。

（9）第1種・第2種・第3種特別加入保険料の申告と納付

　これらの労働保険料の申告・納付も、一般保険料の場合とおおむね同様の方式によって行います。

（10）一般拠出金の申告と納付

　一般拠出金の納付方法は、労働保険の確定保険料の申告に併せて申告・納付します〔一般拠出金には概算納付の仕組みはなく、確定納付のみの手続きとなります。延納（分割納付）はできません〕。

　一般拠出金の計算方法は、確定保険料の計算と同様に前年度中に使用したすべての労働者に支払われた賃金総額に一般拠出金率を乗じて算出します。

　一般拠出金は労災保険適用事業場の全事業主が対象で料率は業種を問わず、一律1000分の0.02です。メリット対象事業場についても一般拠出金率にはメリット料率の適用（割増、割引）はありません。

（11）口座振替納付

　労働保険料等の納付については、口座振替納付の方法で納付することもできます。

3 保険料等の負担

　労働保険料は、事業主が政府に対して納付する義務を負っているのですが、一般保険料のうち、労災保険分（労災保険率の部分）については、労災保険制度の趣旨から事業主の全額負担です。

　令和6年度の雇用保険分（雇用保険率の部分）については、雇用保険率のうち1000分の3.5（特掲事業の建設の事業については1000分の4.5）の率に応ずる額は、雇用保険の事業としての雇用安定事業および能力開発事業を行うための費用に充てることになっており、事業主が全額負担し、雇用保険率に応ずる額から雇用安定事業等に係る率に応ずる額を控除した額は失業等給付等に要する費用に充てるため、事業主と被保険者が折半して負担することを原則とします。

　すなわち、被保険者の負担する額は、雇用保険率が1000分の15.5の事業については、1000分の6 $\{(\frac{15.5}{1000} - \frac{3.5}{1000}) \times \frac{1}{2}\}$ となり、雇用保険率が1000分の17.5または1000分の18.5の事業については、1000分の7 $\{(\frac{17.5}{1000} - \frac{3.5}{1000}) \times \frac{1}{2}\}$ または、1000分の7 $\{(\frac{18.5}{1000} - \frac{4.5}{1000}) \times \frac{1}{2}\}$ に応ずる額となります。

　具体的には、その月またはその日の賃金支払いの都度その賃金額に被保険者負担率を乗じることにより計算され、この被保険者負担分は、その月または日の賃金支払いの際、賃金の中から差し引くことができます。

　被保険者負担分を賃金から控除したときは、労働保険料控除に関する計算書を作成（賃金台帳で代用できます）するとともに、控除した額を被保険者に知らせなければなりません。

　一般拠出金は、労災保険適用事業場の全事業主が対象となっています。その負担は全額事業主負担となっており、一般拠出金率は一律1000分の0.02となります。

4 労働保険事務組合

　労働保険事務組合の制度は、労働保険に関する事務処理について不慣れなことの多い中小零細企業の事業主に代わって、中小事業主を構成員とする事業協同組合、商工会等の事業主の団体またはその連合団体がこれを処理し、事業主の事務の負担の軽減を図り、併せて本制度を利用することによって労働者とともに働いている中小事業主および家族従事者にも、労働者と同様に労災保険の適用が受けられるようにした制度です。なお、労働保険事務組合制度については、第4章の「1　労働保険事務組合制度のあらまし」(92ページ)を参照してください。

　また、委託事業主については、労働保険の事務処理に関して、労災保険の事務と雇用保険の事務とを、二元適用事業でないのに区別して処理することはできませんので、いまなお、両保険の事務処理を委託する労働保険事務組合が相違したり、あるいは、労災保険の事務は委託しているが、雇用保険の事務を自ら手続している場合等、別々に手続をしている場合には、早急に、同一の労働保険事務組合に事務処理を委託することが望ましいです。

　平成19年4月1日から石綿健康被害救済法に基づく一般拠出金の申告・納付が始まり、これにともない労働保険事務組合の皆様は、労働保険料と同様に委託事業主の一般拠出金についての事務処理も行うことができるようになりました。

5 事務組合整理番号

　事務組合整理番号は、事務組合として認可された場合に付与される番号で、次のようなしくみになっています。

　　　府県　　　　　　一連番号
　　　⌒　　　　　　　　⌒
　　　○○　　　—　　　○○○○　　　(6桁)

(注)「一連番号」の使用範囲は、事務組合の認可所掌により次のように
　　区分されます。
　　　　監督署所掌…0001 〜 2999
　　　　安定所所掌…3000 〜 9999

6 労働保険番号

労働保険番号は、次のようなしくみになっています（104 ページ参照）。

府県	所掌	管轄	基幹番号	枝番号
○○	○	○○	○○○○○○	○○○

（注）「所掌」は労働基準監督署、または公共職業安定所のどちらの所掌であるかを次のようなコードで表わします。

　　　　1…労働基準監督署の所掌するもの

　　　　3…公共職業安定所の所掌するもの

「管轄」は、管轄の労働基準監督署（所掌が「1」の場合）または公共職業安定所（所掌が「3」の場合）を表わし、労働基準監督署または公共職業安定所に付されているコード番号を用いています。

　この労働保険番号は、労働保険料等の申告・納付の手続等徴収法の規定による諸手続、労災保険の保険給付の手続等に用いる重要な番号ですから誤りのないよう注意を要します。なお、雇用保険の被保険者についての届出には、雇用保険事業所番号を用いるので、混同しないように使い分けてください。

7 労働保険行政

　事業主および労働保険事務組合が行う諸手続の相手方になる労働保険行政の事務分担は、下表のとおりです。

都 道 府 県 労 働 局	
労働基準監督署所掌	**公共職業安定所所掌**
1. 一元適用事業で、労働保険事務組合に事務処理を委託しない事業（以下「個別加入事業」という）に係る一般保険料および一般拠出金の徴収 　ただし、右の公共職業安定所所掌欄の2の事業に係るものを除く。	1. 一元適用事業で、労働保険事務組合に事務処理を委託する事業（以下「委託加入事業」という）に係る一般保険料、一般拠出金および第1種特別加入保険料の徴収
	2. 一元適用事業で雇用保険に係る保険関係のみ成立している個別加入事業についての一般保険料の徴収

2. 二元適用事業のうち、労災保険の保険関係に係る事業（個別加入事業、委託加入事業を問わない）についての一般保険料および一般拠出金の徴収	3. 二元適用事業のうち雇用保険の保険関係に係る事業（個別加入事業、委託加入事業を問わない）についての一般保険料の徴収
3. 労働保険事務組合であって、事業主から処理を委託される労働保険事務が労災保険に係る保険関係のみが成立する事業（二元適用事業のうち労災保険に係る保険関係に係る事業および一人親方等の団体をいう。以下同じ）のみに係るものについての認可	4. 労働保険事務組合についての認可 ただし、左の労働基準監督署所掌欄の3の労働保険事務組合に係るものを除く。
4. 労災保険の特別加入の承認、ならびにこれに係る第1種特別加入保険料（公共職業安定所所掌欄の1の事業に係るものを除く）、第2種特別加入保険料および第3種特別加入保険料の徴収	
5. 労災保険の特別保険料の徴収	5. 旧失業保険法の規定による特別保険料の徴収
6. 徴収法施行前の期間に係る旧労災保険法の規定による保険料の徴収	6. 徴収法施行前の期間に係る旧失業保険法の規定による保険料の徴収
7. 労災保険の任意加入の認可	7. 雇用保険の任意加入の認可
8. 上記1および2の事業に係る継続事業の一括扱いの認可	8. 上記1、2および3の事業に係る継続事業の一括扱いの認可
9. 元請一括に係る下請負人を事業主とする認可	9. 印紙保険料、特例納付保険料の徴収

労働基準監督署	公共職業安定所
1. 都道府県労働局における労働基準監督署所掌の事務に係る申請書等の受理	1. 都道府県労働局における公共職業安定所所掌の事務に係る申請書等の受理〔保険料等の徴収金に係る申告書等（申告書、印紙保険料納付計器指定申請書、始動票札受領通帳交付申請書および始動票札受領通帳等）の受理および収納を除く〕
2. 都道府県労働局における労働基準監督署所掌の保険料等の徴収金に係る保険料申請書等の受理および収納	2. 雇用保険印紙関係事務その他日雇雇用保険関係事務

第3章

労働保険事務組合が行う事務

1 年度更新の手続

（1）年度更新の意味

　労働保険の保険料は、毎年4月1日から翌年3月31日までの間の1年間を単位（これを「保険年度」といいます）として計算されることになっていますが、この労働保険料の額は、保険関係が成立している事業場で使用されるすべての労働者の「賃金総額」に、その事業に定められた「保険料率」を乗じて得た額とされています。

　つまり、労働保険では、まず、保険年度の当初に概算で労働保険料を決めて納付しておき、保険年度末に賃金総額が確定したところで精算するという方法をとっていますので、新年度の概算保険料の申告・納付と、前年度の労働保険料を精算するための確定保険料の申告・納付の手続が必要となります。これが「年度更新」の手続です。

　この年度更新の手続は、6月1日から7月10日までの間に行わなければなりません。

　また、第2章の4（26ページ）でも述べたとおり、労働保険事務組合は労働保険料と同様に委託事業主の一般拠出金についての事務処理も行うことができるようになりましたので、労働保険料と併せて一般拠出金の申告・納付の手続も必要になります。

（2）年度更新関係諸用紙

　事務組合の行う年度更新の手続に必要な用紙は次のものです。

組様式	第4号	労働保険料等算定基礎賃金等の報告
組様式	第6号（甲）	保険料・一般拠出金申告書内訳（一般保険料、一般拠出金及び第1種特別加入保険料用）
組様式	第6号（乙）	保険料申告書内訳（第2種特別加入保険料用）
組様式	第7号（甲）	労働保険料等納入通知書（概算保険料第1期（全期）分の納入通知用）
組様式	第7号（乙）	労働保険料等納入通知書（はがき大）
組様式	第8号	労働保険料等領収書（はがき大）

様式	第 6 号（甲）	労働保険概算・確定保険料／石綿健康被害救済法一般拠出金申告書
様式	第 7 号（甲）	一括有期事業報告書（建設の事業） 一括有期事業総括表（建設の事業）
様式	第 7 号（乙）	一括有期事業報告書（立木の伐採の事業）
様式	第 17 号	労働保険料等徴収及び納付簿
海特様式	第 1 号	第 3 種特別加入保険料申告内訳
海特様式	第 2 号	第 3 種特別加入保険料申告内訳名簿

（3）労働保険概算・確定保険料／石綿健康被害救済法一般拠出金申告書の作成手順

(イ)　「労働保険概算・確定保険料／石綿健康被害救済法一般拠出金申告書」（様式第 6 号（甲）、62 ページ参照、以下「申告書」といいます）の作成に当たっては、まず、委託事業主から報告された「労働保険料等算定基礎賃金等の報告」（組様式 4 号、38 〜 39 ページ記入例参照、以下「賃金等の報告」といいます）を、労働保険番号の基幹番号ごとに整理しなければなりません。

(ロ)　基幹番号ごとに整理した「賃金等の報告」に基づいて「令和 5 年度確定／令和 6 年度概算保険料・一般拠出金申告書内訳」（組様式第 6 号（甲）、44 〜 45 ページ記入例参照、以下「申告書内訳」といいます）を作成しなければなりません。

　　なお、「申告書内訳」に記載される労働保険番号と枝番号が、個々の委託事業主の労働保険番号となります。

(ハ)　上記 (ロ) の「申告書内訳」に基づき「申告書」を作成し、次の区分に従って提出しなければなりません。

　　①　一元適用事業および二元適用事業の雇用保険分に係るもの、ならびに中小事業主等の特別加入者に係るものについては、日本銀行の本店、支店、代理店、歳入代理店（全国の銀行・信用金庫の本店または支店、郵便局）、または所轄の都道府県労働局のいずれかに提出しなければなりません。

　　②　二元適用事業の労災保険分、一人親方等の特別加入団体、海外派遣の特別加入者および中小事業主等の特別加入者（一元適用事業に係るものを除く）に係るものについては、日本銀行の本店、

支店、代理店、歳入代理店（全国の銀行・信用金庫の本店または支店、郵便局）、または所轄の都道府県労働局、労働基準監督署のいずれかに提出しなければなりません。

（4）年度更新等の事務処理

労働保険事務組合は、年度更新等の事務の手続を7月10日までに終らせるためには、各委託事業主からの報告の受理、提出書類の作成等を相当の時間的余裕をみて行い、適正な労働保険料等の申告・納付のため万全の注意をすることが必要です。

なお、一人親方等の特別加入団体、海外派遣の特別加入者および中小事業主等の特別加入者についても継続事業の年度更新事務処理と同様ですので、以下、具体的な記入例をあげて順を追って説明することにします。

イ 「賃金等の報告」の作り方（組様式第4号、38〜39ページ記入例参照）

労働保険事務組合が年度更新等の事務の手続を行うためには、まず、各委託事業主から令和5年4月1日から令和6年3月31日までの過去1年間（その年度の中途で事務を委託したものは、その委託の日から令和6年3月31日まで）に使用した労働者に支払った賃金の総額と、令和6年4月1日から令和7年3月31日までの間に支払う賃金総額の見込額についての「賃金等の報告」を事前に受ける必要があります。

労働保険事務組合は、この「賃金等の報告」に基づいて労働保険料等を計算し納入通知書に記入して、納入通知を行う際に「賃金等の報告（事業主控）」を各委託事業主に返すことになります。「賃金等の報告」は次の記入要領により作成します。

なお、労働保険事務組合においても、それに誤りがないかどうかを確認し、次の「申告書内訳」を作成します（40ページ以降参照）。

【「賃金等の報告」作成上の留意点】

「① 労働保険番号」欄には、委託事業場に付与されている労働保険番号を記入します。

「② 雇用保険事業所番号」欄には、委託事業場に付与されている雇用保険の事業所番号を記入します。

「③　事業の名称」欄、「④　事業の所在地」欄、「⑤　事業主の氏名」欄および「⑥　作成者氏名」欄には、事業の名称、事業の所在地、事業主の氏名および「賃金等の報告」の作成者の氏名を記名します。なお、押印を求める手続きの見直しにより、労働保険関係の様式についても、原則、押印または署名を求めない形に改められています。

「⑦　事業の概要」欄は、委託事業の内容（製品名、製造工程等）を具体的に記入します。

「⑧　業種」欄は、「⑦　事業の概要」に基づき「労災保険率適用事業細目表」（220 ページ以降を参照）の該当する「事業の種類の細目」にある番号を記入します。

「⑨　特掲事業」欄は、労働保険事務組合において雇用保険に係る保険関係が成立している事業で、次の事業に該当する場合にはイを○で、該当しない場合はロを○で囲みます。

(1)　土地の耕作もしくは開墾または植物の栽植、栽培、採取もしくは伐採の事業その他農林の事業（園芸サービスの事業は除く）

(2)　動物の飼育または水産動植物の採捕もしくは養殖の事業その他畜産、養蚕または水産の事業（牛馬の育成、酪農、養鶏または養豚の事業、および内水面養殖の事業は除く）

(3)　土木、建築その他工作物の建設、改造、保存、修理、変更、破壊もしくは解体またはその準備の事業

(4)　清酒の製造の事業

「⑩　令和 6 年度概算の延納」欄には、労働保険料の延納（分割納付）を希望する場合にはイに○印を、延納を希望しない場合にはロに○印を付します。

「⑪　令和 5 年度確定賃金総額」欄には、令和 5 年 4 月 1 日から令和 6 年 3 月 31 日（年度の途中で労働保険事務を委託したものについては、この委託年月日から令和 6 年 3 月 31 日）まで使用した労災保険対象労働者と雇用保険対象被保険者の数および賃金の総額を各欄の区分により記入し、その合計（⑥欄、⑥欄には、ⓐ欄、ⓒ欄の額の 1,000 円未満の端数を切り捨てた額をそれぞれ記入し、ⓑ＋ⓗ欄にはⓑ欄の額に⑫のⓗ欄の額を加えた額を記入し、ⓖ欄にはⓓ欄を記入します）をそれぞれの欄に記入します。

「**1カ月平均使用労働者数**」欄には、令和5年度中の1カ月平均使用労働者数を記入します。

$$\dfrac{\text{令和5年度の各月末（賃金締切日がある場合には月末直前}}{\text{12（ただし、令和5年度中途に保険関係が成立した事業に}}$$

令和5年度の各月末（賃金締切日がある場合には月末直前の賃金締切日）の使用労働者数の合計
────────────────────────────
12（ただし、令和5年度中途に保険関係が成立した事業にあっては保険関係成立以後の月数）

ただし、船きょ、船舶、岸壁、波止場、停車場および倉庫における貨物取扱いの事業、および一括有期事業については、前年度における1日平均使用労働者数を記入します。

「**1カ月平均被保険者数**」欄には、前保険年度における1カ月平均被保険者数を記入します。

賃金総額とは、事業主が、その事業に使用するすべての労働者に対し名称のいかんを問わず、労働の対償として1保険年度中に支払うすべての賃金の総額をいいます。

この賃金総額に算入されるものとされないものについては、「労働保険料等の算定基礎となる賃金早見表（例示）」（36～37ページ）を参照してください。

また、現物給付については、原則的には所定の現金給付の代わりに支給するもの、つまり、その支給によって現金給付が減額されるものや、労働契約においてあらかじめ現金給付の他にその支給が約束されているものは、賃金として賃金総額の中に算入しなければなりません。このような現物給付でも、代金を徴収するものや労働者の福利厚生的とみなされるものは、賃金総額の中には算入する必要はありません。

なお、退職金、結婚祝金、死亡弔慰金、災害見舞金等は、賃金総額の中には算入されないこととなっています。

「**⑫　令和5年度確定**」欄には、令和5年度において、中小事業主やその家族従事者で労災保険の特別加入の承認を受けている者がいる場合に、その氏名、「承認された給付基礎日額」、「保険料算定基礎額」（141ページ参照）を記入し、その合計額（1,000円未満の端数を切り捨てた額）をⓗ欄に記入します。

「⑬　**令和6年度概算**」欄には、中小事業主やその家族従事者で労災保険の特別加入の承認を受けている者がいる場合に、その特別加入者の氏名、その特別加入者に係る「希望する給付基礎日額」（変更申請をする予定のときはその改定を希望する額）および「保険料算定基礎額」を「特別加入保険料算定基礎額表」（141ページ参照）により記入し、その総額（1,000円未満の端数を切り捨てた額）を①欄に記入します。

「⑭　**令和6年度賃金総額の見込額**」欄には、令和6年4月1日から令和7年3月31日までの賃金総額の見込額を次により記入します。

(1)　令和6年度の賃金総額の見込額が前年度の賃金総額の$\frac{50}{100}$以上、$\frac{200}{100}$以下の場合には、「㋬　合計」欄の⑥と⑥欄に「前年度と同額」と記入し、㋑欄から㊁欄までは記入しないでください。

(2)　(1)以外の場合には次により記入します。

　　㋑欄は令和6年度における1日平均使用労働者見込数を、㋺欄は令和6年度における1カ月平均被保険者見込数を、㋩欄は令和6年度の支払賃金総額の見込額を、㊁欄は令和6年度の賞与等臨時支払賃金の見込額を記入し、㋬欄に㋩欄の額と㊁欄の額との合計（1,000円未満の端数があるときは、その端数を切り捨てた額）を記入します。

労働保険料等の算定基礎となる賃金早見表（例示）

算入するもの	
支給金銭等の種類	内　　容
基本賃金	時間給、日給・月給、臨時・日雇労働者・パート・アルバイトに支払う賃金
賞与	夏季・年末などに支払うボーナス
通勤手当	非課税分を含む
定期券・回数券	通勤のために支給する現物給与
超過勤務手当、深夜手当 等	通常の勤務時間以外の労働に対して支払う残業手当 等
扶養手当、子供手当、家族手当	労働者本人以外の者について支払う手当
技能手当、特殊作業手当、教育手当	労働者個々の能力、資格等に対して支払う手当や、特殊な作業に就いた場合に支払う手当
調整手当	配置転換・初任給等の調整手当
地域手当	寒冷地手当・地方手当・単身赴任手当 等
住宅手当	家賃補助のために支払う手当
奨励手当	精勤手当・皆勤手当 等
物価手当、生活補給金	家計補助の目的で支払う手当
休業手当	労働基準法第26条の規定に基づき、事業主の責に帰すべき事由により支払う手当
宿直・日直手当	宿直・日直等の手当
雇用保険料、社会保険料 等	労働者の負担分を事業主が負担する場合
昇給差額	離職後支払われた場合でも在職中に支払いが確定したものを含む
前払い退職金	支給基準・支給額が明確な場合は原則として含む
その他	不況対策による賃金からの控除分が労使協定に基づき遡って支払われる場合の給与

算入しないもの	
金銭等の種類	内　　　　　容
役員報酬	取締役等に対して支払う報酬
結婚祝金、死亡弔慰金、災害見舞金、年功慰労金、勤続褒賞金、退職金	就業規則・労働協約等の定めがあるとないとを問わない
出張旅費、宿泊費	実費弁償と考えられるもの
工具手当、寝具手当	労働者が自己の負担で用意した用具に対して手当を支払う場合
休業補償費	労働基準法第 76 条の規定に基づくもの。法定額60％を上回った差額分を含めて賃金としない
傷病手当金	健康保険法第 99 条の規定に基づくもの
解雇予告手当	労働基準法第 20 条に基づいて労働者を解雇する際、解雇日の 30 日以前に予告をしないで解雇する場合に支払う手当
財産形成貯蓄等のため事業主が負担する奨励金 等	勤労者財産形成促進法に基づく勤労者の財産形成貯蓄を援助するために事業主が一定の率または額の奨励金を支払う場合（持株奨励金など）
会社が全額負担する生命保険の掛け金	従業員を被保険者として保険会社と生命保険等厚生保険の契約をし、事業主が保険料を全額負担するもの
持家奨励金	労働者が持家取得のため融資を受けている場合で事業主が一定の率または額の利子補給金等を支払う場合
住宅の貸与を受ける利益（福利厚生施設として認められるもの）	ただし、住宅貸与されない者全員に対し（住宅）均衡手当を支給している場合は、貸与の利益が賃金となる場合がある

組様式第4号

労働保険料等算定基礎賃金等の

① 労働保険番号	府県	所掌	管轄	基幹番号	枝番号
	19	3	01	930010	001

② 雇用保険事業所番号　1901-064115-3

③ 事業の名称　松原工業㈱　TEL　055(

　〒(400 － 0031)

④ 事業の所在地　甲府市丸の内 X-○-△

⑤ 事業主の氏名　宮本　恒雄　⑥ 作成者氏名

令和 5 年 度 確

区分 月別内訳	労災保険対象労働者数及び賃金							
	(1) 常用労働者		(2) 役員で労働者扱いの者（業務執行権を有する者の指示を受け労働に従事し、賃金を得ている者等（裏面参照））		(3) 臨時労働者（パートタイマー、アルバイト等）		(4) 合計 ((1)+(2)+(3))	
令和5年4月	11人	2,768,898円	1人	363,510円	0人	0円	12人	3,132,408円
5月	11	2,759,845	1	366,809	1	154,554	13	3,281,208
6月	11	2,738,461	1	368,177	1	142,100	13	3,248,738
7月	11	2,749,515	1	354,923	1	158,350	13	3,262,788
8月	11	2,821,268	1	362,118	1	166,611	13	3,349,997
9月	11	2,722,413	1	363,949	1	157,300	13	3,243,662
10月	11	2,899,716	1	363,668	1	183,659	13	3,447,043
11月	11	2,896,855	1	365,919	0	0	12	3,262,774
12月	11	2,873,226	1	360,563	0	0	12	3,233,789
令和6年1月	11	2,875,869	1	362,115	0	0	12	3,237,984
2月	11	2,783,193	1	361,992	0	0	12	3,145,185
3月	11	2,767,933	1	372,334	1	176,401	13	3,316,668
賞与等5年7月		5,591,225		752,115		0		6,343,340
年12月		6,670,719		897,325		0		7,568,044
年 月								
合計		45,919,136		6,015,517		1,138,975	1ヵ月平均使用労働者数 人	⑧ 53,073,628円 ⑨ 53,073千円
							12	⑧+⑨ 61,103千円

⑫ 令和5年度確定		特別加入者 氏名	⑬ 令和6年度概算		⑭ 令和
承認された給付基礎日額	保険料算定基礎額		希望する給付基礎日額	保険料算定基礎額	
12,000円	4,380,000円	宮本 恒雄	14,000円	5,110,000円	④ 常時使用労働者数
10,000円	3,650,000円	宮本 渚	10,000円	3,650,000円	⑤ 雇用保険被保険者数
円	円		円	円	⑥ 支払賃金総額の見込額
円	円		円	円	⑥ 賞与等臨時支払賃金の見込額
	⑤ 8,030千円	合計	①+② 61,833千円	① 8,760千円	⑥ 合計

（XXX） XXXX

	⑦事業の概要（具体的に記入してください。）	⑨ 特 掲 事 業
	スプーン・ナイフ・フォーク等 食卓用刃物の製造業	イ. 該当する ⑫ 該当しない
		⑩令和6年度概算の延納 ⑦ する ロ. しない （分割納付（3回）） （一括納付（1回））
	※⑧業種 6 3 0 1	

山本 浩一

	定 賃 金 総 額						
	雇 用 保 険 対 象 被 保 険 者 数 及 び 賃 金						
	(5) 被保険者 日雇労働被保険者に支払った賃金を含む。 なお、パートタイマー、アルバイト等雇用保険の被保険者とならない者を除く（裏面参照）		(6) 役員で被保険者扱いの者 給与支払事の面からみて労働者的性格の強い者（裏面参照）		(7) 合 計 ((5)+(6))		
円	11人	2,768,898円	1人	363,510円	12人	3,132,408円	
	11	2,759,845	1	366,809	12	3,126,654	
	11	2,738,461	1	368,177	12	3,106,638	
	11	2,749,515	1	354,923	12	3,104,438	
	11	2,821,268	1	362,118	12	3,183,386	
	11	2,722,413	1	363,949	12	3,086,362	
	11	2,899,716	1	363,668	12	3,263,384	
	11	2,896,855	1	365,919	12	3,262,774	
	11	2,873,226	1	360,563	12	3,233,789	
	11	2,875,869	1	362,115	12	3,237,984	
	11	2,783,193	1	361,992	12	3,145,185	
	11	2,767,933	1	372,334	12	3,140,267	
		5,591,225		752,115		6,343,340	
		6,670,719		897,325		7,568,044	
円					1ヵ月平均被保険者数 ⓒ	51,934,653円	
円		45,919,136		6,015,517	12人	ⓓ 51,934千円	
円					ⓔ(ⓓ)	51,934	

和6年度 賃金総額の見込額					予 備 欄
労 災 保 険	雇 用 保 険				
人					
	人				
円	円				
円	円				
①(ⓐ+ⓒ) 千円 前年度と同額	ⓚ(ⓐ+ⓒ) 千円 前年度と同額				

ロ 「申告書内訳」の作り方（組様式第６号（甲)、組様式第６号（乙）44 ～ 48 ページ記入例参照)

・この申告書内訳は、「賃金等の報告」に基づいて委託事業主に振り出された枝番号順に作成します。

・労災保険率のメリット制の適用を受ける事業については別葉に記入し、上部余白に〔**メリット適用分**〕と記入して区分します。

・口座振替納付の承認を所轄の都道府県労働局から受けている場合には、1 枚目の表面上部の標題の右側のスペースに（口座）と朱書します。

【一般保険料、一般拠出金および第 1 種特別加入保険料の申告の場合（組様式第 6 号（甲）44 ～ 47 ページ参照)】

「② **事業場の名称**」欄には、令和 5 年度概算保険料申告書に添付した「申告書内訳」に記入されている各委託事業主（年度中途に委託を解除したものも含む）およびその後新規委託があったもの、または委託を解除したものを含め、すべての委託事業主の事業場の名称を記入します。

なお、①欄および②欄は、「賃金等の報告」の提出を受ける前にあらかじめ記入しておき、報告もれのないよう注意してください。

「③ **業種**」および 「⑧ **労災保険率**」欄には、「労災保険率適用事業細目表」（220 ページ以降を参照）により「事業の種類の細目」にある番号、および「労災保険率」を記入します。

なお、労災保険率のメリット制適用事業場については、⑧欄は「令和5 年度労災保険率決定通知書」により通知を受けたメリット労災保険率を記入します。

「④ **常時使用労働者**」欄には、「賃金等の報告」の⑪欄の「1 カ月平均使用労働者数」を転記します。

「⑤ **被保険者**」欄には、「賃金等の報告」の⑪欄の「1 カ月平均被保険者数」を転記します。なお、⑪欄が未記入の場合は、「賃金等の報告」の⑭欄の㋺の人員を記入します。

「⑥ **保険関係区分**」欄には、令和 5 年度において労災保険および雇用保険の両保険関係が成立している事業については「両保」を○で囲み、労災保険のみの保険関係が成立している事業は「労災」、雇用保険のみの保険関係が成立している事業は「雇用」を○で囲みます。

「⑦ **賃金総額**」欄の（一）欄には、「賃金等の報告」の⑪のⓑ欄（一

般）の額、（特）欄には、「賃金等の報告」の⑫の⑥欄（特別加入）の額
を記入します。

「⑨　保険料」欄の（一）欄には、⑦の（一）欄の額に⑧欄の料率を
乗じて得た額（1円未満の端数があるときは、この端数を切り捨てた額）
を記入し、（特）欄には、⑦の（特）欄の額に⑧欄の料率を乗じて得た額（1
円未満の端数があるときには、この端数を切り捨てた額）を記入し、（一）
欄と（特）欄を合算した額を（計）欄に記入します。また、労災保険率
メリット制適用事業についても、上記計算方法と同様の方法で記入しま
す。

「⑩　賃金総額」欄には、「賃金等の報告」の⑪欄の⑪の額を (イ) に、
⑧の額を (ハ) に記入します。

「⑪　雇用保険率」欄には、雇用保険率（令和5年度分、1000分の
15.5、1000分の17.5または1000分の18.5）を記入します。

「⑬　確定保険料合計額」欄には、⑨の（一）計欄＋（特）計欄＋⑫
計欄の額を④欄の「常時使用労働者」数に基づき、「15人以下」、「16
人以上」の規模区分の該当する欄に記入します。なお、雇用保険のみ成
立している事業については、⑤欄の「被保険者」数に基づいて記入します。

「⑭　賃金総額」欄には、「賃金等の報告」の⑦の（一）欄と同額を記
入します。

「⑮　一般拠出金額」欄は、⑭の額に1000分の0.02を乗じて得た額
（1円未満の端数があるときは、この端数を切り捨てた額）を記入します。

「⑯　申告済概算保険料」欄には、すでに令和5年度概算保険料とし
て申告した額を記入します。

ただし、令和5年度の中途に増加（増額訂正）申告および減額（減
額訂正）申告をしている場合は、その増減後の額を記入します。

「⑰　労災保険」欄の上段（点線の上の部分）には適用される労災保
険率を記入します。ただし、労災保険率メリット制適用事業については、
新たに通知されたメリット労災保険率を記入します。

下段（点線の下の部分）には「賃金等の報告」の「⑪＋⑫」欄の額に
上段の料率を乗じた額を記入します。ただし、労災保険率メリット制適
用事業については、「賃金等の報告」の⑭の⑫欄の額に上段の料率を乗
じた額（1円未満の端数があるときは、この端数を切り捨てた額）と、

⑬の①欄の額に上段の料率を乗じて得た額（1円未満の端数があるとき
は、この端数を切り捨てた額）を合算した額を記入します。

「⑱　雇用保険」欄の上段（点線の上の部分）には適用される雇用保
険率を記入します。下段（点線の下の部分）には、「賃金等の報告」の
⑭の⑭欄に「前年度と同額」と記入されている事業については、この申
告書内訳の⑩欄の（ハ）の額に上段の料率を乗じて得た額（1円未満の
端数があるときは、この端数を切り捨てた額）を記入します。それ以外
の事業については、「賃金等の報告」の⑭の⑭欄の額に雇用保険率を乗
じて得た額（1円未満の端数があるときは、この端数を切り捨てた額）
を記入します。

「⑳　第1種特別加入者」欄は、次により記入します。

「区分」欄は、給付基礎日額について、令和6年度から新規に加入
する者があるときは、特別加入承認申請により承認された給付基礎日
額を記入し「1. 新規」を、令和5年度から継続して変更のない者は、
令和5年度の給付基礎日額を記入し「2. 継続」を、変更を希望する
ものは、7月10日までに申請した「給付基礎日額変更申請書」によ
り承認された給付基礎日額または「賃金等の報告」で変更を希望する
給付基礎日額を記入し「3. 変更」を、特別加入を脱退する場合は「4. 脱
退等」をそれぞれ○で囲んでください。

特別加入者の人数が多く、この欄に記入できない場合には、別紙に
記入してください。

「㉑　甲、乙」欄は次の区分により事業場数を記入します。

甲……常時使用労働者数　1人〜4人

乙……常時使用労働者数　5人〜15人

A……労災保険および雇用保険の両保険が成立している事業

B……労災保険のみ、または雇用保険のみ成立している事業

なお、雇用保険に係る保険関係のみが成立している事業にあっては、
「被保険者数」に基づいて記入します。

労働保険事務組合の名称、所在地、代表者の氏名および事務担当者氏
名は別葉の総合計分のみに記入します。

【第2種特別加入保険料の申告の場合（組様式第6号（乙）48 ページ参照）】

「① **労働保険番号の枝番号**」欄には、一人親方等の団体に委託事業場として付与された枝番号を記入します。

「② **事業（団体）の名称**」欄には、一人親方等の団体の名称を記入します（この欄は、一人親方等の加入者の氏名を記入するものではありません）。

「③ **業種**」欄には、「第2種特別加入保険料率表」（156 ～ 157 ページ参照）による「事業又は作業の種類の番号」を記入します。

「④ **特別加入者数**」欄には、令和6年4月1日現在の特別加入者数を記入します。

「⑤ **保険料算定基礎額総計**」欄には、令和5年度に特別加入の承認を受けている者の「保険料算定基礎額」（141 ページ参照）の総計（その額に 1,000 円未満の端数があるときは、その端数を切り捨てた額）を記入します。

「⑥ **令和5年度第2種特別加入保険料率**」欄には、令和5年度の「第2種特別加入保険料率表」により、第2種特別加入保険料の率を記入します。

「⑧ **保険料算定基礎額総計**」欄には、令和6年度において、特別加入の承認を受けている者および特別加入予定者の保険料算定基礎額総計（その額に 1,000 円未満の端数があるときは、その端数を切り捨てた額）を記入します。

ただし、令和6年度の保険料算定基礎額総計が令和5年度の保険料算定基礎額総計の 100 分の 50 以上、100 分の 200 以下の場合は令和4年度の保険料算定基礎額総計（⑤欄の額）を記入します。

「⑨ **令和6年度第2種特別加入保険料率**」欄には、令和6年度の「第2種特別加入保険料率表」（156 ～ 157 ページ参照）により、第2種特別加入保険料の率を記入します。

組様式第6号（甲）

労働保険番号A

府県	所掌	管轄	基幹番号
1 9	3	0 1	9 3 0 0 1 0

令和5年度　確定
令和6年度　概算

令和5年度確定保険料・令和6年度概算保険料（増額・減額）、一般

① 労働保険番号の枝番号	② 事業場の名称	③ 業種	④ 常時使用労働者数 ⑤ 雇用保険被保険者数	⑥ 保険関係区分	労災保険 ⑦ 賃金総額	⑧ 労災保険率	⑨ 保険料額 (⑦×⑧)	雇用保険 ⑩ 賃金総額	⑪ 雇用保険率	⑫ 一般保険料 (⑩の(ハ)×⑪)	⑬ 確定保険料（規模区分別）合計額（⑨+⑫） 15人以下	16人以上
001	松原工業㈱ 宮本 恒雄	6 3 0 1	12 / 12	両保 労災 雇用	(−)53,073 (特)8,030	6.5	(−)344,974 (特)52,195 (計)397,169	(イ)51,934 (ロ) (ハ)51,934	15.5	804,977	1,202,146	
				両保 労災 雇用	(−) (特)		(−) (特) (計)	(イ) (ハ)				
004	永田貴金属 永田 太郎	6 4 0 1	14 / 14	両保 労災 雇用	(−)12,485 (特)2,555	3.5	(−)43,697 (特)8,942 (計)52,639	(イ)11,321 (ハ)11,321	15.5	175,475	228,114	
005	大島皮革㈱ 芹沢 純一	6 4 0 1	7 / 7	両保 労災 雇用	(−)19,920 (特)3,285	3.5	(−)69,720 (特)11,497 (計)81,217	(イ)18,563 (ハ)18,563	15.5	287,726	368,943	
006	清水印刷㈱ 清水 幸次郎	4 6 0 1	4 / 4	両保 労災 雇用	(−)21,418 (特)8,760	3.5	(−)74,963 (特)30,660 (計)105,623	(イ)19,633 (ハ)19,633	15.5	304,311	409,934	
				両保 労災 雇用	(−) (特)		(−) (特) (計)	(イ) (ハ)				
011	中山運送 大沢 浩司	7 2 0 3	9 / 9	両保 労災 雇用	(−)21,609 (特)3,832	9	(−)194,481 (特)34,488 (計)228,969	(イ)19,741 (ハ)19,741	15.5	令5.7.1個別より移行 (20.1.01.212511)に 令5.10.10増額訂正報告済 305,985	534,954	
012	山王ビル㈱ 竹田 宗冊	9 3 0 1	5 / 5	両保 労災 雇用	(−)2,711 (特)0	5.5	(−)14,910 (特)0 (計)14,910	(イ)2,711 (ハ)2,711	15.5	令6.2.2新規成立委託 42,020	56,930	
013	丸の内めっき㈱ 杉本 こずえ	5 5 0 1	10 / 10	両保 労災 雇用	(−)56,515 (特)5,110	7	(−)395,605 (特)35,770 (計)431,375	(イ)54,004 (ハ)54,004	15.5	837,062	1,268,437	
				両保 労災 雇用	(−) (特)		(−) (特) (計)	(イ) (ロ)( ) (ハ)				

小計 合計

	61	両保	㉑A 甲	1件	Ⓐ		Ⓕ	7件	件
	61	労災	B		1,311,902		2,757,556	4,069,458円	円
		雇用	乙A	6件				計Ⓖ	
		計 7	B	件				4,069,458	

※⑩（一般拠出金算定に係る賃金総額）については、⑦（労災保険に係る賃金総額）の(−)と同額を記入して下さい。ただし、平成19年3月31日以前に成立した一括有期事業
については、一般拠出金算定対象とはなりません。

労働保険
事務組合の

労働保険事務組合の 名称　甲府商店街振興組合　所在地　甲府市丸の

代表者の氏名

保険料・一般拠出金申告書内訳 〔口座〕

賃金総額⑭(※)	一般拠出金額⑮(⑭×0.02/1000)	申告済概算保険料⑯(一般保険料 第1種特別加入保険料)	労災保険⑰ 保険料(第一種特別加入を含む)	雇用保険⑱ 一般保険料	合計⑲(⑰+⑱)	氏名	令和5年度の給付基礎日額	適用月数	区分	令和6年度からの給付基礎日額	適用月数
53,073	1,061	1,134,510	6.5 / 401,914	15.5 / 804,977	1,206,891	宮本 恒雄	12,000	12	3.変更	14,000	12
						宮本 渚	10,000	12	2.継続	10,000	12
12,485	249	168,875	3.5 / 52,640	15.5 / 175,475	228,115	永田 優	7,000	12	2.継続	7,000	12
		185,178	令5.9.28 委託解除個別移行による (21.1.01.304210)月賦計算 令5.10.10減額訂正報告済			芹沢 純一	18,000	6	4.脱退等		
21,418	428	316,598	3.5 / 105,623	15.5 / 304,311	409,934	清水 幸次郎	14,000	12	2.継続	14,000	12
						清水 雛子	10,000	12	2.継続	10,000	12
…による月賦計算 21,609	432	361,446	8.5 / 216,248	15.5 / 305,985	522,233	大沢 浩司	14,000	9	2.継続	14,000	12
2,711	54	0	6 / 16,266	15.5 / 42,020	58,286	竹田 宗冊			1.新規	12,000	12
56,515	1,130	1,268,437	6.5 / 400,562	15.5 / 837,062	1,237,624	杉本 こずえ	12,000	12	3.変更	12,000	12
167,811	3,354	3,435,044	1,193,253	2,469,830	3,663,083	労働保険番号B (労働保険番号A)(と同一のもの)	府県 1 9 所掌 3 管轄 0 1 基幹番号 9 3 0 0 1 0				

⑳ 第 1 種 特 別 加 入 者

(郵便番号 400 - 0031)
電話番号(055)-(XXX) XXXX番

…内△-△-△

土井 達夫

(事務担当者)氏 名 _____ 前川 卓也

労働局用

組様式第6号（甲）

〔メリット適用分〕

労働保険番号A

府県	所掌	管轄	基幹番号
1 3	3 0	1	9 3 4 7 1 1

令和5年度　確定
令和6年度　概算

① 労働保険番号の枝番号	② 事業場の名称	③ 業種	④⑤被保険者数	⑥ 保険関係区分	⑦ 賃金総額	⑧ 労災保険率	⑨ 保険料（⑦×⑧）	⑩ 賃金総額	⑪ 雇用保険率	⑫ 一般保険料（⑩の(ハ)×⑪）	⑬ 確定保険料（規模区分別）合計額（⑨＋⑫） 15人以下	16人以上
033	㈲北川製作所	5 4 0 1	38 38	両保 労災 雇用	(ー)187,230 (特)13,140	14.4	(ー)2,696,112 (特)189,216 (計)2,885,328	(イ)186,000 (ハ)186,000	15.5	2,883,000	5,768,328	
				両保 労災 雇用	(ー) (特)		(ー) (特) (計)	(イ) (ハ)				
				両保 労災 雇用	(ー) (特)		(ー) (特) (計)	(イ) (ハ)				
				両保 労災 雇用	(ー) (特)		(ー) (特) (計)	(イ) (ハ)				
				両保 労災 雇用	(ー) (特)		(ー) (特) (計)	(イ) (ハ)				
				両保 労災 雇用	(ー) (特)		(ー) (特) (計)	(イ) (ハ)				
				両保 労災 雇用	(ー) (特)		(ー) (特) (計)	(イ) (ハ)				
				両保 労災 雇用	(ー) (特)		(ー) (特) (計)	(イ) (ハ)				
				両保 労災 雇用	(ー) (特)		(ー) (特) (計)	(イ) (ハ)				
				両保 労災 雇用	(ー) (特)		(ー) (特) (計)	(イ) (ハ)				
小計 合計			38 38	両保 労災 雇用	㉗甲 1件 A 件 B 件 乙 A 1件 B 件 計 1	Ⓐ 件 件 件	2,885,328		Ⓕ 2,883,000	1件 件 5,768,328円 計⑥ 5,768,328	円

※⑩（一般拠出金算定に係る賃金総額）については、⑦（労災保険に係る賃金総額）の(ー)と同額を記入して下さい。ただし、平成19年3月31日以前に成立した一括有期事業については、一般拠出金算定対象とはなりません。

労働保険事務組合の	名称	労働保険事務組合 東京労働経済管理協会	所在地	港区赤坂

代表者の氏名

保険料・一般拠出金申告書内訳

一般拠出金		⑯申告済概算保険料	令和6年度概算保険料			⑳第 1 種 特 別 加 入 者					
⑭賃金総額(※)	⑮一般拠出金額(⑭×0.02/1000)	一般保険料 第1種特別加入保険料	⑰労災保険 保険料(第一種特別加入を含む)	⑱雇用保険 一般保険料	⑲合計(⑰+⑱)	氏　名	令和5年度の給付基礎日額	適用月数	区分	令和6年度からの給付基礎日額	適用月数
円 187,230	円 3,744	円 5,910,956	1000分の 12.9 円 2,584,850	1000分の 15.5 円 2,883,000	円 5,467,850	北川　健	円 10,000	12	1.新規 2.継続 3.変更 4.脱退等	円 10,000	12
						北川　勝	8,000	12	1.新規 2.継続 3.変更 4.脱退等	8,000	12
									1.新規 2.継続 3.変更 4.脱退等		
									1.新規 2.継続 3.変更 4.脱退等		
									1.新規 2.継続 3.変更 4.脱退等		
									1.新規 2.継続 3.変更 4.脱退等		
									1.新規 2.継続 3.変更 4.脱退等		
									1.新規 2.継続 3.変更 4.脱退等		
㋑ 187,230	㋺ 3,744	㋩ 5,910,956	㋥ 2,584,850	㋭ 2,883,000	㋬ 5,467,850						

労働保険番号B (労働保険番号Aと同一のもの)

府県	所掌	管轄	基幹番号				枝番号		
1 3	3	0 1	9 3 4 7				1 1		

事業　(郵便番号 100 － 0013)
電話番号(03)－ XXXXX XXXX 番

反×－×

鈴木　真一

(事務担当者)(氏　名)　　　望月　希

労働局用

組様式第6号（乙）

令和5 年度確定　保険料申告書内訳
令和6 年度概算
（第2種特別加入保険料）

労働保険番号	府県	所掌	管轄	基幹番号
	3 3	1 0	2 9	1 2 5 4 8

① 労働保険番号の枝番号	② 事業（団体）の名称	③ 業種	④ 特別加入者数	⑤ 保険料算定基礎額総計（千円）令和5 年度確定保険料	⑥ 令和5年度第2種特別加入保険料率（1000分の）	⑦ 第2種特別加入保険料（⑤×⑥）	⑧ 保険料算定基礎額総計（千円）令和6 年度概算保険料	⑨ 令和6年度第2種特別加入保険料率（1000分の）	⑩ 第2種特別加入保険料（⑧×⑨）円
001	江北大工組合	特2	27 人	96,273	18	1,732,914 円	96,273	17	1,636,641
002	城東左官組合	特2	18	58,582	18	1,054,476	58,582	17	995,894
合　計			45	154,855		2,787,390	154,855		2,632,535

監督署用

ハ 「特別加入保険料算定基礎額特例計算対象者内訳」の作り方 （様式第2号、50ページ参照）

　令和5年度に年度中途で特別加入の加入、脱退等があった場合には、特例による保険料算定基礎額の月割計算が認められ、特例による月割計算の対象者がいる場合に特別加入保険料算定基礎額特例計算対象者内訳を作成します。

【「特別加入保険料算定基礎額特例計算対象者内訳」作成上の留意点】

　「**特別加入者氏名**」欄には、月割計算対象者の氏名を記入します。なお、月割計算対象者以外については記入しないでください。

　「**加入月数**」欄には、特別加入者であった期間を記入します。ただし、月の中途に加入、脱退等がある場合には、それぞれの属する月を1月とします。

　「**1月分の保険料算定基礎額**」欄には、給付基礎日額に応じて定められている特例による1／12の額を記入します（141ページ参照）。

　「**特例による保険料算定基礎額**」欄には、「加入月数」欄の月数に「1月分の保険料算定基礎額」欄の金額を掛けたものを記入します。

ニ 「労働保険料等徴収及び納付簿」への記入（様式第17号、52～53ページ記入例参照）

　「申告書内訳」によって各委託事業主の労働保険料等が算定されますが、この保険料等について、別に各委託事業主ごとに作成する「労働保険料等徴収及び納付簿」の「確定保険料・概算保険料・一般拠出金の額」欄に次により記入し、委託事業主の納付すべき労働保険料等の額、延納の場合の各期分の納付額等を明確にしておかなければなりません。

【「労働保険料等徴収及び納付簿」作成上の留意点】

　「⑦　確定保険料・概算保険料・一般拠出金の額」欄は、次により記入します。

　　「(イ)　確定保険料」欄および「(ロ)　申告済概算保険料」欄には、「申告書内訳」の⑬欄の額および⑯欄の額を転記します。

　　「(ハ)　充当額」欄または「(ニ)　還付額」欄には、上記の申告済概算保険料額が確定保険料額より多い場合にその差額を記入し、また、「(ホ)　不足額」欄には、上記の確定保険料額が申告済概算保険料

別紙様式第2号

特別加入保険料算定基礎額特例計算対象者内訳
（労働保険事務組合用）

令和 **5** 年度分

| 1 枚のうち | 1 枚目 |

労働保険番号	府県		所掌	管轄		基幹番号				
	1	9	3	0	3	9	3	0	0	1	0

枝番号	特別加入者氏名	給付基礎日額	当該保険料算定期間における特別加入期間	特例による理由	加入月数	1月分の保険料算定基礎額	特例による保険料算定基礎額
0 0 5	芹沢 純一	18,000 円	令5年 4月 1日 ～令5年 9月 28日	1 加入 ② 脱退、自動消滅等	6 月	547,500 円	3,285,000 円
0 0 6	三野 正弘	12,000 円	令5年 4月 1日 ～令6年 1月 8日	1 加入 ② 脱退、自動消滅等	10 月	365,000 円	3,650,000 円
0 1 1	大沢 浩司	14,000 円	令5年 7月 2日 ～令6年 3月 29日	① 加入 2 脱退、自動消滅等	9 月	425,834 円	3,832,506 円
		円	～ 年 月 日	1 加入 2 脱退、自動消滅等	月	円	円
		円	～ 年 月 日	1 加入 2 脱退、自動消滅等	月	円	円
		円	～ 年 月 日	1 加入 2 脱退、自動消滅等	月	円	円
		円	～ 年 月 日	1 加入 2 脱退、自動消滅等	月	円	円
		円	～ 年 月 日	1 加入 2 脱退、自動消滅等	月	円	円
		円	～ 年 月 日	1 加入 2 脱退、自動消滅等	月	円	円
計	3 人						10,767,506 円

上記のとおり報告します。

令和 6 年 6 月 12 日

山梨 労働局労働保険特別会計歳入徴収官 殿

（郵便番号 400 - 0031 ）
電話（ 055 ）-(XXX ）
XXXX 番

労働保険の事務組合

労働保険事務組合
名称 甲府商店街振興組合

所在地 甲府市丸の内△-△-△

代表者氏名 土井 達夫

額より多い場合にその差額を記入します。

「(ヘ)　一般拠出金」欄には、「申告書内訳」の⑮欄の額を転記します。

「(ト)　概算保険料額」欄には、「申告書内訳」の⑲欄の額を転記します。

「(チ)　差引納付額」欄には、充当額がある場合に上記の「(ト) 概算保険料額」から充当額を差引いた額を記入します。

「第1期分」、「第2期分」および「第3期分」欄には、(ト) 欄の概算保険料額を3等分して記入しますが、端数があるときはその額を第1期分に加算して記入します。なお、「(ハ) 充当額」がある場合については、第1期分に充当し、残余がある場合は順次第2期分、第3期分に充当し記入します。

「⑩　納付すべき額」欄には、⑦欄の (ホ) 不足額と (ヘ) 一般拠出金と (ト) 概算保険料額を第1期分から順次記入します。

ホ　「労働保険料等納入通知書」の作り方（組様式第7号（甲）および（乙）55 〜 56 ページ記入例参照）

「申告書内訳」によって、各委託事業主ごとの労働保険料等を算定し、またこの算定された労働保険料等について「労働保険料等徴収及び納付簿」に記入しますが、その算定結果と年度更新時に納付すべき額を、「労働保険料等納入通知書」（組様式第7号（甲））により、各委託事業主に通知しなければなりません。「賃金等の報告」を委託事業主から受けた場合は、労働保険料等納入通知書に所要事項を記入したうえで、「賃金等の報告（事業主控）」の返送と労働保険料等の納入通知とを併せて行うことになります。

労働保険料等の申告・納付は、7月10日までに行うことになりますので、保険料等の取りまとめの期間を考えて、すみやかに通知書の発送（および「賃金等の報告」の返送）を完了させることが必要です。

なお、労働保険料等納入通知書の「組様式第7号（乙）」は、通常第2期分・第3期分の労働保険料の取りまとめの際に使用します。

【「労働保険料等納入通知書」作成上の留意点】

「組様式第7号（甲）」の労働保険料等納入通知書の各欄は、次により記入します。

納入通知の金額（上部太枠の中）は、「期別納付額」欄の⑧の額と「一

様式第17号（第68条関係）（表面）

労　働　保　険　等

労働保険料等徴収及び納付簿

① 労働保険番号					② 事業場の区分	③ 事業の名称
府県	所掌	管轄	基幹番号	枝番号	乙	松原工業株式会社
19	3	01	193001	00001		

③ 事業場の所在地（電話）：甲府市丸の内X-0-△　電話（055）-（XXX）XXXX

④ 事業の種類（労災保険率表による）：洋食器製造業

⑤ 成立している保険関係：(イ)労災保険及び雇用保険　(ロ)労災保険　(ハ)雇用保険

⑥ 委託年月日：58 年 4 月 1 日

⑦ 確定保険料・概算保険料・一般拠出金

	令和5年度確定	令和6年度概算
(イ)確定保険料（(イ)-(ハ)）	1,202,146	
(ロ)申告済概算保険料	1,134,510	
(ハ)充当額（(ロ)-(イ)-(イ)）		
(ニ)還付額（(ロ)-(イ)-(イ)）		
(ホ)不足額（(イ)-(ロ)）		
(ヘ)一般拠出金		
(ト)概算保険料		1,206,891
(ト)差引納付額（(ト)-(ハ)）		
第1期分		
第2期分		
第3期分		

⑧ 年月日	⑨ 記事	⑩ 納付すべき額	⑪ 事業主から領収した額（月日）	⑫ 政府へ納付した額（月日）	⑬ 事務組合保管額（⑪-⑫）	⑭ 納付済額（⑩-⑫）	⑮ 督促 区分・金額	事項 受理年月日・通知年月日・指定期限
5年 6月28日	年・確・概・保険料・拠出金・退・延	67,636	67,636（ 6/7 ）	67,636（ 7/10 ）				
6年 6月28日	年・概・保険料・拠出金・退・延	1,061	1,061（ 6/7 ）	1,061（ 7/10 ）				
5年 6月28日	年・確・概・保険料・拠出金・退・延	402,297	402,297（ 6/7 ）	402,297（ 7/10 ）				
6年 11月6日	年・概・保険料・拠出金・退・延	402,297	402,297（ 10/25 ）	402,297（ 11/14 ）				
6年 2月5日	年・概・保険料・拠出金・退・延	402,297	402,297（ 1/24 ）	402,297（ 2/14 ）				
年 月 日	年・概・保険料・拠出金・退・延							
年 月 日	年・概・保険料・拠出金・退・延							

（用紙の大きさは、Ａ４とすること。）

⑧年月日	⑨記事	⑩納付すべき額	⑪事業主から領収した額（月　日）	⑫政府へ納付した額（月　日）	⑬事務組合保管額（⑪−⑫）	⑭納付未済額（⑩−⑫）	⑮金額	督促区分	受理年月日	通知年月日	指定期限	定期
年月日	確・概・保険料・拠出金・延	円	（　）	（　）	円	円	円					
年月日	確・概・保険料・拠出金・延	円	（　）	（　）	円	円	円					
年月日	確・概・保険料・拠出金・延	円	（　）	（　）	円	円	円					
年月日	確・概・保険料・拠出金・延	円	（　）	（　）	円	円	円					
年月日	確・概・保険料・拠出金・延	円	（　）	（　）	円	円	円					
年月日	確・概・保険料・拠出金・延	円	（　）	（　）	円	円	円					
年月日	確・概・保険料・拠出金・延	円	（　）	（　）	円	円	円					

⑯返還金

年月日	⑰記事	金額
		円

労災保険の特別加入者

⑰氏名	承認年月日	給付基礎日額 5年度	6年度
宮本　恒雄	29.4.2	12,000	14,000
宮本　渚	29.4.2	10,000	10,000

備考

（注意）
1　⑨欄には、委託事業主より領収し又は領収した徴収金について、保険料、拠出金等の種別、拠出金等の区分（「確」は確定、「概」は概算及び増加概算、「延」は延滞金）を○で囲み、及び、必要な場合には、追徴金、証紙の区分を○で囲み、納期限を記載すること。なお、「拠出金」を○で囲み、かつ、「延」を○で囲む。（例：一般拠出金の追徴金の納付があった場合には「拠出金」を○で囲む。）
2　⑩欄には、労働保険事務組合が納付し、保管中の金額（不足を生じた場合は赤字で記載すること。）を記載すること。
3　⑬欄には、督促を受けた徴収金の種別を記載すること。
4　「備考」欄には、充当額その他労働保険事務等の処理に関して必要な事項を記載すること。

般拠出額」を合わせた額を転記します。

「**納入期日**」欄には、政府への納期が7月10日ですから、取りまとめの期間を考慮して納入期日を決めて記入しなければなりません。また、第2期分、第3期分の納期限は、11月14日、翌年2月14日ですから同様に取りまとめの期間を考えて納入期日を決める必要があります。

口座振替納付の承認を受けている場合には、全期分または第1期分の振替納付日は9月6日ですが、納入期日はできるだけ早い期日とすることとされています。

「**算定方法**」欄には、「申告書内訳」および「労働保険料等徴収及び納付簿」によって記入してください。

この通知によって委託事業主から労働保険料等を領収した場合には、「**労働保険料等領収書**」（**組様式第8号、57ページ記入例参照**）を発行し、これら労働保険料等の納付状況については、「労働保険料等徴収及び納付簿」に記入し、つねにその処理状況を明確にしておかなければなりません。

組様式第7号（甲）

労働保険料等納入通知書　　（事業主控）

労働保険番号	府県	所掌	管轄	基幹番号	枝番号
	1 9	3	0 1	9 3 0 0 1 0 0 0 1	

委託事業主の

住　所　甲府市丸の内x-〇-△

氏　名　松原工業株式会社　代表取締役社長　宮本　恒雄　殿

金	￥	4	7	0	9	9	4
		万	千	百	十		円

上記金額を労働保険料第　1期分及び一般拠出金として令和6年　6月21日までに当事務組合に納入してください。

令和　6　年　5　月　24日

所在地　甲府市丸の内△-△-△

労働保険の事務組合

名称　労働保険事務組合　甲府商店街振興組合
　　　組合長　土井　達夫

算定方法

令和 5 年 度 確 定				令和 6 年 度 概 算			
賃 金 総 額	料率	確定保険料		賃 金 総 額	料率	確定保険料	
労災　53,073 千円	6.5/1,000	344,974 円		労災　53,073 千円	6.5/1,000	344,974 円	
特別加入　8,030	6.5/1,000	52,195		特別加入　8,760	6.5/1,000	56,940	
雇用　51,934	15.5/1,000	804,977		雇用　51,934	15.5/1,000	804,977	
合　　計	①	1,202,146		合　　計	⑥	1,206,891	

				区分	概算保険料額	各期納付額
申告済概算保険料	②	1,134,510		全期	⑦(⑥÷3) 円	⑧(⑦-③)又は⑦+⑤) 円
差引額	充　当　額	③(②-①)		第1期	402,297	469,933
	還　付　額	④(②-①又は②-①-③)		第2期	⑨(⑥÷3) 402,297	⑩ 402,297
	不　足　額	⑤(①-②) 67,636		第3期	⑪(⑥÷3) 402,297	⑫ 402,297

賃 金 総 額	料率	一般拠出金額
一般拠出金　※ 53,073 千円	0.02/1,000	1,061 円

(注)※については、労災保険に係る賃金総額と同額を記入して下さい。ただし、平成19年3月31日以前に成立した有期事業は、一般拠出金算定対象とはなりませんので、当該有期事業分を差し引いた賃金総額を記入して下さい。

(25.1)

組様式第7号(乙)　　労働保険料等納入通知書(控)

労働保険	府県		所掌	管轄		基幹番号					枝番号		
番　　号	1	9	3	0	1	9	3	0	0	1	0	0	0	1

委託事業主の　　住　　所　甲府市丸の内x-〇-△

氏　　名　松原工業株式会社
代表取締役社長　宮本　恒雄　　　　殿

金	￥	4	0万	2千	2百	9十	7円

上記金額を　6 年 10 月 31 日までに当事務組合に納入してください。

	種　　別	納　入　金　額	摘　　　要
内訳	保険料	概算保険料 全・1・②・3	402,297　円	
		確定保険料		
		追　徴　金		
		延　滞　金		
	拠出金	一般拠出金		
		追　徴　金		
		延　滞　金		
	計	402,297	

令和 6 年 9 月 30 日

労働保険事務組合の

名　称　労働保険事務組合　甲府商店街振興組合

所在地　甲府市丸の内△-△-△

№	31

代表者　組合長　土井　達夫

(25.1)

組様式第8号　　　　　労働保険料等領収書（控）

労働保険番号	府県	所掌	管轄	基幹番号	枝番号
	1 9	3	0 1	9 3 0 0 1 0	0 0 1

委託事業主の

住　　所　甲府市丸の内x-○-△

氏　　名　松原工業株式会社
　　　　　代表取締役社長　宮本　恒雄　　　　殿

金	￥	4	7万	0千	9百	9十	4	円

上記の金額を受領しました。

	種　別	納　入　金　額	摘　要
内訳	保険料	概算保険料 全・①・2・3	402,297 円	
		確定保険料	67,636	（不足額）
		追　徴　金		
		延　滞　金		
	拠出金	一般拠出金	1,061	
		追　徴　金		
		延　滞　金		
	計	470,994	

領収年月日　　令和 6 年 6 月 7 日

労働保険事務組合の

名　称　労働保険事務組合　甲府商店街振興組合

所在地　　甲府市丸の内△-△-△

No	1

代表者　　組合長　土井　達夫

（25.1）

ヘ 「申告書」の作り方

　労働保険料等の申告と納付は、個々の委託事業主ごとに行うのではなく、①一元適用事業（62 ～ 63 ページ記入例参照）、②二元適用事業の雇用保険分、③林業の労災保険分、④建設の事業の労災保険分、⑤その他の二元適用事業の労災保険分、⑥一人親方等の特別加入団体、および⑦海外派遣者の特別加入の各グループごとにとりまとめて行うことになっています。これらの各グループには、それぞれ違った労働保険番号（基幹番号が各グループごとに、枝番号が各委託事業ごとに付されます）が付されますから、労働保険料等の申告と納付ばかりでなく、各種の報告や届出もこのグループごとの単位で行うことになります。

　したがって、申告書は原則として基幹番号ごとに作成し、申告書ごとに申告書内訳を添付して提出することになります。

　なお、メリット制適用事業については、メリット制が適用されている事業ごとに申告書を作成しなければなりません（62 ～ 63 ページ記入例参照）。

　この申告書は、あらかじめ労働保険番号、事業主の住所、氏名等を印書したものが労働保険事務組合あてに郵送されます。労働保険事務組合は、後述の記入要領にしたがって所要の事項を記入し、事業主（事務組合）控用の申告書だけを切り離して、提出用の申告書と納付書（3 枚とも）に労働保険料等を添えて 7 月 10 日までに日本銀行の本店、支店、代理店、歳入代理店（全国の銀行・信用金庫の本店または支店、郵便局）、所轄の都道府県労働局または労働基準監督署に申告・納付します。

　なお、申告書の作り方については、具体的な記入例をあげて、以下、順次説明することとしますが、一般的な注意事項は次のとおりです。

①令和 5 年度の確定保険料、令和 6 年度の概算保険料および令和 6 年度の一般拠出金の申告・納付に当たっては、二元適用事業のうち労災保険の保険関係に係る事業または一人親方等の特別加入者の団体については黒色と赤色で印刷してある申告書の用紙を使用し、上記以外についてはふじ色と赤色で印刷してある申告書の用紙を使用することになっています。

②申告書（下方に算定の内訳（記入不要）と納付書が接続しています）は、
　・いずれも 3 枚 1 組（1 枚目は提出用、2 枚目は事業主（事務組合）控、

3枚目は注意事項）のノーカーボン複写式となっているので、提出の際には事業主（事務組合）控と注意事項を切り離してください。ただし、下部の納付書は3枚とも切り離さないように注意してください。なお、やむを得ない事情のため、申告と納付を別の日に行う場合は、申告書（提出用）と納付書（3枚とも）は切り離して、申告・納付を行ってください。

・文字は楷書で記入し、特に□□□□で標示された記入枠には標準字体にならって明瞭に記入してください。

・記入するに当たっては、汚れ易いので注意しながら黒のボールペンで記入してください。

・提出の際は、なるべく折り曲げないようにし、やむを得ない場合には折り曲げマーク（▶　◀）の所で折り曲げてください。

③口座振替納付の承認を所轄の都道府県労働局から受けている場合には、1枚目の表面上部の標題の右側のスペースに 口座 と朱書することとなっています。

【「申告書」作成上の留意点】

「①　労働保険番号」欄には、労働保険事務組合ごとの労働保険番号が印書されていますので、誤りがないかどうかを確認してください。

「③　事業廃止等年月日」欄、「㉔　事業廃止等理由」欄、「㉖　加入している労働保険」欄、「㉗　特掲事業」欄、および「㉘　事業」欄には、記入を要しません。

「④　常時使用労働者数」欄および「⑤　雇用保険被保険者数」欄については、「申告書内訳」の④欄および⑤欄のそれぞれ合計数を転記します。なお、一人親方等の特別加入団体に係るものについては「申告書内訳」（乙）の④欄の合計数を、海外派遣の特別加入については「第3種特別加入保険料申告内訳」の合計数を④欄に転記します。

「⑩　確定保険料・一般拠出金額」欄については、次により記入します。なお、記入に当たっては、金額の前に「¥」記号をつけないでください。

（イ）には、「申告書内訳」の⑬欄の計⑥欄の合計額を転記します。ただし、一人親方等の特別加入団体に係るものについては「申告書内訳」（乙）の⑦欄の合計額を、海外派遣の特別加入については「第3

種特別加入保険料申告内訳」の保険料額（①×③）を転記します。

（ロ）には、「申告書内訳」の⑨欄の④欄の合計額を転記します。ただし、一人親方等の特別加入団体に係るものについては、「申告書内訳」（乙）の⑦欄の合計額を転記します。

（ホ）には、「申告書内訳」の⑫欄の⑥欄の合計額を転記します。

（ヘ）には、「申告書内訳」の⑮欄の①欄の合計額を転記します。

「⑭　概算保険料額」欄については、次により記入します。なお、記入に当たっては、金額の前に「¥」記号をつけないでください。

（イ）および（ロ）には、「申告書内訳」の⑲欄の⑭欄および⑰欄の⑯欄の合計額を転記します。ただし、一人親方等の特別加入団体に係るものについては「申告書内訳」（乙）の⑩欄の合計額を、海外派遣の特別加入については「第3種特別加入保険料申告内訳」の保険料額（②×④）を転記します。

（ホ）には、「申告書内訳」の⑱欄の①欄の合計額を転記します。

「⑰　延納の申請」欄については、延納を申請する場合はその回数を記入し、申請しない場合には「1」と必ず記入します。

「⑱　申告済概算保険料額」欄については、金額が印書されているので、金額に疑問がある場合には、訂正せずに所轄の都道府県労働局労働保険徴収主務課（室）に照会し、確認をしてください。

「⑳　差引額」欄については、「申告書内訳」の⑬の計⑥欄の額と⑯の①欄の額を比較し、⑥欄の額より①欄の額の方が多い場合、翌年度の概算保険料に充当するときは（イ）欄、返還を希望するときは（ロ）欄に、⑥欄の額より①欄の額の方が少ない場合には、その差引額を（ハ）欄に記入してください。

「㉒　期別納付額」欄については、次により記入します。

（イ）、（チ）および（ル）には、延納する場合は「申告書内訳」（甲）の⑲欄の⑭欄の概算保険料を3等分し、端数を（イ）に加算して、それぞれの額を記入します。ただし、一人親方等の特別加入団体に係るものについては「申告書内訳」（乙）の⑩欄の合計額を3等分し、端数を（イ）に加算して、それぞれの額を記入します。

（ロ）には、申告書の⑳欄の（イ）の額を転記します。ただし、⑳欄の（イ）

の額が㉒欄の (イ) の額より多い場合は、㉒欄の (イ) の額と同額を記入します。

(ハ) には、⑳欄の (ハ) の額を記入します。

(ニ) には、(ロ) 充当額がある場合は (イ) の額から (ロ) の額を差引いた額を記入し、(ハ) 不足額がある場合は (イ) の額に (ハ) の額を加えた額を記入します。

(ホ) には、⑩欄の (ヘ) の額を転記してください。なお、一般拠出金は延納できません。

「㉕　事業又は作業の種類」欄については、「別紙のとおり」と記入してください。

「㉛　法人番号」欄には、事業主に法人番号が指定されている場合、指定された法人番号を記入してください。

様式第6号（第24条、第25条、第33条関係）（甲）（1）（表面）

労働保険
石綿健康被害救済法

概算・増加概算・確定保険料
一般拠出金

申告書

継続事業
（一括有期事業を含む。）

標準字体 **0 1 2 3 4 5 6 7 8 9**
※注1「記入に当たっての注意事項」をよく読んでから記入して下さい。OCR枠への記入は上記の「標準字体」でお願いします。

提出用

令和6年　6月8日

あて先　〒400-8577
甲府市丸の内1丁目1番11号

種別　**3 2 7 0 1**

②修正項目番号　　③入力確定コード

下記のとおり申告します。

都道府県 所掌 管轄　基幹番号　枝番号
労働保険番号　**1 9 3 0 1 9 3 0 0 1 0 - 0 0 0**

※各種区分
管轄(2)　保険関係等　業種　産業分類
0 1 1 1 3 9 4 1 6 9 1

②増加年月日(元号:令和)は分　　③事業廃止等年月日(元号:令和)は分　　③事業廃止等理由

③常時使用労働者数　　⑥雇用保険被保険者数
4 6　　**4 6**

山梨労働局
労働保険特別会計歳入徴収官殿

（注1）石綿による健康被害の救済に関する法律第35条第1項に基づく一般拠出金の申告・納付も併せて行ってください。

確定保険料算定内訳

算定期間　令和5年4月1日　から　令和6年3月31日　まで

⑦区分	⑧保険料・一般拠出金算定基礎額	⑨保険料・一般拠出金率	⑩確定保険料・一般拠出金額（⑧×⑨）
労働保険料	千円	1000分の	**4 0 6 9 4 5 8**
労災保険分	千円	1000分の(ロ)	**1 3 1 1 9 0 2**
雇用保険分	千円	1000分の(ホ)	**2 7 5 7 5 5 6**
一般拠出金	千円	1000分の(ヘ)	**3 3 5 4**

概算・増加概算保険料算定内訳

算定期間　令和6年4月1日　から　令和7年3月31日　まで

⑪区分	⑫保険料算定基礎額の見込額	⑬保険料率	⑭概算・増加概算保険料額（⑫×⑬）
労働保険料	千円	1000分の	**3 6 6 3 0 8 3**
労災保険分	千円	1000分の	**1 1 9 3 2 5 3**
雇用保険分	千円	1000分の	**2 4 6 9 8 3 0**

⑮事業主の郵便番号(変更のある場合記入)　　⑯事業主の電話番号(変更のある場合記入)

※増減事由区分　※算定区分　※データ指示コード　※再入力区分　※修正項目番号

⑰延納の申請　納付回数　**3**

（注2）※印の欄は記入しないで下さい。⑩⑪⑰⑲⑳㉑の(ロ)欄の金額の前に「¥」記号を付さないで下さい。

⑱申告済概算保険料額	**3,435,044** 円	⑲申告済概算保険料額	円

⑳差引額	(イ)充当額	円	(ハ)不足額	**634,414** 円	※充当意思	1：労働保険料のみに充当 2：一般拠出金のみに充当 3：労働保険料及び一般拠出金に充当	㉑増加概算保険料額	円
	(ロ)還付額	円					㉒法人番号	**2 4 6 8 0 1 3 5 7 9 2 4 6**

㉒期別納付額	第1期	(イ)概算保険料額　(⑭の(イ)÷③+次期以降の未満の端数)	**1,221,029** 円	(ロ)労働保険料充当額 (⑳の(イ)(労働保険料分のみ))		(ハ)不足額 ⑳の(ハ)	**634,414** 円	(ニ)今期労働保険料額 (イ)-(ロ)又は(イ)+(ハ)	**1,855,443** 円	(ホ)一般拠出金充当額 (⑳の(イ)(一般拠出金分のみ))		(ヘ)一般拠出金額 (⑩の(ヘ)-⑳の(イ)又は(ヘ))	**3,354** 円	(ト)今期納付額(ニ)+(ヘ)	**1,858,797** 円
	第2期	(イ)概算保険料額 (⑭の(イ)÷③)	**1,221,027** 円	(ヘ)労働保険料充当額 (⑳の(イ)-②の(ロ))		(リ)今期納付額 (リ)-(チ)	**1,221,027** 円								㉕保険関係成立年月日
	第3期	(ル)概算保険料額 (⑭の(イ)÷③)	**1,221,027** 円	(ヲ)労働保険料充当額 ⑳の(イ)-②の(ロ)		(ワ)今期納付額 (ル)-(ヲ)	**1,221,027** 円	㉓事業又は作業の種類	別紙のとおり						㉔事業廃止等理由 1)廃止 2)委託

㉖加入している労働保険	(イ)労災保険 (ロ)雇用保険	㉗特掲事業	(イ)該当する (ロ)該当しない	㉘郵便番号 **400-0031**	電話番号 （055）　XXX - XXXX
㉙事業	(イ)所在地			事業主 (ロ)住所 (法人のときは主たる事務所の所在地)	甲府市丸の内△-△-△
	(ロ)名称			(ロ)名称 (法人のときは名称)	労働保険事務組合　甲府商店街振興組合
				(ハ)氏名 (法人のときは代表者の氏名)	組合長　土井　達夫

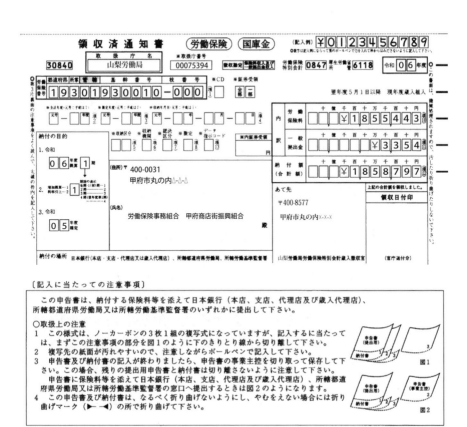

〔記入に当たっての注意事項〕

この申告書は、納付する保険料等を添えて日本銀行（本店、支店、代理店及び歳入代理店）、所轄都道府県労働局又は所轄労働基準監督署のいずれかに提出して下さい。

○取扱上の注意
1 この様式は、ノーカーボンの3枚1組の複写式になっていますが、記入するに当たっては、まずこの注意事項の部分を図1のように下のきりとり線から切り離して下さい。
2 複写先の紙面が汚れやすいので、注意しながらボールペンで記入して下さい。
3 申告書及び納付書の記入が終わりましたら、申告書の事業主控を切り取って保存して下さい。この場合、残りの提出用申告書と納付書は切り離さないように注意して下さい。
　申告書に保険料等を添えて日本銀行（本店、支店、代理店及び歳入代理店）、所轄都道府県労働局又は所轄労働基準監督署の窓口へ提出するときは図2のようになります。
4 この申告書及び納付書は、なるべく折り曲げないようにし、やむをえない場合には折り曲げマーク（▶◀）の所で折り曲げて下さい。

（5）申告書の提出と労働保険料等の納付

　申告書の記入が済みましたら、申告書の㉒の(ニ)(ヘ)(ト)の額を納付書の「**内訳**」欄および「**納付額（合計額）**」欄に、正しく、はっきりと転記します（金額の前に必ず「¥」記号を付すこと）。また、納付書に印書されている「**労働保険番号**」、労働保険事務組合の「**所在地、名称**」、「**納付の目的**」に誤りがないか確認をします。万一、誤りがある場合には訂正しないで、所轄都道府県労働局労働保険徴収主務課(室)に連絡してください。

　これで労働保険の令和5年度の確定保険料、令和6年度の概算保険料、令和6年度の一般拠出金の申告・納付の手続に必要な書類の作成は終わったわけです。

　なお、労働基準監督署および都道府県労働局では、全部の書類および労働保険料等を受理しますが、日本銀行の本店、支店、代理店、歳入代理店（全国の銀行・信用金庫の本店または支店・郵便局）では「申告書」とこれに接続している「納付書」以外のものについては取扱いませんので、「申告書内訳」については所轄の労働基準監督署、都道府県労働局へ提出します。

　口座振替納付の承認を所轄の都道府県労働局から受けている場合には、「申告書」と「申告書内訳」については、かならず所轄の労働基準監督署もしくは都道府県労働局へ提出することになっています。また、この場合「申告書」に接続している「納付書」は提出する必要がないので、切り離しておきます。

　なお、電子申請を利用することにより、労働基準監督署、都道府県労働局窓口へ出向くことなく手続を行うことができます。

（6）有期事業の一括の年度更新事務の処理

　建設の事業や立木の伐採の事業は、原則として、個々の工事または作業現場ごとに有期事業として、労働保険に加入することになっていますが、事務簡素化の見地から、それぞれの工事または作業の規模が、概算保険料の額が160万円未満で、かつ、建設事業の場合は、請負金額が1億8000万円未満（消費税相当額を除く）、立木の伐採の事業の場合は、素材の見込生産量が1000立方メートル未満の場合に限り、一定の条件のもとにこれを取りまとめて、一つの保険関係で処理することとされています。これが、いわゆる「有期事業の一括」です。

イ 「賃金等の報告」の作り方 （組様式第 4 号、38 ～ 39 ページ 記入例参照）

　　一括有期事業の委託事業主からも、この「賃金等の報告」を提出して もらいますが、⑪欄の令和 5 年度確定賃金総額は、令和 5 年 4 月 1 日 から令和 6 年 3 月 31 日までの間に終了した一括有期事業のすべてを対 象として、賃金総額を算出します。

　　なお、請負による建設事業その他業態の特殊性からして、賃金総額を 正確に算定することが困難な事業（労災保険の保険関係に係るものに限 ります）については、請負金額に労務費率（70 ページ参照）を乗じて 算定された額を当該事業に使用される労働者に係る賃金総額とする賃金 総額の特例が認められていますので、請負金額によって賃金総額を算出 している場合は、「労災保険対象労働者数及び賃金」欄については、「合 計ⓐ」欄のみに記入します。

　　また、⑪欄の「1 カ月平均使用労働者数」は、令和 5 年度中の 1 カ 月平均使用労働者数を記入します。なお、「雇用保険対象被保険者数及 び賃金」欄については記入の必要はありません。⑭欄の「令和 6 年度 賃金総額の見込額」については、令和 6 年 4 月 1 日から令和 7 年 3 月 31 日までの間に有期事業の一括となる事業をどのくらい行うかの見込 みに基づいて算定した額を記入します。

　　なお、令和 6 年度の賃金総額の見込額が、令和 5 年度の確定賃金総 額に比較して、100 分の 50 以上、100 分の 200 以下であれば（特別 な事情で、令和 6 年度に着手する予定の事業の規模、または件数等が 令和 5 年度に比較して大幅に減少もしくは増加することが見込まれる 場合を除いて、ほとんどこの範囲内になります）、令和 5 年度の確定保 険料の算定基礎となった賃金総額を令和 6 年度の賃金総額の見込額と して使用することになります。

ロ 「一括有期事業報告書」の作り方 （様式第 7 号、68 ページ記 入例参照）

　　一括有期事業を行う委託事業主からは、前記「賃金等の報告」の他に、 建設の事業や立木伐採の事業に係る労働保険料を計算するため、令和 5 年度中に終了した事業について記入した「一括有期事業報告書」の提出 を求めます。

なお、建設の事業については「一括有期事業総括表」（69ページ記入例参照）をあわせて提出します。

【「一括有期事業報告書」作成上の留意点】

(イ) 一括有期事業の算定期間等について

　この「一括有期事業報告書」には、建設の事業、立木の伐採の事業等の名称、場所、期間、請負金額、素材の生産量、賃金総額を記入し、労災保険率表にいう事業の種類ごとに集計します。従来、一括有期事業報告書の作成時には、一括有期事業開始届（毎月10日までに報告）と照合していましたが、一括有期事業開始届の届け出義務は平成31年4月1日以降、廃止されています。

(ロ) 請負金額の算出について

　一括有期事業報告書の「㊁　請負金額」欄は、事業主が、注文者等からその事業に使用する工事用の資材等を支給されたり、または機械器具等を貸与された場合は、支給された価額相当額または機械器具等の損料相当額が請負代金に加算されます。ただし、厚生労働大臣がその事業の種類ごとに定めた「工事用物」（70ページの「工事用物」を参照）の価額は請負代金の額には加算しません。また、請負代金の額に「工事用物」の価額が含まれている場合には、請負代金の額から、それらの「工事用物」の価額を差し引いて算出します。

(ハ) 労働保険料額の算出方法について

　労働保険料の額は、先に説明した「一括有期事業報告書」により事業の種類ごとに賃金総額を集計します。なお、建設の事業の場合には「一括有期事業総括表」により労働保険料を算出します。

(ニ) メリット制適用事業について

　メリット制が適用されている事業については、別途通知のあった「メリット労災保険料率」で保険料額を計算します。

【「一括有期事業総括表」作成上の留意点】

　一括有期事業報告書に記入していただいた工事をとりまとめるのが総括表です。一括有期事業報告書から、総括表で分類してある事業の種類、事業開始時期ごとに消費税を含んだ請負金額を転記し、労務費率を乗じて賃金総額を算出し、1,000円未満を切り捨ててください。その額に、該当する労災保険率を乗じて業種ごとの保険料額を計算してください。

ハ 「申告書内訳」の作り方（組様式第6号（甲）、44〜47ページ参照）

一括有期事業の委託事業主から提出された「賃金等の報告」と、「一括有期事業報告書」（「一括有期事業総括表」を含む）によって、この内訳を作成しますが、作成方法は、継続事業の場合と同様です。

【「申告書内訳」作成上の留意点】

「③ 業種」欄には、労災保険率表により主たる業種の番号を、また、「⑧ 労災保険率」欄は、労災保険率表により労災保険率を記入します。

「④ 常時使用労働者」欄には、「賃金等の報告」の⑪欄の「1カ月平均使用労働者数」を転記します。

「⑦ 賃金総額」欄には、「一括有期事業報告書」に基づき、集計したものが「賃金等の報告」に記入してありますので、その額を記入します。

その他の欄の記入に当たっては、継続事業の場合と同様です（40ページ参照）。

二 その他

「申告書内訳」の作成が終わりましたら、以下、「労働保険料等納入通知書」、「申告書」等を作成しますが、これは一般継続事業の場合と同様です（51ページ以下参照）。

なお、「一括有期事業報告書」（「一括有期事業総括表」を含む）については金融機関では取扱いませんので、前記の「申告書内訳」とともに所轄の労働基準監督署長に提出しなければなりません。

様式第7号（第34条関係）（甲）

労働保険

一括有期事業報告書（建設の事業）

（正）

1枚のうち 1 枚目

労働保険番号

府県	所掌	管轄	基幹番号	枝番号
29	1	0 3	9 0 7 4	5 5 0 0 7

事業の名称	事業場の所在地	事業の期間	① 請負金額の内訳				② 労務費率	③ 賃金総額
			ⓐ請負代金の額	ⓑ請負代金に加算する額	ⓒ請負金から控除する額	ⓓ請負金額(ⓐ+ⓑ-ⓒ)		
滋賀商事新築工事	桜井市中谷X-X	4年4月1日から 5年10月10日まで	75,500,000円	0円	0円	75,500,000円	23	17,365,000円
杉田邸増築工事	奈良市大和田町X-X	5年5月1日から 5年8月20日まで	15,780,000	0	0	15,780,000	23	3,629,400
山中印刷(株)新築工事	桜井市初瀬X-X	5年5月1日から 5年10月30日まで	17,970,000	15,780,000	0	33,750,000	23	7,762,500
熊谷商店改築工事	奈良市西大寺北町X-X	5年11月15日から 6年3月10日まで	19,430,000	0	10,480,000	8,950,000	23	2,058,500
		年月日から 年月日まで						
事業の種類 計			128,680,000	15,780,000	10,480,000	133,980,000		30,815,400

前年度中（保険関係が消滅した日まで）に廃止又は終了があったそれぞれの事業の明細を上記のとおり報告します。

令和6年 6月 8日

奈良 労働局労働保険特別会計歳入徴収官 殿

事業主
　住所　桜井市忍阪X-X
　氏名　労働保険事務組合 ○○協会
　　　　組合長　高橋 弘明

郵便番号（ 633-0005 ）
電話番号（0744-XX-XXXX）
（法人のときはその名称及び代表者の氏名）

社会保険 労務士 記載欄	作成年月日・ 提出代行者・事務 代理者の表示	氏 名	電話番号

[注意]
①本報告の記載に当たっては、平成19年3月31日までに事業（工事）を開始したものと、同年4月1日以後に事業（工事）を開始したものとを区別すること。
②社会保険労務士記載欄は、この報告書を社会保険労務士が作成した場合のみ記載すること。

(241)

別添様式

労 働 保 険 等

令和 5 年度一括有期事業総括表（建設の事業）

事業主控

労働保険番号	府県	所掌	管轄	基幹番号	枝番号
	29	1	03	9074 55	007

一括有期事業報告書 1 枚添付

業種番号	事業の種類	事業開始時期	請負金額	労務費率	賃金総額	保険料率 基準料率	保険料率 メリット料率	保険料額
			円	1000分の	千円	1000分の	1000分の	円
31	水力発電施設、ずい道等新設事業	平成27年3月31日以前のもの		18		89		
		平成30年3月31日以前のもの		19		79		
		平成30年4月1日以降のもの				62		
32	道路新設事業	平成27年3月31日以前のもの		18		16		
		平成30年3月31日以前のもの		20		11		
		平成30年4月1日以降のもの		19				
33	舗装工事業	平成27年3月31日以前のもの		18		10		
		平成30年3月31日以前のもの		17		9		
		平成30年4月1日以降のもの						
34	鉄道又は軌道新設事業	平成27年3月31日以前のもの		23		17		
		平成30年3月31日以前のもの		25		9.5		
		平成30年4月1日以降のもの		24		9		
35	建築事業	平成27年3月31日以前のもの		21		13		
		平成30年3月31日以前のもの		23		11		
		平成30年4月1日以降のもの	133,980,000	23	30,815	9.5		292,742
38	既設建築物設備工事業	平成27年3月31日以前のもの		22		15		
		平成30年3月31日以前のもの		23				
		平成30年4月1日以降のもの				12		
36	機械装置の組立て又は据付けの事業 組立て又は取付けに関するもの	平成27年3月31日以前のもの		38		7.5		
		平成30年3月31日以前のもの		40		6.5		
		平成30年4月1日以降のもの		38				
	その他のもの	平成27年3月31日以前のもの		21		7.5		
		平成30年3月31日以前のもの		22		6.5		
		平成30年4月1日以降のもの		21				
37	その他の建設事業	平成27年3月31日以前のもの		23		19		
		平成30年3月31日以前のもの		24		17		
		平成30年4月1日以降のもの				15		
		平成19年3月31日以前のもの	①					
	合計		133,980,000		30,815			292,742

② （①を除いた合計）	③ 一般拠出金率	一般拠出金額 （②×③）
30,815 千円	1000分の 0.02	616 円

別添一括有期事業報告書の明細を上記のとおり総括して報告します。

令和 6 年 6 月 9 日

奈良 労働局労働保険特別会計歳入徴収官 殿

郵便番号（ 633 - 0005 ）
電話番号（ 0744- XX - XXXX ）

住所 桜井市忍阪X-X

事業主
氏名 労働保険事務組合 ○○協会
組合長 高橋 弘明

（法人のときはその名称及び代表者の氏名）

	作成年月日・提出代行者・事務代理者の表示	氏 名	電 話 番 号
社会保険労務士記載欄			

●労務費率・労災保険率

事業の種類		労務費率（%）					労災保険率（×1/1000）				
		1	2	3	4	5	1	2	3	4	5
31	水力発電施設ずい道等新設事業	19	18	19	19	19	103	89	79	62	34
32	道路新設事業	21	20	20	19	19	15	16	11	11	11
33	舗装工事業	19	18	18	17	17	11	10	9	9	9
34	鉄道又は軌道新設事業	24	23	25	24	19	18	17	9.5	9	9
35	建築事業（既設建築物設備工事業を除く）	21	21	23	23	23	13	13	11	9.5	9.5
38	既設建築物設備工事業	22	22	23	23	23	14	15	15	12	12
36	機械装置の組立て又は据付けの事業 組立て又は取付けに関するもの	40	38	40	38	38	9	7.5	6.5	6.5	6
	その他のもの	22	21	22	21	21					
37	その他の建設事業	24	23	24	24	23	19	9	17	15	15

（注）
1は、事業開始時期が平成21年4月1日～平成24年3月31日のもの
2は、事業開始時期が平成24年4月1日～平成27年3月31日のもの
3は、事業開始時期が平成27年4月1日～平成30年3月31日のもの
4は、事業開始時期が平成30年4月1日～令和6年3月31日のもの
5は、事業開始時期が令和6年4月1日以降のもの

●工事用物

事業の種類	請負代金から控除されるもの
	事業開始時期が58年4月1日以降のもの
水力発電施設、ずい道等新設事業	な　し
道　路　新　設　事　業	な　し
舗　装　工　事　業	な　し
鉄道又は軌道新設事業	な　し
建　築　事　業（既設建築物設備工事業を除く）	な　し
既　設　建　築　物　設　備　工　事　業	な　し
機械装置の組立て又は据付けの事業	機械装置
そ　の　他　の　建　設　事　業	な　し

（7）労災保険のメリット制適用事業の年度更新事務の処理

イ メリット制とは

　メリット制とは、事業主の災害防止努力を、労災保険料（賃金総額に労災保険率を乗じて得た保険料）の負担面に反映できるようにするため、労災保険の業務災害[注1]に係る保険給付の額と非業務災害分を除いた労災保険料の額との割合（メリット収支率）に応じて、その事業に適用されている労災保険率（有期事業の場合は、その事業の確定保険料の額）を一定の範囲内で増減させる取扱いのことです。

　この労災保険率または確定保険料額を増減する幅の限度は、継続事業および建設の事業については40％、立木の伐採の事業については35％です。なお、平成24年改正で、規模の小さい一括有期事業（3保険年度のいずれかの確定保険料額が40万円以上100万円未満）を対象とするメリット増減率の特例（増減する幅を30％に縮小）が創設されました。同制度は、平成26年度の概算保険料申告から適用されています。また、メリット収支率の算定基礎に特別支給金も加算されます。

　メリット制が適用されるのは、継続事業の場合、連続する3保険年度中の最後の保険年度に属する3月31日現在で保険関係成立後3年以上を経ていて、3保険年度それぞれについて、使用労働者数が100人以上の事業または20人以上100人未満で労災保険率から非業務災害率を減じた率にその事業の労働者の数を乗じて得た数が0.4以上の事業です。また、一括有期事業にあっては連続する3保険年度中の最後の保険年度に属する3月31日現在で保険関係成立後3年以上を経過していて、3保険年度それぞれについて、確定保険料が40万円[注2]以上の事業、有期事業においては①確定保険料が40万円以上[注3]または②建設の事業にあっては請負金額が1億1000万円以上、立木の伐採の事業にあっては素材の生産量が1000立方メートル以上[注4]のいずれかの条件を満たしている事業に適用されます。

　（注1）令和2年9月から複数事業労働者（事業主が同一でない2以上の事業に使用される労働者）に対して、複数事業場の賃金合算額を基準として給付基礎日額を算定する仕組みが導入されましたが、それに伴い、メリット収支率の計算の際、複数事業労働者に

対する保険給付の取扱いが定められました。複数事業労働者を対象とする休業補償給付、障害補償年金、障害補償一時金、遺族補償年金、遺族補償一時金、傷病補償年金、葬祭料については、災害発生事業場における賃金額を基に算定した額に相当する額のみを算入するものとされています（特別支給金も考え方は同様）。

(注2) 一括有期事業のメリット制の対象となる確定保険料の額は、平成24年度から「40万円以上」に改正されました。

(注3) 有期事業のメリット制の対象となる確定保険料の額は、平成24年度から「40万円以上」に改正されました。ただし、新しい確定保険料基準（40万円）が適用されるのは、平成24年4月1日以降に保険関係が成立した有期事業に限られ、それ以前に保険関係が成立した有期事業には、従来どおり、100万円が適用されます。

(注4)「請負金額」の要件は、従来「1億2000万円以上（消費税相当額を含む。）」と定められていましたが、平成27年4月1日に改正され、「1億1000万円以上（消費税相当額を除く。）」と定められました。これは、平成27年4月1日の改正により保険料申告等における請負金額の取扱いを全て消費税相当額を除くこととしたことによるものです。改正後の要件が適用される時期は、平成27年4月1日以降に保険関係が成立した単独有期事業となります。平成27年3月31日以前に保険関係が成立した事業については、改正前の要件が適用されます。

いずれの場合も、メリット制が適用されるときは、所轄の都道府県労働局から労働保険事務組合へ通知されます。

ロ　特例メリット制とは

特例メリット制とは、平成9年3月31日から施行されている制度で、中小企業事業主（常時使用する労働者数が300人以下（金融業もしくは保険業、不動産業または小売業（飲食店を含む）は50人以下、卸売業またはサービス業は100人以下）の事業主）が、定められた安全衛生措置を講じた事業について、安全衛生措置を講じた年度の次の年度の4月1日から9月30日までに特例メリット制の適用を申告しているときは、定められた安全衛生措置を講じた年度の次の次の年度から3年

度の間、メリット制による労災保険率（非業務災害率を除きます）の増減幅を、通常、継続事業のメリット制においては最大40％であるところ、最大45％とするものです。

　　ただし、特例メリット制が適用となるには継続事業のメリット制が適用されていることが前提条件であり、安全衛生措置を講じた年度の次の次の年度から3年度の間であっても、継続事業のメリット制が適用とならない年度については、特例メリット制も適用となりません。

　　なお、建設の事業および立木の伐採の事業においては、特例メリット制が適用されません。

ハ　年度更新事務

　　メリット制の適用事業主が労働保険事務組合に事務委託をしている場合の年度更新手続は、各委託事業主ごとに処理することになりますので、各委託事業主ごとに申告書を作成します。申告書の作成等は、継続事業の場合と同様です（58ページ以下を参照）。

2　年度中途における事務処理

（1）概算保険料申告書提出後において委託事業主が増減した場合の事務処理

イ　新規委託の場合

　　労働保険事務組合は年度中途において新しく事務委託（106ページ以下参照）を受け、その委託を承認した場合には、「労働保険事務等処理委託事業主名簿」（様式第16号、114ページ記入例参照。以下「委託事業主名簿」といいます）、および「雇用保険被保険者関係届出事務等処理簿」（様式第18号、117ページ記入例参照。以下「事務等処理簿」といいます）に記入して、その都度遅滞なく「保険関係成立届（事務処理委託届）」（様式第1号（甲）108～109ページ記入例参照）を労働保険事務組合の主たる事務所の所在地を管轄する公共職業安定所長、労働基準監督署長、または事業場の所在地を管轄する公共職業安定所長を経由して都道府県労働局長に提出しなければなりません。

　　また、委託事業主に対しては、概算保険料の算定基礎となる「賃金等の報告」を求め、この「賃金等の報告」により、「申告書内訳」を作成し、

これに基づいてすでに提出してある概算保険料申告の増額訂正のための報告（申告書の用紙上の上部余白に「概算保険料申告の増額訂正報告」と記入する）を4半期ごとにとりまとめて提出しなければなりません。

　なお、委託前にすでに個別加入事業として保険関係が成立している場合は、その保険関係を、その年度の終わりまで、すなわち、その年度の確定保険料の申告・納付までを個別加入事業のときの労働保険番号で、個別加入事業として概算保険料等申告を行ったところの都道府県労働局に対して行い、翌年度の概算保険料等の申告・納付からその労働保険事務組合で一括して処理することになります。しかし、一般保険料および一般拠出金の申告以外の事務、すなわち雇用保険の被保険者に関する届出事務は、事業主から委託を受けた時点以後、委託事業の所在地を管轄する公共職業安定所で行い、労災保険の特別加入に関する事務は、事業主から委託を受けた時点以後、労働保険事務組合の主たる事務所の所在地を管轄する都道府県労働局または労働基準監督署で行うことになります。

　また、事務処理委託後に個別加入の形のままで納める保険料（第2期分、第3期分および確定保険料等）についても、その具体的納付事務を労働保険事務組合が行った場合には、その取扱った労働保険料の額を報奨金（(8)報奨金制度、82ページ参照）の交付額の算定基礎となる確定保険料の額に含めて申請させます。

ロ　委託解除の場合

　労働保険の事務処理の委託を解除した場合には、「委託事業主名簿」（様式第16号、114ページ記入例参照）および「事務等処理簿」（様式第18号、117ページ記入例参照）に記入して、その都度遅滞なく「労働保険事務等処理委託解除届」（様式第15号、112ページ参照、以下「解除届」といいます）を作成し、新規委託の場合と同様に提出しなければなりません。

　また、委託を解除した事業主に対しては、委託解除月日までの確定保険料の算定基礎となる「賃金等の報告」（一括有期事業の場合は「一括有期事業報告書」もあわせて（建設の事業は「一括有期事業総括表」も））を求め、この「賃金等の報告」により新規委託の場合と同様に、この委託解除事業場に係る「申告書内訳」を作成して、これに基づいてすでに

提出してある概算保険料申告書の減額訂正の報告（申告書の用紙の上部余白に「概算保険料申告の減額訂正報告」と記入する）を提出しなければなりません。

　なお、委託を解除した事業主から報告された「賃金等の報告」に基づいて委託解除時までに係る賃金総額により算定した労働保険料の額が、概算保険料の額より多い場合は、事業主からその差額の交付を受けて納付しなければなりません。また、概算保険料の額が委託解除時までの保険料の額より多い場合は概算保険料の減額訂正の報告を行う際に、その差額について「労働保険料還付請求書」（様式第8号）を作成し還付の請求を行い、還付を受けた金額を当該事業主に返還することになります。

（2）労働保険料等を滞納したときの事務処理

　労働保険料等を滞納している委託事業場がある労働保険事務組合は「労働保険料等滞納事業場報告書」（組様式第9号、76ページ参照）を作成し、必ず法定納期限経過後15日以内の指定された期日までに提出しなければなりません。そして、その後、提出した「労働保険料等滞納事業場報告書」に記載されている滞納事業場の保険料等が納付された場合には、1カ月ごとにとりまとめ、翌月10日までに「労働保険料等納入事業場報告書」（組様式第10号、77ページ記入例参照）を所轄の都道府県労働局に提出することになります。

（3）委託事業場の名称等が変更された場合の事務処理

　労働保険事務組合は、委託事業場の名称、所在地、事業の種類等が変更になった場合には、その都度「名称、所在地等変更届」（様式第2号）を所轄の労働基準監督署長または所轄の公共職業安定所長に提出しなければなりません。

　また、事業の種類が変更になった場合には、労災保険率等が変わることがありますが、この場合、年度更新手続の際の確定賃金総額は、変更前と変更後に区分し、それぞれの労災保険率等を乗じて確定保険料を算出します。

（4）雇用保険の被保険者についての異動等があった場合の事務処理

　労働保険事務組合は、委託事業主から雇用保険の被保険者の資格の得

労働保険料等滞納事業場報告書

種 別
31850

東京　労働局長 殿

労働保険事務組合	電話	(03)-(XXXX) XXXX 番
	所在地	〒100-8916 千代田区霞ヶ関 X-X-X
	名 称	厚労基徴労働保険事務組合
	代表者氏名	宮下　達哉

※労働保険番号
都道府県	所掌	管轄	基幹番号	
1 3	3	0 1	9 6 2 7 1 0	②

報告年月
9-06-11-21 ③

現在 下記事業場の保険料等が滞納となっていますので報告します。　　（ 1 枚のうち 1 枚目）

枝番号 1	001 ④	納付すべき保険料等 1	3 8 9 7 0 8 ⑦

徴定年度 1	9-06 ⑤	徴定区分 1	22 ⑥	納入額 1	0 ⑧

電話 (03)-(XXXX) XXXX 番
事業場名　山田工業株式会社
滞納額 1 | 3 8 9 7 0 8 ⑨

納付状況
月／日	保険料等	滞納額
／		
／		
／		

枝番号 2	004 ⑩	納付すべき保険料等 2	2 7 3 4 5 0 ⑬

徴定年度 2	9-06 ⑪	徴定区分 2	22 ⑫	納入額 2	0 ⑭

電話 (03)-(XXXX) XXXX 番
事業場名　森田建設株式会社
滞納額 2 | 2 7 3 4 5 0 ⑮

納付状況
月／日	保険料等	滞納額
／		
／		
／		

枝番号 3	⑯	納付すべき保険料等 3	⑲

徴定年度 3	⑰	徴定区分 3	⑱	納入額 3	⑳

電話 ( )-( ) 番
事業場名
滞納額 3 | ㉑

納付状況
月／日	保険料等	滞納額
／		
／		
／		

枝番号 4	㉒	納付すべき保険料等 4	㉕

徴定年度 4	㉓	徴定区分 4	㉔	納入額 4	㉖

電話 ( )-( ) 番
事業場名
滞納額 4 | ㉗

納付状況
月／日	保険料等	滞納額
／		
／		
／		

枝番号 5	㉘	納付すべき保険料等 5	㉛

徴定年度 5	㉙	徴定区分 5	㉚	納入額 5	㉜

電話 ( )-( ) 番
事業場名
滞納額 5 | ㉝

納付状況
月／日	保険料等	滞納額
／		
／		
／		

合　計	納付すべき保険料等合計	6 6 3 1 5 8 ㉞
	納入額合計	0 ㉟
	滞納額合計	6 6 3 1 5 8 ㊱

凡例
1 一徴定区分
　21. 全期または 1 期
　22. 2 期
　23. 3 期
　61. 事業廃止（保険料）
　62. 前年度（保険料）
　63. 前々年度（保険料）
　71. 事業廃止（拠出金）
　72. 前年度（拠出金）
　73. 前々年度（拠出金）

('21. 12

組様式第10号

労働保険料等納入事業場報告書

種別

`3 1 8 5 1`

提出年月日 `9-06-12-07` 項1

東京 労働局長 殿

※労働保険番号

都道府県	所掌	管轄	基幹番号	

`1 3 3 0 1 9 6 2 7 1 0` 項2

労働保険事務組合	電話	(03)－(XXXX) XXXX 番
	所在地	〒100－8916 千代田区霞ヶ関 X-X-X
	名 称	厚労基徴労働保険事務組合
	代表者氏名	宮下 達哉

報告年月

`9-06-11` 項3

中に下記事業場の保険料等を納付しましたので報告します。　　　　(1枚のうち 1枚目)

枝番号1 `0 0 1` 項4

年月日1 `9-06-11-26` 項7

徴定年度1 `9-06` 項5

保険料等1 `3 8 9 7 0 8` 項8

滞納額1 `0` 項9

徴定区分1 `2 2` 項6

納付場所1 ○○銀行△△支店

備考1

枝番号2 `0 0 4` 項10

年月日2 `9-06-11-26` 項13

徴定年度2 `9-06` 項11

保険料等2 `2 7 3 4 5 0` 項14

滞納額2 `0` 項15

徴定区分2 `2 2` 項12

納付場所2 ○○銀行△△支店

備考2

枝番号3 項16

年月日3 項19

徴定年度3 項17

保険料等3 項20

滞納額3 項21

徴定区分3 項18

納付場所3

備考3

枝番号4 項22

年月日4 項25

徴定年度4 項23

保険料等4 項26

滞納額4 項27

徴定区分4 項24

納付場所4

備考4

枝番号5 項28

年月日5 項31

徴定年度5 項29

保険料等5 項32

滞納額5 項33

徴定区分5 項30

納付場所5

備考5

合計

保険料等合計 `6 6 3 1 5 8` 項34

滞納額合計 `0` 項35

(注). 1. この報告書は、労働保険料等滞納事業場報告書(組様式第9号)により報告した事業場のうち、その後納付したものにつき1ヶ月分をとりまとめ、翌月10日までに報告すること。

2. 納付場所欄には銀行名(支店名まで)、郵便局名、都道府県労働局又は労働基準監督署の別を表示すること。

(21.12)

喪、被保険者区分の変更、転勤、氏名変更等の異動についての報告を受けたときは、直ちに「事務等処理簿」（様式第18号、117ページ記入例参照）に記入してください。この場合、すでに被保険者証の交付を受けている者に係る変更があるときは、その被保険者証を預かっておきます。

（5）被保険者が離職した場合の事務処理

　労働保険事務組合は、委託事業主から被保険者が離職したことの報告および当該被保険者が「雇用保険被保険者離職票」（以下「離職票」といいます）の交付を希望する旨の報告を受けたときは、直ちに「事務等処理簿」（様式第18号、117ページ記入例参照）に記入するとともに、「雇用保険被保険者資格喪失届」（雇保省令様式第4号、193～194ページ記入例参照）に「雇用保険被保険者離職証明書」（雇保省令様式第5号、200～201ページ記入例参照。以下「離職証明書」といいます）を添えて所轄の公共職業安定所長に提出しなければなりません。ただし、その者が、「離職票」の交付を希望しないときは、「離職証明書」の提出は必要ありません。

　また、労働保険事務組合が、所轄の公共職業安定所長から「離職票」の交付を受けたときは、すみやかに当該離職者に交付するとともに「事務等処理簿」に所定の事項を記入し、その交付を受けた者から受領印をもらっておかなければなりません。なお、「離職票」の交付を希望しなかった離職者がその後、その交付を希望したためその者に「離職票」を交付したときは、当該離職者を雇用していた委託事業主にその旨を通知するとともに、「事務等処理簿」に所要の事項を記入しなければなりません。

（6）認可申請書等に記載した事項に変更が生じた場合の届出

　認可を受けた後、認可申請の際に提出した「労働保険事務組合認可申請書」およびその添付書類に記入した事項に変更が生じた場合には、変更のあった日の翌日から14日以内に「労働保険事務組合認可申請書記載事項等変更届」（組様式第2号、79ページ記入例参照）を、労働保険事務組合の主たる事務所の所在地を管轄する都道府県労働局長に提出しなければなりません。

　なお、二元適用事業の労災保険分のみの労働保険事務組合が一元適用事業も取扱うことになった場合も、変更のあった日から14日以内に「労働保険

労 働 保 険 等

労働保険事務組合
認可申請書記載事項等 変 更 届

正

労働保険番号	府県	所轄	管轄	基幹番号	他に付与されている末尾番号	
	1 3	3 0	1	9 8 2 1 6 0		

変 更 事 項		変 更 前 の 内 容	変 更 後 の 内 容
①労働保険事務組合の	名 称		
	主たる事務所の所在地		
	代表者の氏名	中田　隆一	中田　麻利絵
②労働保険関係等事務を委任する事業主内訳			
③添付書類の記載事項		（書類の名称　　　　　）	（書類の名称　　　　　）
④その他の事項			

※②の欄は、二元適用事業の労災保険分又は一人親方等の特別加入団体の委託を受けている事務組合であって、新たに一元適用事業又は二元適用事業の雇用保険分について受託することとなった場合に記入すること。

上記のとおり変更を生じたので届けます。

令和 6 年 9 月 4 日

東京 労働局長 殿

名　称	厚労基徴商工会	
労働保険事務組合の主たる事務所の所在地	千代田区霞ヶ関X-X-X	（郵便番号　100 − 8916） 電話（ 03 ）−（ XXXX ） XXXX番
代表者の氏名	中田　麻利絵	

〔注〕添付書類の記載事項欄に記載することができない場合には、別紙を付して記載すること。

社会保険労務士記載欄	作成年月日・提出代行者・事務代理者の表示	氏　名	電話番号

(23.1)

事務組合認可申請書記載事項等変更届」を、所轄の労働基準監督署を経由して所轄の都道府県労働局長へ提出しなければなりません。この場合は事務組合整理番号および労働保険番号があらたに振り出されることとなりますので、労働保険等に関する書類の作成については、新しい番号の振り出された後、この番号を使用して作成することとなります。

（7）労働保険事務組合を廃止するときの事務処理

イ　業務廃止届

　　労働保険事務組合が業務を廃止しようとするときには、その60日前までに「労働保険事務組合業務廃止届」（組様式第3号、81ページ記入例参照。以下「業務廃止届」といいます）を、労働保険事務組合の主たる事務所の所在地を管轄する都道府県労働局長に提出しなければなりません。これは、労働保険事務組合が、政府との特別の関係にたつものであることから、事前に「業務廃止届」を提出することによって、労働保険等の事務の清算処理を適正に行うために必要なものです。労働保険事務組合が業務を廃止した場合には、各委託事業主の保険関係については、廃止時点からそれぞれ新規に成立させなければなりません。

　　なお、次の場合には、労働保険事務組合の認可が取消されることがあります。

　　（イ）　徴収法その他の労働保険関係法令の規定に違反したとき

　　（ロ）　その行うべき労働保険等事務の処理を怠ったり、その処理が著しく不当になされたとき

　　（ハ）　労働保険事務組合の認可基準に該当しなくなったとき

ロ　確定保険料等の申告手続

　　労働保険事務組合がその業務を廃止しますと、労働保険事務組合を通して成立している各委託事業主の保険関係が、形式的に消滅することになります。したがって、「申告書」（様式第6号）によって、この保険関係を消滅させなければなりません。

　　確定保険料および一般拠出金の申告の手続は、年度更新の場合の確定保険料および一般拠出金の申告・納付と同様です。まず、各委託事業主から、年度当初より労働保険事務組合廃止の日までの支払賃金総額等を記入した「賃金等の報告」（一括有期事業の場合には、「一括有期事業報

組様式第3号

労働保険事務組合業務廃止届

労働保険番号	府県	所掌	管轄		基幹番号					他に付与されている末尾番号	
	1	3	3	0	1	9	8	2	1 6 0		

業業廃止予定年月日	6 年 11 月 30 日
委託事業主の事業場の所在する地区	千代田区内
委託事業主数	7 人
労災保険法第28条第1項の特別加入者数	9 人

　労働保険の保険料の徴収等に関する法律第33条第3項の規定に基づき労働保険事務組合の廃止を届けます。

令和 6 年 9 月 27 日

名　称　　**厚労基徴商工会**

労働保険事務組合 の 主たる事務所の所在地　　（郵便番号 100 - 8916 ）
電話（ 03 ）-（ XXXX ）
千代田区霞ヶ関 X-X-X　　XXXX 番

代表者の氏名　**中田　麻利絵**

東京 労働局長殿

〔注〕この届は、業務を廃止しようとする日の60日前までに事務組合の主たる事務所の所在地を管轄する公共職業安定所長又は労働基準監督署長を経由して所轄労働局長に提出すること。

社会保険労務士記載欄	作成年月日・提出代行者・事務代理者の表示	氏 名	電話番号
	年　月　日		－

(22.1)

告書」もあわせて）の提出を求め、これに基づき、基幹番号ごとに「申告書内訳」、「申告書」を作成しそれぞれ精算します。

　ただし、メリット制適用事業については、メリット制が適用されている事業ごとに申告書を作成しなければなりません。

　なお、委託解除後に各事業主は、改めて個別に新規加入の手続をしなければなりませんが、この手続については加入洩れが生じないよう配慮して当該労働保険事務組合が適切な指導をする必要があります。

（8）報奨金制度

イ　趣　旨

　労働保険事務組合の行う業務のなかでもっとも重要なものは、各委託事業主に代わって適正な労働保険事務を遂行することです。

　そこで、政府は労働保険事務の適正な遂行に対する「労に報い」、また当該適正な事務の遂行により、「収納率」が高く維持されている労働保険事務組合に対して、報奨金を交付しています。

ロ　交付の要件

　報奨金は、労働保険事務組合が事業主の委託をうけて納付する労働保険料の納付の状況が、次のすべての要件に該当する場合に交付されます。

　なお、報奨金の申請時に区分経理の有無および報奨金の目的外使用の有無を確認し、区分経理がなされていない、または交付目的外使用が確認できる場合には、報奨金の交付対象から除外されることになりなすのでご注意ください。

(1)　報奨金算定基準日（7月10日、天災その他やむを得ない理由があるときは7月17日）において、前年度に常時15人以下の労働者を使用する事業の事業主の委託に係るものにつき、その確定保険料の額（納付すべき追徴金または延滞金があればその額を含み、納期限の延長または労働保険料の納付猶予の対象となった確定保険料の額を除く）の合計額の95％以上の額が納付されていること。

　　上記において「天災その他やむを得ない理由」とは、次に掲げるものであること。

　　①　天災地変等の不可抗力

　　②　交通または郵便のストライキ等

③ その他上記①、②に準ずるやむを得ない理由

この場合、「労働保険料」とは、一般保険料、第1種特別加入保険料、第2種特別加入保険料および第3種特別加入保険料をいい、印紙保険料、雇用保険の特例納付保険料等は含まれません。

「常時15人以下の労働者を使用する事業」とは、事業主単位ではなく、事業単位（一括された事業については、一括後の事業単位）によります。なお、常時使用労働者数の計算は次によります。

① 前年度の各月末（賃金締切日がある場合には月末直前の賃金締切日）の使用労働者数の合計を12（前年度中途に保険関係が成立した事業にあっては保険関係成立以後の月数）で除して得た労働者数

② 船きょ、船舶、岸壁、波止場、停車場または倉庫における貨物の取扱いの事業および徴収法第7条の規定により一の事業とみなされる事業については、前年度3月31日以前1年間の延労働者数を所定労働日数で除して得た労働者数

「前年度の労働保険料」とは、前年度の期間に係る労働保険料、すなわち前年度の賃金総額を基礎として算定した労働保険料をいいます。「確定保険料」の意味についても同様です。ただし有期事業に係る労働保険料にあっては、前年度中に保険関係が消滅した有期事業の全期間の賃金総額を基礎とした労働保険料を意味します。

「延滞金」には、概算保険料に係る延滞金も含みます。

(2) 前年度の労働保険料について、事務組合が差押え等滞納処分を受けたことがないこと。

(3) 偽りその他の不正の行為により、前年度の労働保険料の徴収を免れ、またはその還付を受けたことがないこと。

ハ 報奨金の交付額

(1) 7月10日において、前記ロの交付要件に該当した事務組合の場合

① 原則

報奨金の額は、次の(ロ)に留意して(イ)の算式により計算した額の合計額とします。ただし、上限は1000万円とします。

(イ)　15人以下の労働者を使用する事業

報奨金の額＝（15人以下の事業の労働保険料 $\times \frac{2.0}{100}$）$^{※}$＋（12,400円×5人未満委託事業のうち二保険関係成立事業の数）＋（6,200円×5人未満委託事業のうち二保険関係成立事業以外の事業の数）＋（6,200円×5人以上15人以下委託事業のうち二保険関係成立事業の数）＋（3,100円×5人以上15人以下委託事業のうち二保険関係成立事業以外の事業の数）

(ロ)　上記(イ)に関わらず、定額部分の算定基礎となった事業の数の合計が1000を超える事務組合にあっては、15人以下の事業の単価の大きい順に合計し、1000を限度として定額部分を算定することとなります。

② 調整措置

前記①により算定した額が、当該事務組合の納付した前年度の労働保険料の額のうち、15人以下の労働者を使用する事業に係る前年度の労働保険料の額を超える場合には、前記①に関わらず報奨金対象合計額に相当する額となります。

(2) 天災その他やむを得ない理由により、7月17日において、前記ロの交付要件に該当した事務組合の場合、報奨金の額は、7月17日までに納付された労働保険料を7月10日までに納付されたものとみなし、その額をもととして前記(1)により計算した額から5％を減じた額となります（口座振替利用の場合は特例あり）。

※なお、石綿健康被害救済法に基づく一般拠出金に対する報奨金の額は、一般拠出金額に $\frac{3.5}{100}$ を乗じて得た額

二　交付申請の手続

報奨金の交付を受けようとする事務組合は、10月15日までに「労働保険事務組合報奨金交付申請書」2部を、その主たる事務所の所在地を管轄する都道府県労働局長に提出しなければなりません。

※なお、一般拠出金徴収に伴い、労働保険料に係る報奨金に準じて一般拠出金についても報奨金を交付しています。

ホ　報奨金（電子化分）について

次の要件のいずれにも該当する場合に交付されます。

- ・報奨金（定率・定額分）の交付対象事務組合であること。
- ・電子媒体の種類はＤＶＤ（ＤＶＤ－Ｒ、ＤＶＤ＋ＲまたはＤＶＤ－ＲＷ、ＤＶＤ＋ＲＷ）、ＣＤ（ＣＤ－ＲまたはＣＤ－ＲＷ）であること。
- ・厚生労働省ホームページ内の「労働局適用徴収業務支援システムの仕様公開について」で公開している「インターフェース仕様書」の内容に沿った形式により作成されたものであること。
- ・申告書内訳（電子）の内容は、年度更新時に提出する「申告書内訳」と同一の内容とし、内容に誤りがないこと。

報奨金（電子化分）は、予算の範囲内で、申告書内訳（電子）に登録された委託事業所のうち、前年度における常時労働者15人以下の委託事業場1件につき800円を交付します。

報奨金の交付を受けようとするときは、「労働保険事務組合報奨金（電子化分）交付申請書」2部を所轄都道府県労働局に提出してください。

申告書内訳（電子）は、原則として年度更新時（6月1日〜7月10日）に電子申請または電子媒体により提出してください。

報奨金（電子化分）交付申請書の提出期限は10月15日までです。

※「労働局適用徴収業務支援システムの仕様公開について」の掲載場所は以下のＵＲＬとなります。

https://www.mhlw.go.jp/seisakunitsuite/bunya/koyou_roudou/roudoukijun/hoken/shiyou_koukai/index.html

3 　労働保険料等の口座振替納付制度

（1）制度の概要

　労働保険料等^(注1)の口座振替による納付制度は、納付者である事務組合とその預金口座のある金融機関^(注2)（口座振替取扱金融機関に限ります）との口座振替に関する契約に基づき、国から金融機関に送付された納付書に従って、金融機関が振替納付日^(注3)において、当該納付書に記載された額を事務組合が指定した預金口座から引き落とし国庫へ振り替えることによって、労働保険料等を納付するものです。

　（注1）口座振替納付の対象となる労働保険料等は、継続事業および一括有期事業（労働保険番号の基幹番号が90万台のものです）の概算保険料、確定保険料の不足額および一般拠出金、単独有期事業の概算保険料です。

　（注2）口座振替納付を取り扱う金融機関は、全国の銀行（ゆうちょ銀行を含みます）、信用金庫、労働金庫、信用組合、農業協同組合（ＪＡバンク）、漁業協同組合（ＪＦマリンバンク）、商工組合中央金庫です。なお、一部の金融機関では、現在、取扱いがない場合があるので注意が必要です。

　（注3）労働保険料等は、次の期日（その日が金融機関の休日の場合は、その翌日）に預金口座から国庫に振替納付されることになります。
　　　　　① 　第1期分　・・・・・・・・・・　 9月6日
　　　　　② 　第2期分^{※1}・・・・・・・・・・　 11月14日
　　　　　③ 　第3期分^{※1}・・・・・・・・・・翌年2月14日
　　　　　④ 　第4期分^{※2}・・・・・・・・・・翌年3月31日
　　　　　　※1 　第2期、第3期については、労働保険料の延納が認められた場合に対象となる口座振替日です。
　　　　　　※2 　単独有期事業のみ対象の納期です。

（2）口座振替納付の申出手続等

　口座振替納付を希望する事務組合は、次の手続きを取り所轄都道府県労働局労働保険歳入徴収官に受理されると、これが解除されるまでは継続して、口座振替納付の方法により労働保険料および一般拠出金の納付を行うことになります。

イ　口座の開設

　事務組合は、まず、取扱金融機関に口座振替納付用の預金口座（普通または当座）を設けてください（既に労働保険料専用口座がある場合には、それを利用して差し支えありません）。

　口座振替納付用の預金口座は、①事務組合１口座に限られます（事務組合は、以後この口座を労働保険料および一般拠出金の納付専用に利用してください）。

ロ　口座振替納付依頼

　振替には、「労働保険　保険料等口座振替納付書送付（変更）依頼書　兼　口座振替依頼書」（以下「送付依頼書」といいます）を用いて、金融機関へ依頼してください。

　金融機関がこれを受理したときは、送付依頼書に確認印を押印して、事務組合に返してくれます。

ハ　口座振替納付の承認

　所轄の都道府県労働局（以下第３章の３において「局」といいます）においては、次のような場合を除いて送付依頼書を受理することによって、口座振替納付が承認されることになります。

(イ)　現に滞納している労働保険料がある等、振替納付が確実になされるとは認められないとき

(ロ)　その他口座振替納付が継続的に実施されるとは認められない等、労働保険料等の納付が確実かつ徴収上有利と認められないとき

（3）口座振替納付の口座等の変更

イ　口座名義等の変更

　　口座振替納付が認められている事務組合について、口座振替納付用の口座の①口座名義、②預金種別もしくは口座番号、③届出印に変更が生じたときは、前記様式（「データ指示コード」を『2 変更』とする）を用いて、所定の時期までに金融機関の窓口に届け出てください。

　　この届出がない場合には、従前の口座に納付書が送付されること等によって、労働保険料等の滞納という事態が生ずることとなります。

　　また、事務組合が口座振替納付を解約しようとするときも、「労働保険　保険料等口座振替納付書送付依頼書（解除）　兼　口座振替依頼書（解除）」を用いて、同様の手続きを取ることとなります。

ロ　取扱金融機関および店舗の変更

　　事務組合が口座振替納付用の口座の設けられている金融機関または店舗を他の金融機関または店舗に変更するときは、従前の口座振替納付を解約し、変更後の金融機関または店舗における口座振替納付用の口座について、改めて前記 (2) の新規の申込手続きを取ってください。

　　この手続きがなされない場合には、イと同様の滞納という事態が生ずることとなります。

（4）口座振替納付の申出手続等の期間

イ　新規の手続の期間

　　口座振替納付の新規の申出は、次の締切日までに行ってください。

①　第 1 期分 ・・・・・・・・・・　2 月 25 日
②　第 2 期分 ・・・・・・・・・・　8 月 14 日
③　第 3 期分 ・・・・・・・・・・　10 月 11 日
④　第 4 期分 ・・・・・・・・・・　翌年 1 月 7 日

ロ　変更、解約の手続の期間

　　口座振替納付を実施している事務組合が (3) のイに掲げる変更および解約を行う場合は、原則として上記イの締切日までに行い、所定の手続を取ってください。

　　なお、この締切日までに変更、解除の手続きができない特別な事情がある場合は、事前に所轄の局に御相談ください。

（5）振替不能で滞納となった場合の処理

確定保険料の不足額、概算保険料の第1期分（延納しない場合は全期分）および一般拠出金の合計額が口座から引き落とされ、国の口座に振替えられます。口座の預金額に不足があると、送付された納付書の一部が振替不能となり、その分の全額が未納となります。

口座振替納付制度は、振替納付日に振替納付された場合、法定の7月10日に納付されたものとみなす制度であるので、万一口座の預金額が不足で振替不能になると滞納になりますから、納付すべき額と比べて口座入金額に不足がないか、指定納期の前日までに口座を設けた金融機関に問い合わせる等確認しておくことが必要です。

イ　納付書による納付

万一振替不能となった場合は、すみやかに通常の納付書（申告の際切り離した納付書または局・労働基準監督署より別途交付を受けた納付書）により、委託事業主から交付を受けている保険料および一般拠出金を納付してください。

ロ　労働保険料等滞納事業場報告書の提出

（イ）　振替不能となった保険料等のうち委託事業主から交付がないため滞納となっている分について、振替納付日（9月6日）以後15日以内の労働局から指定された期日までに、その報告日の前日の状況を「労働保険料等滞納事業場報告書」（76ページ参照）にて報告しなければなりません。

報告後、毎月納付があった分については、翌月10日までに「労働保険料等納入事業場報告書」（77ページ参照）により報告しなければなりません。

（ロ）　（イ）の「労働保険料等滞納事業場報告書」の提出の際には、局の指示するところにより、「労働保険料等口座振替納付等状況報告書」および振替納付日後に通常の納付書で納付したものの「領収証書」の写しを、同時に提出してください。

（6）その他の留意事項

イ　委託事業主からの保険料および一般拠出金の交付

　　口座振替納付制度は、事務組合から所定の労働保険料および一般拠出金が振替期日に確実に納付されることを前提に設けられていますので、事務組合は、遅くとも振替期日の前日（第1期分、確定保険料の不足額および一般拠出金については、できるだけ早期に）までに、委託事業主からその期日において納付すべきすべての労働保険料および一般拠出金の交付を受け、口座振替納付用口座に預入しておいてください。

ロ　年度更新時の申告書等の提出期限

　　口座振替納付が認められた事務組合の概算・確定保険料および一般拠出金の申告は、「申告書」の表面上部標題の右側のスペースに「口座振替」と印字されています。7月10日までに所轄の局（労災二元適用事業等のみを取扱う事務組合にあっては所轄の労働基準監督署を経由できます）に提出してください。

　　この申告書等の提出が遅れると、その年度の概算保険料第1期分（または全期分）、前年度確定保険料の不足分および一般拠出金については口座振替納付ができなくなるので滞納ということになり、通常の納付方法により納付しなければならないこととなります。

ハ　口座振替納付の対象となる労働保険料等

　　口座振替納付される労働保険料等は、事務組合が事業主の委託を受けて納付すべき労働保険料および一般拠出金のすべてが対象となります。したがって、その一部だけを対象とすることはできません。

ニ　送付依頼書の受理の解除

　　送付依頼書の受理は、口座振替納付を認められた事務組合について、次のような事情が生じた場合には解除されることがあります。

(イ)　口座の残高不足等により振替不能となり、以後も納付が確実に行われるとは認められないとき

(ロ)　申告書が7月10日までに提出されなかったことから振替納付が行われないこととなった場合等、徴収上有利でないと認められるとき

第4章

新しく労働保険事務組合の認可を受ける団体のために

1 労働保険事務組合制度のあらまし

（1）労働保険事務組合とは

　労働保険事務組合制度は、中小零細事業主の労働保険事務処理面の負担を軽減し、労働保険の適用促進および保険料の適正な徴収を図るための制度です。

　労働保険事務組合とは、徴収法第33条の規定に基づいて、「中小企業等協同組合法」の事業協同組合、「商工会の組織等に関する法律」の商工会、その他の事業主の団体、またはその連合団体がその構成員または構成員以外の事業主の委託を受けて労働保険事務を処理することについて厚生労働大臣の認可を受けた場合におけるその団体等の呼称であり、事務処理を行うために与えられる一種の資格ともいえるものです。したがって、その認可を受けた団体自体が労働保険事務組合となるのであって、認可を受けたことによって労働保険事務組合という全く新しい団体が作られるわけではなく、既存の事業主の団体等がその事業の一環として事業主が処理すべき労働保険事務を代理して処理することができるのが労働保険事務組合です。

　労働保険事務組合は個々の事業主の代理人として労働保険事務を処理するものですが、徴収法の規定により、政府との関係において特別の責任を負うものであって、通常の代理人とは異なった地位にあります。

　このため労働保険事務組合となるには、認可を受けなければならないことになっています。この認可を受けるためには、事業主を構成員とする団体であることが必要条件であり、その団体が法人であるか任意の団体であるかは問いません。また、事業主を直接に構成員とする団体ばかりでなく、その連合団体でもかまわないわけです。もっとも、事業主団体やその連合団体なら無条件で認可されるわけではなく、その事業主団体等が一定の条件を備えていることが必要です。

　なお、第2章の4でも述べているとおり、平成19年度からの一般拠出金の徴収に伴い、労働保険事務組合は、労働保険事務に加えて一般拠出金に関する事務処理についても行うことができるようになりました。

（2）事務委託のできる事業主の範囲

　労働保険事務組合に労働保険事務の委託ができる事業主は、労働保険事務組合の認可を受けた事業主団体の構成員である事業主の他、構成員以外の事業主で、事務組合に労働保険事務を委託することが必要と認められるもののうち、次に該当する事業主です。

　　(イ) 金融業、保険業、不動産業、または小売業では、常時 50 人以下の労働者を使用する事業主

　　(ロ) 卸売業、またはサービス業では、常時 100 人以下の労働者を使用する事業主

　　(ハ) 工場等一般の事業で常時 300 人以下の労働者を使用する事業主

　金融業、保険業、不動産業、小売業、卸売業、サービス業の分類は、「日本標準産業分類」によりますが、清掃業、火葬業、と畜業、自動車修理業および機械修理業は、これらの業種に含めない取扱いを行っています。したがって、これらの事業を主たる事業とする事業主は、その使用する労働者数が常時 300 人以下であれば労働保険事務組合に労働保険事務の処理を委託することができます。

　なお、同一事業主が場所的に独立した日本標準産業分類の区分の異なった事業を行う場合は、それぞれ別個の事業として取り扱うことになります。

　　（注 1）労働保険事務組合の主たる事務所の所在地を管轄する都道府県労働局長は、必要があると認めたときは、当該労働保険事務組合に対し、当該労働保険事務組合が労働保険事務の処理の委託を受けることができる事業の行われる地域について必要な指示をすることができることとされています（徴収法施行規則第 62 条第 3 項）。よって指示されたときは、その指示された地域の事業について委託が受けられることになりますが、原則として、労働保険事務組合が委託を受けることができる地域の範囲は、労働保険事務組合の主たる事務所の所在地の都道府県内とし、労働保険事務組合の事務処理体制その他の状況を考慮して隣接都道府県内の事業主まで委託できます。令和 2 年 4 月 1 日からは、隣接する都道府県以外の事業の事業主からの委託を受けることも可能になりました。なお、有期事業の一括に係る事業主については、従来、徴収法施行規則第 6 条第 2 項第 4 号によって厚生労働大臣が指定

する都道府県労働局の管轄区域内に限られていましたが、平成31年4月1日から同号が削除され、遠隔地で行われるものも含めて一括が可能となっています。

(注2) 労働保険事務組合の委託事業主は、任意に委託を解除することができますが、次に該当する場合には当然に委託解除されることになります。

 (a) 事業規模が増大し、委託事業主としての資格を失ったとき

 (b) 事業を廃止したとき

 (c) 労働保険事務組合事務処理規約（労働保険事務組合が行う事務処理方法等について定めたもの）等の規定にふれ、労働保険事務組合より委託解除された場合

（3）委託事務の範囲

　労働保険事務組合が事業主に代わって行う事務の範囲は法令で定められており、およそ次のものがあげられますが、その団体の定める労働保険事務組合事務処理規約にも明らかにしておかなければなりません。

 (イ)　概算保険料・増加概算保険料の申告・納付

 (ロ)　確定保険料の申告・納付

 (ハ)　一般拠出金の申告・納付

 (ニ)　労働保険事務等処理委託・委託解除の手続

 (ホ)　特別加入の申請、変更、脱退申請等の手続

 (ヘ)　任意加入申請、保険関係成立届等の手続

 (ト)　雇用保険の被保険者に関する届出等の手続

 (チ)　その他労働保険の適用徴収に係る申請、届出、報告等に関する諸手続

　なお、労働保険に係る事務の中でも次のような特殊なものや、その性質上労働保険事務組合に委託して処理することになじまないものは除かれます。

 (イ)　労災保険の保険給付、石綿健康被害救済法の特別遺族給付金および社会復帰促進等事業として行う特別支給金に関する請求書等の事務手続およびその代行

 (ロ)　雇用保険の保険給付に関する請求書等に係る事務手続および代行

 (ハ)　雇用保険の雇用安定事業、および能力開発事業に係る事務手続、

およびその代行

　(ニ)　印紙保険料に関する事務およびその代行

（4）労働保険事務組合の責任

　労働保険事務組合は、個々の事業主の委託を受けて労働保険等の事務処理を行うものですが、通常の代理関係とは異なり政府との関係において特別な責任を負うものです。

イ　労働保険料等の納付責任

　労働保険事務組合は事業主の代理人として労働保険料等の申告および納付を行うものですが、労働保険料その他の徴収金の納付についての責任の範囲は、委託事業主から交付を受けた金額の限度内で、政府に対し納付の責めに任ずることになっています。

　したがって、委託事業主から労働保険料等の交付を受けていない場合に、都道府県労働局労働保険特別会計歳入徴収官から労働保険料等の納付の督促を受けたときは、委託事業主に対して督促状に「労働保険料等納入通知書」（55 ～ 56 ページ参照）を添付して通知し、労働保険事務組合に労働保険料等を納付するように督促すればよいわけです。委託事業主から交付を受けていない労働保険料等についての責任は生じません。

ロ　労働保険事務組合の責めによるもの

　労働保険事務組合は委託事業主の代理人としての地位にあるわけですが、次の場合には、通常の代理人とは異なった責任を負うことになります。

　(イ)　追徴金の納付責任

　　a　委託事業主が前年度中に支払った賃金の総額等の申告書を作成するにたる事実を報告したにもかかわらず、申告期限を経過しても申告書を提出しないため政府の調査決定が行われ、その結果追徴金を追徴される場合

　　b　その他、労働保険事務組合の責めに帰すべき事由によって、追徴金を徴収される場合

　(ロ)　延滞金の納付責任

　　a　委託事業主が督促状の指定期限の前までに（具体的には事務処理規約によって定めた期間内）労働保険料等を労働保険事務組合に交付したにもかかわらず、労働保険事務組合が指定納期限

までにその労働保険料等を政府に納付しないため延滞金を徴収
される場合

 b 労働保険料等の滞納に対しての政府からの督促を労働保険事務
組合が委託事業主に通知しなかったため、督促状の指定期限ま
でに納付できず、そのため延滞金が徴収される場合

 c その他、労働保険事務組合の責めに帰すべき事由によって生じ
た延滞金の全額

ハ　労働保険料等の滞納に関する責任

労働保険事務組合は、すでに述べたように委託事業主から交付を受け
た金額の限度において政府に対して責任を負いますが、それとの関連で
交付を受けた労働保険料等につき滞納があった場合には、政府はまず労
働保険事務組合に対して滞納処分を行い、それでもなお徴収すべき残余
があるときに、その残余の額を当該委託事業主から徴収することにして
います。

ニ　不正受給等に対する責任

保険給付や石綿健康被害救済法に基づく特別遺族給付の不正受給をし
た者に対し政府が給付に要した費用を徴収する場合において、労働保険
事務組合の虚偽の報告等により不正受給が行われたものであるときは、
労働保険事務組合は不正受給者と連帯して徴収金を納付すべきことを政
府から命じられることがあります。

また、労働保険料等を算定する基礎である賃金について故意に過少算
出し、労働保険料等の徴収を免れた場合におけるその免れた労働保険料
等、追徴金の納付についても同様です。

（5）労働保険事務組合に対する通知等

政府は、委託事業主に対してすべき「徴収法」、「労災保険法」および「雇
用保険法」、もしくはこれらの法律に基づく厚生労働省令の規定による労
働保険料の納入の告知、督促状、その他の通知および還付金の還付につい
ては、これを労働保険事務組合に対してすることができることになってい
ます。

石綿健康被害救済法および石綿健康被害救済法第38条第1項において
準用するこれらの法律、ならびにこれらの法律に基づく命令による一般拠

出金の納入の告知、督促状、その他の通知および還付金の還付についても同様です。

　また、当該労働保険事務組合に対して行ったこれらの納入の告知、督促状、その他の通知および還付金の還付は、委託事業主に対して行ったものとみなされます。

（6）労働保険事務組合の主管行政機関等

　労働保険等の事務処理を委託した事業主の所在地の管轄行政庁が、労働保険事務組合の主たる事務所の所在地の管轄行政庁と異なる場合には、その委託に係る労働保険事務については、労働保険事務組合の主たる事務所の所在地を管轄する公共職業安定所長、または労働基準監督署長と労働局長が主管行政機関になります。

　なお、雇用保険の被保険者に関する届出事務は、事業所の所在地を管轄する公共職業安定所長に対して行うことになります。

　この労働保険事務組合の管轄機関は、労働保険事務組合に委託された事業主が本来なすべき労働保険料等の申告・納付、その他の届出の手続きについての窓口を示すものであって、後述する個々の委託事業主のもとで起きた災害についての労災保険給付請求手続は、事業場の所轄の労働基準監督署長に対して行うことになります。

２　労働保険事務組合の認可

（1）労働保険事務組合となるための資格

　労働保険事務組合としての認可を受けるには、事業主を構成員とする団体等であることが、まず第一の必要条件であります。

　その事業主団体が法人であるか、任意の団体であるかは問いません。また、事業主を直接構成員とする団体ばかりでなく、その連合団体でもかまいません。もっとも、事業主団体やその連合団体なら無条件で認可されるわけではありません。なぜなら、労働保険事務組合がたんに事業主団体の代理人にとどまるだけでなく、政府との間に労働保険料の納入等についての責任を負うものであるため、無制限な認可はできないからです。

こうした点から、労働保険事務組合の認可を受けるためには、事業主団体等が次のような条件を備えていることを必要とします。

(イ)　団体等が法人であるか否かは問わないが、法人でない団体等にあっては、代表者の定めがあることの他、団体等の事業内容、構成員の範囲、その他団体等の組織、運営方法（総会、執行機関、財産の管理運営方法等）等が定款、規約等その団体等の基本となる規則（以下「定款等」という）において明確に定められ、団体性が明確であることを要する。

(ロ)　労働保険等の事務の委託を予定している事業主が30以上あることを要する。

(ハ)　定款等において、団体等の構成員または間接構成員である事業主（員外者たる事業主も含む）の委託を受けて労働保険等の事務の処理を行うことができる旨定めていること。

　①　定款等が行政庁の認可により効力が生ずるものであるときは、その認可を受けており、また事業が登記を要するものであるときは、登記済のものであることを要する。

　②　次に掲げる団体等については、その事業内容として定款等においてそれぞれ次に掲げるような内容の定めがあるときは、事務組合としての事務を行うことができるものと解されるので改めて定款等の変更は要しない。

　　㋑　事業協同組合、協同組合連合会、商工組合（非出資組合を除く）、および小売酒販売組合
　　　「組合員の福利厚生に関する施設（または事業)」

　　㋺　商工会
　　　「商工業者の委託を受けて、当該商工業者が行うべき業務（その従業員のための事務を含む）を処理すること」

　　㋩　商工会議所
　　　「地区内における商工業の総合的な改善発達を図り、兼ねて社会一般の福祉の増進に資することを目的とする」

(ニ)　団体等は団体等として本来の事業目的をもって活動し、その運営実績が2年以上あること。

(ホ)　団体等は相当の財産を有し、認可後、労働保険事務組合の責任に

おいて労働保険料および一般拠出金の納付を確実に行うことが明らか
であること。
(ヘ)　労働保険等の事務（労働保険料および一般拠出金の申告・納付、
　　諸届の提出、事務処理台帳等の備付け等）を確実に行う能力を有する
　　者を配置し、労働保険等の事務を適切に処理できるような事務処理体
　　制が確立されていること（被保険者に関する届の提出等の事務処理に
　　ついては、公共職業安定所の管轄区域ごとに行う能力があること）。
　　　なお、労働保険等の事務を予め第三者に再委託することを予定して
　　いる事務組合の認可は認めない。
(ト)　団体等の役員および認可後の労働保険事務組合の事務総括者等は、
　　社会的信用があり、労働保険事務組合に関する業務に深い関心と理解
　　を有する者であること。
(チ)　労働保険事務組合事務処理規約等には少なくとも下記の事項を定
　　め、かつ当該団体等の総会等の議決機関の承認を経ること。
　　①　労働保険等の事務の委託手続（委託書、受託書の発行および事
　　　務処理規約の交付に関する事項を含む）。
　　②　事業主が労働保険事務組合に対して行う労働保険料等の交付、
　　　雇用保険の被保険者に関する届出等の諸届の提出期限および事務
　　　依頼の事実関係を立証するための手続に関する事項
　　③　事業主から交付を受けた労働保険料等の流用を禁止する事項
　　④　事業主から交付を受けた労働保険料等は直ちに納付するときの
　　　他は、銀行その他の金融機関の労働保険料および一般拠出金専用
　　　口座に預託しなければならないとする事項
　　⑤　内部けん制体制および内部監査に関する事項
　　⑥　行政庁から受けた通知を事業主に伝達する方法に関する事項
　　⑦　納期前に事業主から交付を受けた労働保険料等は納期までに、納
　　　期後に交付を受けた労働保険料等は直ちに、その全額を国に納付
　　　しなければならないとする事項
　　⑧　銀行その他の金融機関の専用口座に預託した労働保険料等は、国
　　　に納付し、または事業主に還付する場合の他にそれを引き出して
　　　はならないとする事項
　　⑨　事務組合は、事業主から交付された労働保険料等について第3

期分までを国に納付したときは、その旨を当該事業主に通知しなければならないとする事項

⑩ 事業主から労働保険料等の交付を受け、これを国に納付したことを証する領収書、納付書等を3年間保存しなければならないとする事項

⑪ 労働保険料等は、労働保険および一般拠出金事務の処理に要する経費、および母体団体の運営費と区分して経理しなければならないとする事項

⑫ 事務組合は、毎年1回、母体団体の総会等の議決機関において、労働保険料等の徴収・納付状況を報告しなければならないとする事項

（2）労働保険事務組合の認可申請手続

労働保険事務組合となるには厚生労働大臣の認可が必要ですが、その手続としては、次の書類を団体の主たる事務所の所在地を管轄する公共職業安定所長を経由して、都道府県労働局長に提出しなければなりません。ただし二元適用事業の労災保険分、または一人親方等の特別加入団体の委託に係る労働保険事務組合の認可申請は、団体の主たる事務所の所在地を管轄する労働基準監督署長を経由して都道府県労働局長に提出することになっています（次ページ参考図参照）。

① 労働保険事務組合認可申請書(様式第14号、102ページ記入例参照)

② 定款、規約等団体または連合団体の目的、組織、運営等を明らかにする書類（団体が法人であるときは、登記簿の謄本を含む）

③ 事務処理規約等、労働保険事務の処理の方法を明らかにする書類

④ 最近の財産目録、貸借対照表および損益計算書等、団体等の資産の状況を明らかにする書類（団体等が法人でないときは、団体等で中心的役割を果たしている者の財産の保有状況を示す書類および役員全員による誓約書を含む）

⑤ 当該事業年度の事業計画および収支予算ならびに過去2年間の事業報告、および収支決算等、団体等の運営の状況を明らかにする書類

⑥ 団体等の構成員名簿、委託予定事業主名簿（員外者も含む）、および事業主の委託承諾書

（参考図）（1）労働保険事務組合の設立、廃止等に関する書類

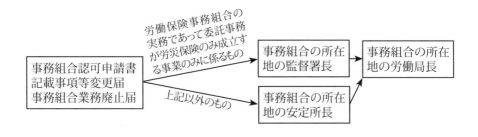

（2）委託事業ごとに提出する次の書類

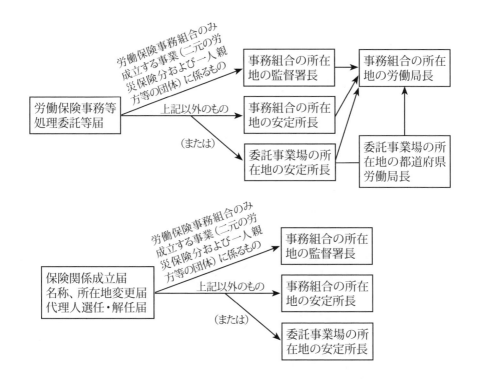

労 働 保 険 等

労働保険事務組合認可申請書

下記のとおり労働保険事務組合の認可を申請します。

大分 労 働 局 長　殿　　　　　　　令和 **6** 年 **1** 月 **16** 日

			郵 便 番 号					
①	（フリガナ）	オオイタシオオテマチ						
	主たる事務所の 所 在 地	大分市大手町X-X-X	8	7	0	0	0	2 2
②	（フリガナ）	オオイタシショウコウギョウキョウカイ	電 話 番 号					
	団 体 の 名 称	大分市商工業協会	（0975）－（XXX）番 XXXX					
③	（フリガナ）	アンドウ　カツヒロ						
	団 体 の 代 表 者 氏 名	安 東　　勝 弘						

④	処理しようと する労働保険関 係等の事務の内容	労働保険及び一般拠出金の申告・納付、その他労働保険及び一般 拠出金に関する事務（印紙保険料に関する事務を除く）
⑤	団体構成員の 事業場の所在 す る 区 域	大分市内

⑥	団 体 の 設 立 年　月　日	昭和 55 年 7 月 20 日	⑦	事 業 の 開 始 （予定）年月日	令和 6 年 4 月 1 日

⑧	団体を構成する 事 業 主 の 数	57 人	⑨	労働保険関係等の 事務を委託する 事業主の見込数	54 人	⑩	⑨のうち団体を構 成する事業主以外 の事業主の見込数	10 人	⑪	事務職員数	3 人

⑫		基幹番号末尾区分		
	適 用 区 分		主たる事業の種類	委託する事業主 の 見 込 数
労働保険関係等	（イ）一　元　適　用　事　業	0 (1)	その他各種事業	54 人
の事務を委託す	（ロ）二元適用事業の雇用保険分	2 (3)		人
る見込みの事業	（ハ） 二元適用 事業の労 災保険分	林　　　業	4		人
主 の 内 訳		建設の事業	5		人
		林業及び建設の 事業以外の事業	6 (7)		人
	（ニ）一人親方等の特別加入団体	8		人

社会保険労務士記載欄	作成年月日・ 提出代行者・ 事務代理者の表示	氏　　　名	電話番号

（用紙の大きさは、Ａ４とすること。）

⑦　団体等の役員および事務を総括する者の経歴書

⑧　その他認可に当たって、認可権者が必要と認める書類

（3）労働保険事務組合認可の通知

　労働保険事務組合の認可申請の手続を終えると、所轄の都道府県労働局長から認可または不認可の通知があります。この通知には申請の手続のとき提出した添付書類は返戻されてきませんので、労働保険事務組合としては別に控えをとっておく必要があります。

　なお、認可の際には次の事項が通知されますので、労働保険等の手続上重要なことですから、誤りのないようにしてください。

①　事務組合整理番号および労働保険番号

②　申請年月日

③　労働保険および一般拠出金事務処理を開始する時期

④　委託を受けて処理する労働保険等の事務の内容

⑤　労働保険事務組合事務処理規約等に従って事務処理を行うことを条件として認可する旨

⑥　徴収法第33条第4項の規定に該当する場合は、認可を取り消すことがある旨

⑦　認可申請書およびその添付書類（財産目録、貸借対照表、損益計算書等資産の状況を明らかにする書類を除く）に記載した事項に変更が生じた場合の届出を要する旨

⑧　総会等団体等の議決機関において承認された毎事業年度の事業計画、事業報告および収支予算、収支決算書の届出を要する旨

⑨　委託の内容の変更または解除があった場合の届出を要する旨

⑩　認可権者から義務づけられる遵守事項

（4）労働保険番号の付与

　労働保険事務組合が認可されると、その通知の際、労働保険番号が付与されます。労働保険番号は、労働保険事務組合が労働保険等の事務処理を行うときの事務の基本となるものです。

労働保険番号の構成

　労働保険番号は、次の構成となっております。

府県番号　　所掌番号　管轄番号　　基幹番号　　　枝番号

○○　　　　○　　　　○○　　○○○○○○　　○○○

（2桁）　（1桁）　　（2桁）　（6桁）　　　（3桁）　計14桁

イ　府県番号

　都道府県のコード番号で、01の北海道から47の沖縄まで都道府県ごとに番号が定められています。

ロ　所掌番号

　保険料等の徴収の所管の区分を表す番号で

　労働基準監督署を経由する場合は　1

　公共職業安定所を経由する場合は　3　となっています。

ハ　管轄番号

　管轄する公共職業安定所または労働基準監督署のコード番号であり、この番号でどこの安定所か、監督署かがわかることになっています。

ニ　基幹番号

　労働保険事務組合ごとに振出される固有の番号で、いわば労働保険事務組合の背番号になります。その構成は次のようになっています。

⑨○○○○○

最初の1桁は9で労働保険事務組合であることを表示しています。	2桁から5桁までの番号で1から2999番までは監督署が、3000番以上は安定所が振り出します。	末尾の桁は一元事業、二元事業、あるいは特別加入または予備のコード番号で下記の区分で用いられます。

区　　　　分	所　掌	区分コード	予備コード
一元適用事業（中小事業主等の特別加入者を含む）	安定所長「3」	0	1
二元適用事業で雇用保険に係る事業	安定所長「3」	2	3
二元適用事業で労災保険に係る事業（中小事業主等の特別加入者を含む） 事業の種類が林業に属する事業	監督署長「1」	4	－
事業の種類が建設の事業に属する事業	監督署長「1」	5	－
事業の種類が林業および建設の事業以外の事業	監督署長「1」	6	7
一人親方、家内労働者等の特別加入団体（または海外派遣者の特別加入事業）	監督署長「1」	8	－
未　使　用　コ　ー　ド			9

ホ　枝番号

　　労働保険事務組合に委託した事業所の番号で、001から999番まで順次振り出されます。委託事業所の数が多くなり999番まで使用されると、予備番号を用いた新しい基幹番号が付与されることになります。

（5）労働保険事務組合事務処理規約の作成

　労働保険事務組合には、労働保険事務組合事務処理規約を必ず定めておくことが要求されています。この規約は、先にも触れましたように、認可申請の際、添付して提出しなければなりませんので、認可を受ける前にあらかじめ定めることが必要です。

　この規約には、少なくとも下記の事項を定めておかねばなりません。

㋑　労働保険等の事務の委託手続に関する事項（委託書および受託書の発行・事務処理規約の交付に関する事項を含む）

㋺　事業主が事務組合に対して行う労働保険料等の交付、雇用保険の被保険者に関する届出等の諸届の提出期限および事務依頼の事実関係を立証するための手続に関する事項

㋩　事業主から交付を受けた労働保険料等の流用を禁止する事項

㋥　事業主から交付を受けた労働保険料等は、直ちに納付するときの他は、銀行その他の金融機関等の保険料および一般拠出金専用口座に預託しなければならないとする事項

㋭　内部けん制体制および内部監査に関する事項

㋬　行政庁から受けた通知を事業主に伝達する方法に関する事項

㋣　納期前に事業主から交付を受けた労働保険料等は納期まで、納期後に交付を受けた労働保険料等は直ちに、その全額を国に納付しなければならないとする事項

㋠　銀行その他の金融機関の専用口座に預託した労働保険料等は国に納付し、または事業主に還付する場合の他にそれを引き出してはならないとする事項

㋷　事務組合は、事業主から交付された労働保険料等について第3期分までを国に納付したときは、その旨を当該事業主に通知しなければならないとする事項

㋦　事業主から労働保険料等の交付を受け、これを国に納付したことを

証する領収書納付書等を３年間保存しなければならないとする事項

㋬　労働保険料等は、労働保険および一般拠出金事務の処理に要する経費、および母体団体の運営費と区分して経理しなければならないとする事項

㋣　事務組合は、毎年１回、母体団体の総会等の議決機関において、労働保険料等の徴収・納付状況を報告しなければならないとする事項

なお、当然のことながらこの規約は、団体の総会ないし総代会で議決しなければなりません。また、この議決を証明するために、その当時の議事録を添付すればさらに完全な手続となります。

3　労働保険事務組合設立後の手続

労働保険事務組合としての認可を受けた労働保険事務組合は、事業主の委託を受けて、労働保険および一般拠出金に関する申告書の作成や届出、労働保険料および一般拠出金の納付等の各種の事務を、事業主に代わって処理することになります。

以下、労働保険事務組合が設立後に行う事務処理について説明します。

（1）保険関係成立届（事務処理委託届）の提出

イ　一般事業場の委託

労働保険事務組合に事務委託ができる事業主は、先に述べた条件を備えている事業主（93 ページ（2）参照）ですが、このうち工場や商店、事務所等一般の継続事業の事業主から労働保険事務組合に対して事務委託の申し出があった場合には、労働保険事務組合は、その都度遅滞なく、「保険関係成立届（事務処理委託届）」（様式第１号、108 ～ 109 ページ記入例参照）を労働保険事務組合の主たる事務所の所在地を管轄する公共職業安定所長、労働基準監督署長または事業場の所在地を管轄する公共職業安定所長を経由して都道府県労働局長に提出することになります。

労働保険事務組合に対する事務の委託は労働保険事務組合と委託事業主との間の一種の契約関係ですから、両者間の合意により自由に事務委託することができます。したがって、政府に対する認可申請とか承認申請とかの手続は必要なく、この委託届を提出するだけでよいわけです。

ただ、事務委託は労働保険事務組合と委託事業主との契約関係ですから、この関係を明確にしておく必要があります。このため委託事業主から労働保険事務組合に、労働保険および一般拠出金の事務処理を委託する旨の「労働保険事務等委託書」（組様式第1号、110ページ記入例参照、以下「委託書」といいます）を出してもらうことになっています。

この「委託書」を受けた労働保険事務組合では、その事業主が

　　（イ）　委託事業主としての法令上の条件に合致する者であるか

　　（ロ）　労働保険事務等処理規約等の定めを遵守してもらえるか

等を考慮して、委託を承認するか否かを通知します。このうち委託を承認したものについて、先に述べた「保険関係成立届（事務処理委託届）」を提出するわけです。

「委託書」の提出、これに対する承認、不承認の通知等は、労働保険事務組合内部の手続ですから、提出方法や様式等は法令上特に定められておりません。

したがって適宜の様式でよいわけですが、参考として「委託書」（110ページ記入例参照）があります。

委託しようとする事業主がまだ労働保険に加入していない場合でも、労働保険事務組合に事務の委託をすることができます。この場合には、労働保険事務組合に「委託書」を提出して承認を受けてから、労働保険加入の手続（「保険関係成立届」の提出）または「任意加入申請書」の提出を行うことになります。

これは、労働保険事務組合については、単に労働保険料等の申告・納付の事務についてだけでなく、その前提となる労働保険加入の手続までも、その委託事務の範囲に含まれているからです。

また、すでに労働保険に個別加入している事業主から、年度の中途で労働保険等の事務処理の委託を受けたときには、その年度に係る労働保険料等の申告・納付（その年度に係る確定保険料および一般拠出金の申告・納付まで）については、労働保険事務組合が事務処理する場合であっても個別加入事業としてすでに付与された労働保険番号により「申告書」を作成し、個別加入事業と同様な手続を行い、労働保険事務組合の労働保険番号（基幹番号）による一括処理は、翌年度の概算保険料および一般拠出金の申告・納付から行うことになります。

様式第1号（第4条、第64条、附則第2条関係）(1)（表面）　　　　　　　　　　　　　　　　　　　　　　　　　〔別紙〕

提出用
6 年 4 月 1 日

労働保険 {
0：保険関係成立届（継続）（事務処理委託届）
1：保険関係成立届（有期）
2：任意加入申請書（事務処理委託届）
}

⑥種別

3 1 6 0 0

下記のとおり（イ）届けます。（31600又は31601のとき）
（ロ）労災保険（ハ）雇用保険 の加入を申請します。（31602のとき）

大分　労働局長
労働基準監督署長
公共職業安定所長　殿

※修正項目番号　※漢字修正項目番号

都道府県	所掌	管轄(1)	基幹番号	枝番号
4 4	3	0 1	9 4 3 5 9 0	- 0 0 1

⑰住所〈カナ〉

郵便番号 **8 7 0 - 0 0 4 5**　住所 市・区・郡名 **オオイタシ**　（項3）
住所（つづき）町村名 **シロサキマチ**　（項4）
住所（つづき）丁目・番地 **X - X - X**　（項5）
住所（つづき）ビル・マンション名等　（項6）

⑱住所〈漢字〉

住所 市・区・郡名 **大 分 市**　（項7）
住所（つづき）町村名 **城 崎 町**　（項8）
住所（つづき）丁目・番地 **X - X - X**　（項9）
住所（つづき）ビル・マンション名等　（項10）

事業所

⑲名称・氏名〈カナ〉

名称・氏名 **ゴ ト ウ ヨ ウ ヒ ン テ ン**　（項11）
名称・氏名（つづき）　（項12）
名称・氏名（つづき）　（項13）
電話番号（市外局番）**0 9 7 5** - （市内局番）**X X** - （番号）**X X X X**　（項14）

⑳名称・氏名〈漢字〉

名称・氏名 **後 藤 洋 品 店**　（項15）
名称・氏名（つづき）　（項16）
名称・氏名（つづき）　（項17）

①事業主　住所又は所在地　氏名又は名称

②事業名称
郵便番号 870-0045
大分市城崎町X-X-X
電話番号 0975- XX -XXXX番
後藤洋品店

③事業の概要　洋服の小売

④事業の種類　その他の各種事業

⑤加入済の労働保険　（イ）労災保険（ロ）雇用保険

⑥保険関係成立年月日　（別災）令和6年4月 1日　（雇）令和6年4月 1日

⑦雇用保険被保険者数　一般・短期 4人　日雇 人

⑧資金額の見込額　9,250千円

委託事務組合
郵便番号 870-0022
所在地 大分市大手町X-X-X
電話番号 0975- XX -XXXX番
名称 労働保険事務組合 大分市商工協会
代表者氏名 安東 勝弘

⑩事業開始年月日　年 月 日
⑪事業廃止等年月日　年 月 日
⑫建設の事業の請負金額　円
⑬立木の伐採の事業の素材見込生産量　立方メートル

発注者
郵便番号
所在地
氏名又は名称
電話番号 - -

㉑ 保険関係成立年月日（31600又は31601のとき）
※任意加入認可年月日（31602のとき）（元号・令和は9）
9 - 0 6 - 0 4 - 0 1　（項18）

㉒ 事務処理委託年月日（31600又は31602のとき）
事業終了予定年月日（31601のとき）（元号・令和は9）
9 - 0 6 - 0 4 - 0 1　（項19）

㉓常時使用労働者数
（十万千百十一）**4**　（項20）

※保険関係等区分（31600又は31602のとき）　（項21）

㉔雇用保険被保険者数（31600のとき）
（十万千百十一）**4**　（項22）

※片保険理由コード（31602のとき）　（項24）

㉖加入済労働保険番号（31600又は31602のとき）
都道府県	所掌	管轄(1)	基幹番号	枝番号
				-
（項25）

㉗適用済労働保険番号1
都道府県	所掌	管轄(1)	基幹番号	枝番号
				-
（項26）

㉘適用済労働保険番号2
都道府県	所掌	管轄(1)	基幹番号	枝番号
				-
（項27）

※雇用保険の事業所番号（31600又は31602のとき）　-　（項28）
※府県区分（31600又は31602のとき）（項29）
※特掲コード（31602のとき）（項30）
※管轄(2)（31600のとき）（項31）
※業種（項32）
※産業分類（31600又は31602のとき）（項33）
※データ指示コード（項34）
※再入力区分（項35）

※修正項目（英数・カナ）
※修正項目（漢字）

事業主氏名（法人のときはその名称及び代表者の氏名）
後藤洋品店
代表取締役社長　後藤 昌成

※受付年月日（元号・令和は9）
（元号） - 年 - 月 - 日　（項36）

㉙法人番号
8 7 6 5 4 3 2 1 0 9 8 7 6　（項37）

〔注意〕

1 ☐☐☐☐☐で表示された枠（以下「記入枠」という。）に記入する文字は、光学文字読取装置（OCR）で直接読み取りを行うので、この用紙は汚したり、必要以上に折り曲げたりしないこと。

2 記入すべき事項のない欄又は記入枠は空欄のままとし、事項を選択する場合には該当事項を○で囲むこと。なお、電話番号記入枠には電話番号を必ず記入し、また、※印のついた欄又は記入枠には記入しないこと。

3 記入枠の部分は、必ず、黒色のボールペンを使用し、枠からはみださないように大きめのカタカナ、漢字、ひらがな及びアラビア数字で明瞭に記入すること。

4 ①欄には、事業主の住所又は所在地（法人の場合にあっては、主たる事務所の所在地）及び氏名（法人の場合にあっては、名称）を記入すること。ただし、継続事業の一括の認可を受けている事業主の場合は、当該一括に係る指定事業の所在地及び名称を記入すること。

5 ②欄には、保険関係が成立した事業の所在地及び名称を記入すること。

6 ③欄には、作業内容（製造工程）、製品名（完成物）、又は提供されるサービスの内容等事業の内容を具体的に記入すること。

7 ④欄には、事業に適用される「労災保険率適用事業細目表」に掲げられた該当する事業の種類を記入すること。

8 ⑤欄には、既に労災保険又は雇用保険に加入済みの場合、加入しているものの記号を○で囲むこと。

9 ⑥欄には、労災保険又は雇用保険の適用事業となった年月日を記入すること。

10 ⑦欄の「一般・短期」欄には、その年度における1ケ月平均雇用保険被保険者数（一般被保険者数、高年齢労働者数及び短期雇用特例被保険者数の合計数）を、また、「日雇」欄には、日雇労働者数を記入すること。

11 ⑧欄には、保険関係が成立した日から保険年度末までの期間に使用する労働者に係る賃金総額の見込額を記入すること。賃金総額に1，０００円未満の端数があるときは、その端数を切り捨てて記入すること。

12 ⑨欄及び⑩欄は、労働保険事務組合に労働保険事務を委託している場合に記入すること。

13 ⑪欄には、任意加入の申請を行う場合のみ、当該事業の開始年月日を記入すること。

14 ⑫欄には、有期事業において、当該事業の廃止（予定）年月日を記入すること。

15 ⑬欄には、建設の事業の場合に、請負代金の額（労働保険の保険料の徴収等に関する法律施行規則第13条第2項各号に定める場合には、当該各号に定めるところにより計算した額）を記入すること。

16 ⑭欄には、立木の伐採の事業の場合に素材の見込生産量を記入すること。

17 ⑮欄には、工事発注者の住所又は所在地及び氏名又は名称を記入すること。

18 ⑯欄の下1桁には該当する数字を記入すること。

19 ⑰欄から⑳欄までには、保険関係が成立した事業に係る主たる事務所の所在地及び名称について、指定された表記により記入すること。

20 ㉑欄の年月日を記入すること。

21 ㉒欄には、「事務処理委託届」として提出する場合は、事務組合への事務処理委託年月日を記入し、「保険関係成立届（有期）」として提出する場合は、事業終了予定年月日を記入すること。

22 ㉓欄には、その保険年度における1日平均使用労働者の見込数（年間延使用労働者数（臨時及び日雇を含む。）を所定労働日数で除した数）を記入すること（小数点以下の端数がある場合は、これを切り捨てた数）。

23 ㉔欄には、⑦欄の「一般・短期」の人数と「日雇」の人数の合計人数を記入すること。

24 ㉖欄には、届出する当該事業が、個別加入から委託加入に変更、事務組合から他の事務組合に委託換え、委託加入から個別加入に変更の場合、元の労働保険番号を記入すること。

25 ㉗欄は、次により記入すること。

　イ　一元適用事業においては、既に労働保険番号を付与されている事業のうち、同じ所掌の事業について、その労働保険番号を記入すること（当該事業が2業以上ある場合は、そのうちの主たる2事業について、㉘欄も用いてそれらの労働保険番号を記入すること。）。

　ロ　二元適用事業においては、他の所掌の事業について、その労働保険番号を記入すること（当該事業が2事業以上ある場合は、そのうちの主たる2事業について、㉘欄も用いてそれらの労働保険番号を記入すること。）。

26 ㉙欄には、事業主に法人番号が指定されている場合、指定された法人番号を記入すること。

※　雇用保険被保険者の資格がある者については、その者に係る「雇用保険被保険者資格取得届」を所轄公共職業安定所に提出する必要があること。

労働保険事務等委託書

法人番号 | 1 | 2 | 3 | 4 | 5 | 6 | 7 | 8 | 9 | 0 | 1 | 2 | 3 |

事 業 場 名	後藤洋品店	常 時 使 用 労 働 者 数	4 人
事業場の所在地	大分市城崎町X-X-X	雇 用 保 険 被保険者数	4 人
委 託 事 項	● 概算保険料、確定保険料その他労働保険料及び一般拠出金並びにこれに係る徴収金の申告・納付に関する事務 ● 雇用保険の被保険者資格の取得及び喪失の届出、被保険者の転入及び転出の届出その他雇用保険の被保険者に関する届出等に関する事務(個人番号関係事務を含む。) ● 保険関係成立届、労災保険又は雇用保険の任意加入申請書、雇用保険の事業所設置届等の提出に関する事務 ● 労災保険の特別加入の申請等に関する事務 ● その他労働保険についての申請、届出、報告等に関する事務		
委 託 事 務 処 理 開 始 年 月 日	(予定) 令和 6 年 4 月 1 日 より		

上記のとおり貴組合に労働保険事務等の処理を委託します。

ただし、「労働保険料等算定基礎賃金等の報告」（組様式第4号）は、貴組合が指定する期日までに当方において作成し、提出します。

(郵便番号 870 − 0045)

電話 (0975) − (XX)

XXXX番

令和 6 年 3 月 27日   住所 大分市城崎町X-X-X

事業主の

労働保険事務組合
　大分市商工業協会　　殿   氏名 後藤 昌成

労 働 保険番号	府県	所掌	管轄	基幹番号	枝番号	上記の委託を承諾します。 （承諾できません。）
	4 4	3	0 1 9 4 3 5 9 0 0 0 1			
労 働 保険番号	府県	所掌	管轄	基幹番号	枝番号	不承諾の理由
労 働 保険番号	府県	所掌	管轄	基幹番号	枝番号	

令和 6 年 3 月 27 日

名 称　　労働保険事務組合
　　　　　大分市商工業協会

(郵便番号 870 − 0022)

電話 (0975) − (XX)

XXXX番

労働保険
事務組合　の 所 在 地　大分市大手町X-X-X

後藤洋品店
後藤 昌成　　　殿   代表者氏名 安東 勝弘

ロ　一括有期事業の委託

　前記イの項で述べた点は、主として工場や商店・事務所等、継続事業の事業主を中心とした一般的な事務委託の取扱いですが、労働保険事務組合にはこうした事業主だけでなく、建設工事や立木の伐採等の^(注)一括有期事業を行う事業主についても、その常時使用労働者数が前述した事務委託のできる事業主の範囲内のものであれば事務を委託することができます。

　　（注）一括有期事業とは、建設事業において、請負金額（労働保険でいう請負金額とは、工事請負代金に支給資材がある場合にはその価額を、機械器具の貸与がある場合にはその損料相当額を加算し、事業の種類によって定まっている控除工事用物があればその額を差し引いて得た額をいいます）が1億8000万円未満（消費税相当額除く）で、かつ、概算保険料が160万円未満、また立木の伐採の事業においては、その伐採による素材の見込生産量が1000立方メートル未満であり、かつ、概算保険料が160万円未満である小規模の有期事業をいい、一括処理ができる代わりに年度更新事務が必要です。

　一括有期事業の事業主の委託の手続は、前記**イ**の項で述べた一般継続事業の場合と同じです。

　一括有期事業の保険関係が成立している事業主から年度の中途に委託を受けた場合は、当年度終了分については個別加入の労働保険番号で申告書を作成し、確定精算します。

ハ　委託解除

　事務処理の委託が解除されたときには、その都度遅滞なく、「解除届」（様式第15号、112ページ参照）を労働保険事務組合の主たる事務所の所在地を管轄する公共職業安定所長を経由して当該事務所の所在地を管轄する労働局長（二元適用事業の労災保険分等に係るものは労働基準監督署長を経由して当該事務所の所在地を管轄する労働局長）に提出しなければなりません。なお、委託解除があった場合には、労働保険事務組合はその事業場についての委託期間中の労働保険料等の精算を行い、その内容を申告しなければなりません。

様式第15号（第64条関係）(1)

労働保険等　労働保険事務等処理委託解除届

種別	※修正項目番号
3 1 6 0 5	□ □

下記事業について委託解除があったので届けます。

④労働保険番号

府 県	所掌	管轄(1)	基 幹 番 号	枝 番 号	
1 9	3	0 1	9 3 0 0 1 0	-	0 0 6	（項1）

令和　**6** 年　**1** 月　**5** 日

_____ **山梨** 労働局長 殿

⑤事務処理委託解除年月日（元号：令和は9）

9	-	0 6	-	0 1	-	0 5	（項2）

⑥委託解除理由 （項3） **1**
1. 事業廃止
2. 委託換え
3. 個別加入
4. 労働者なし

※データ指示コード　※再入力区分

□	（項4）	□	（項5）

※修正項目

□	□	□	□	□	□	□	□	□	□	□	□	□	□	□

① 事務組合	(イ)所在地	〒 400-0031　甲府市丸の内△-△-△
	(ロ)名称	労働保険事務組合　甲府商店街振興組合　TEL(0552)-(XX)-XXXX
	(ハ)代表者氏名	記名押印又は署名　組合長　土井　達夫

② 事業	(イ)所在地	長野県諏訪郡下諏訪町西俣X-X	郵便番号 〒 393-0000
	(ロ)名称	下諏訪サービス株式会社	電話番号 0266- XX - XXXX 番

③ 事業主	(イ)住所（法人のときは主たる事務所の所在地）	長野県諏訪郡下諏訪町西俣X-X	郵便番号 〒 393-0000
	(ロ)名称	下諏訪サービス株式会社	電話番号 0266- XX - XXXX 番
	(ハ)氏名（法人のときは代表者氏名）	代表取締役社長　三野　正弘	

社会保険労務士記載欄	作成年月日・提出代行者・事務代理者の表示	氏　名	電話番号

〔注意〕

1．□□□□で表示された枠（以下「記入枠」という。）に記入する文字は、光学文字読取装置（OCR）で直接読取りを行うのでこの用紙は汚したり、必要以上に折り曲げたりしないこと。

2．記入枠の部分は、必ず黒色のボールペンを使用し、枠からはみ出さないように大きめのアラビア数字で明瞭に記載すること。

3．※印のついた記入枠には記載しないこと。

4．①事務組合の(ハ)代表者氏名、③事業主の(ハ)氏名については、記名押印又は自筆による署名のいずれかとすること。

5．⑥欄には、右の1.2.3.4のうち、該当するものの数字を記入すること。

（2）労働保険事務組合の備付帳簿

　労働保険事務組合は、委託を承認し、その委託等届を提出したとき、または労働保険料等の交付を受けたときは、その都度、「委託事業主名簿」（様式第 16 号、114 ページ記入例参照）、「労働保険料等徴収及び納付簿」（様式第 17 号、118 〜 119 ページ記入例参照）、および「事務等処理簿」（様式第 18 号、117 ページ記入例参照）に必要事項を記入しなければなりません。

イ　「委託事業主名簿」（114 ページ記入例参照）

　この帳簿は、委託事業主と労働保険事務組合との間の責任関係を明確にするものでありますから、次により正確に記入しなければなりません。

【「委託事業主名簿」作成上の留意点】

　「①　事業場の区分」の左欄には常時使用労働者 5 人未満の事業については「甲」、常時使用労働者 5 人以上 15 人以下の事業については「乙」、常時使用労働者 16 人以上の事業については「丙」と記入し、①欄の右欄には団体の構成員である事業主の事業については「Ａ」、団体の構成員でない事業主の事業については「Ｂ」と記入します。

　「②　枝番号」欄には、各委託事業主に付与された労働保険番号（基幹番号）の枝番号を記入します。

　「③　メリット制の適用の有無」欄は、労災保険率メリット制の適用を受けている場合は「有」を、受けていない場合は「無」を○で囲みます。

　「④　保険関係区分」欄は、各委託事業主において成立している労働保険関係について該当事項を○で囲みます。

　「⑦　事業の種類」欄には、「労災保険率表」（220 ページ参照）の「事業の種類」、または「第 2 種特別加入保険料率表」（156 〜 157 ページ参照）の「事業又は作業の種類」を記入します。

　「⑧　委託年月日」欄には、事業主から労働保険等の事務の処理の委託を受けることについて承認した年月日を前記「④保険関係区分」ごとに記入します。

　「⑩　特別加入に関する事項」欄には、労災保険法に規定する特別加入者の氏名およびその承認年月日、脱退年月日および給付基礎日額を記入する。

　「⑪　雇用保険事業所番号」欄には、安定所長から付与された雇用保険事業所番号を記入する。

労 働 保 険 等

労働保険事務等処理委託事業主名簿

①	府県	所掌	管轄	基幹番号	枝番号
労働保険番号	44	3	01	9 4 3 5 9	0 0 0 0 0

①事業場の区分	②枝番号	③メリット制の適用の有無	④保険区分	⑤事業の名称（事業主の氏名）	⑥事業場の所在地	⑦事業の種類	⑧委託年月日	⑨委託解除年月日	⑩特別加入に関する事項 特別加入者の氏名	承認年月日	脱退年月日	給付基礎日額	⑪雇用保険事業所番号
甲 A	001	有・(無)	(イ)労災保険 (ロ)雇用保険	後藤洋品店 後藤昌成	大分市城崎町X-X-X 電話0975-（XX）XXXX番	その他の各種事業	6.4.2		後藤 昌成	5.4.1		10,000 円	5705-594-2
乙 A	002	有・(無)	(イ)労災保険 (ロ)雇用保険	中山洋菓子店 中山 勝	大分市新川町X-X-X 電話0975-（XX）XXXX番	食料品製造業	6.4.2		中山 勝	5.4.3		9,000	5706-613-4
甲 A	003	有・(無)	(イ)労災保険 (ロ)雇用保険	原田不動産 原田 公平	大分市寺崎町X-X-X 電話0975-（XX）XXXX番	その他の各種事業	6.4.2		原田 公平 原田 正文	5.4.3 5.4.3		9,000 7,000	5706-624-2
乙 A	004	有・(無)	(イ)労災保険 (ロ)雇用保険	松田鉄工所 松田 法雄	大分市都町X-X-X 電話0975-（XX）XXXX番	金属精錬業	6.4.2		松田 法雄 松田 寛子	5.4.3 5.4.3		10,000 8,000	5706-654-9
乙 A	005	有・(無)	(イ)労災保険 (ロ)雇用保険	丸阪運送(有) 阪本 健次	大分市城崎町△-△-△ 電話0975-（XX）XXXX番	貨物取扱業	6.4.2		阪本 健次 阪本 洋一	5.4.3 5.4.3		12,000 10,000	5706-657-7
甲 B	006	有・(無)	(イ)労災保険 (ロ)雇用保険	喫茶エルベ 小鳥 栄子	大分市都町△-△-△ 電話0975-（XX）XXXX番	その他の各種事業	6.4.2		小鳥 栄子	5.4.4		8,000	5706-666-1
乙 B	007	有・(無)	(イ)労災保険 (ロ)雇用保険	羽深印刷㈱ 羽深 博明	大分市府内町X-X-X 電話0975-（XX）XXXX番	印刷業	6.4.2		羽深 博明	5.4.4		9,000	5707-724-0
甲 B		有・無	(イ)労災保険 (ロ)雇用保険		電話　（　）　－（　）　番								
乙 B		有・無	(イ)労災保険 (ロ)雇用保険		電話　（　）　－（　）　番								
		有・無	(イ)労災保険 (ロ)雇用保険		電話　（　）　－（　）　番								
		有・無	(イ)労災保険 (ロ)雇用保険		電話　（　）　－（　）　番								
		有・無	(イ)労災保険 (ロ)雇用保険		電話　（　）　－（　）　番								

（用紙の大きさは、B4とすること。）

〔注　意〕
1 ①欄のうち左欄には、使用労働者数5人未満の事業については「甲」と、使用労働者数5人以上15人以下の事業については「乙」と、使用労働者数16人以上の事業については「丙」と記載し、①欄のうち右欄には、団体の構成員である事業主の事業については「A」と、団体の構成員でない事業主の事業については「B」と記載すること。
2 ④欄を選択する場合には、該当事項を〇で囲むこと。
3 ⑩欄には「労災保険率表」の事業の種類又は「第二種特別加入保険料率表」の事業若しくは作業の種類を記載すること。

ロ 「労働保険料等徴収及び納付簿」（118〜119ページ記入例参照）

　この帳簿は、委託事業主の事業場別に作成し、労働保険料等の受払状況を正確に記入しなければなりません。

【「労働保険料等徴収及び納付簿」作成上の留意点】

　「① 事業場の区分」、「② 事業の名称」、「③ 事業場の所在地」、「④ 事業の種類」、「⑤ 成立している保険関係」および「⑥ 委託年月日」欄は、委託事業主名簿の作成の方法に準じて記入します。

　「⑦ 確定保険料・概算保険料・一般拠出金の額」欄は、次により記入します。

　「(イ) 確定保険料額」欄および、「(ロ) 申告済概算保険料額」欄には、「申告書内訳」の⑬欄の額および⑯欄の額を転記します。

　「(ハ) 充当額」または「(ニ) 還付額」欄には、上記の申告済概算保険料額が確定保険料額より多い場合にその差額を記入し、また「(ホ) 不足額」欄には、上記の確定保険料額が申告済概算保険料額より多い場合にその差額を記入します。なお、新しく保険関係が成立した事業の場合には、右側の「令和○○年度確定」欄は記入する必要はありません。

　「(ヘ) 一般拠出金」欄には、「申告書内訳」の⑮欄の額を転記します。

　「(ト) 概算保険料額」欄には、「申告書内訳」の⑲欄の額を転記します。

　「(チ) 差引納付額」欄には、充当額がある場合に上記の「(ト) 概算保険料額」から充当額を差し引いた額を記入しますが、新規委託の場合は記入の必要がありません。

　「第1期分」、「第2期分」および「第3期分」欄には、「(ト) 概算保険料額」の額を3等分（保険関係成立の日が6月1日から9月30日までのときは2等分、10月1日以降のときは等分できません）した額を記入し、端数があるときはその額を第1期分に加算して記入します。

　「⑧ 年月日」欄には、⑨欄に記入する事由の生じた年月日を記入します。

　「⑨ 記事」欄は、委託事業主より領収し、または政府に納付した徴収金について、保険料、一般拠出金、追徴金等の種別を○で囲み納期限を記入します。なお、「確」は確定、「概」は概算および増加概算、「追」

は追徴金、「延」は延滞金の略です。

「⑩　納付すべき額」欄には、申告・納付すべき額、または納入告知を受けた額を記入します。納付すべき額の増減があった場合には、その増減額を記入しますが、減少したときは⑦欄の (イ) ～ (ニ) に確定状況を記入のうえ、本欄のみに減少額を朱書し、「⑪　事業主から領収した額」欄は、事業主から領収した額または超過納付額の還付があったときに記入し、また（　）内には領収した月日を記入します。

超過納付額の還付があった場合は、「⑨　記事」欄に「○○のため超過納付額還付」とその事由を記入します。

「⑬　事務組合保管額」欄には、労働保険事務組合が領収し、保管中の金額（不足を生じた場合には朱書すること）を記入します。

「⑮　督促事項」欄には、督促状に記入した事項を転記します。

「⑯　返還金額」欄の「年月日」欄には、「記事」欄に記入する事由の生じた年月日を記入し、「記事」欄には「年度終了」または「事業の廃止」等と記入し、「金額」欄には⑦欄の (ニ) 欄の還付額を記入します。

「⑰　労災保険の特別加入者」欄には、特別加入者の氏名、承認を受けた年月日および各年度での希望する給付基礎日額を記入します。

「備考」欄には、充当額その他労働保険事務の処理に関し、必要な事項を記入します。

ハ　「事務等処理簿」（117 ページ記入例参照）

この帳簿は委託事業主の事業所別に作成し、労働者ごとに 1 欄を使用し、被保険者となったこと、または被保険者でなくなったこと、被保険者の転勤、被保険者の氏名変更等に関する処理の状況を正確に記入しなければなりません。

【「事務等処理簿」作成上の留意点】

「雇用保険事業所番号」欄には、委託事業主に付与された雇用保険の事業所番号を記入します。

「①　事業所の区分」欄は、委託事業主名簿の作成の方法に準じて記入します。

「⑤　被保険者番号」欄および「⑥　被保険者氏名」欄には、当該被保険者の被保険者証に記入されている被保険者番号、被保険者の氏名を記入します。

様式第18号（第68条関係）（表面）

労　働　保　険　雇用保険被保険者関係届出事務等処理簿

① 雇用保険 事業所番号	4401-570594-2
① 事業所の区分	甲
② 事業所の名称	後藤洋品店
③ 事業所の名称	後藤洋品店
③ 事業所の所在地	大分市城崎町X-X-X
④ 委託年月日	6年 4月 1日

⑤ 被保険者番号	⑥ 被保険者氏名	⑦ 被保険者となったことに関する事項（受託／届出／受理／伝達）	⑧ 被保険者でなくなったことに関する事項（受託／届出／受理／伝達）	⑨ その他	⑩ 離職票交付日
4401-536218-8	秋元　十蔵	受託 6年4月1日／届出 6年4月3日／受理 6年4月3日／伝達 6年4月4日　後藤	受託　年月日／届出　年月日／受理　年月日／伝達　年月日		年　月　日
4401-773409-9	瀬田　則子	受託 6年4月1日／届出 6年4月3日／受理 6年4月3日／伝達 6年4月4日　後藤	受託　年月日／届出　年月日／受理　年月日／伝達　年月日		年　月　日
4401-432569-2	小林　明恵	受託 6年4月1日／届出 6年4月3日／受理 6年4月3日／伝達 6年4月4日　後藤	受託　年月日／届出　年月日／受理　年月日／伝達　年月日		年　月　日
4401-282449-3	富田　英樹	受託 6年4月1日／届出 6年4月3日／受理 6年4月3日／伝達 6年4月4日　後藤	受託　年月日／届出　年月日／受理　年月日／伝達　年月日		年　月　日
-　-		受託　年月日／届出　年月日／受理　年月日／伝達　年月日	受託　年月日／届出　年月日／受理　年月日／伝達　年月日		年　月　日

（様式の大きさは、A4とすること。）

労 働 保 険 等

労働保険料等徴収収及び納付簿

① 事業場の区分	② 労働保険番号			③ 事業の名称	事業場の所在地（電話）	④ 事業の種類（労災保険率表による）	⑤ 成立している保険関係	⑥ 委託年月日
甲	府県 所掌 管轄 基幹番号 検査番号 4 4 3 0 1 9 4 3 5 9 0 0 0 1			後藤洋品店	大分市城崎町X-X-X 電話（0975）－（XXX）XXXX	卸売業・小売業、飲食店又は宿泊業	㋑労災保険及び雇用保険（ロ）労災保険（ハ）雇用保険	6 年 4 月 1 日

確 定 保 険 料 ・ 概 算 保 険 料 ・ 一 般 拠 出 金 の 額

⑦			
年度 確定	（イ）確定保険料	（ロ）申告済概算保険料（（ロ）-（イ））	（ハ）充当額（（ロ）-（イ）） 円
		（ニ）還付額（（ロ）-（イ）） 円	
		（ホ）不足額（（イ）-（ロ）） 円	
	（ヘ）一般拠出金		
年度 概算	（ト）概算保険料額 226,375 円	（チ）差引納付額（（ト）-（ハ））	第 1 期 分 円
			第 2 期 分 円
			第 3 期 分 円

⑧ 年月日	⑨ 記 事	⑩ 納付すべき額	⑪ 事業主から領収した額（月 日）	⑫ 政府へ納付した額（月 日）	⑬ 事務組合保管額（⑪-⑫）	⑭ 納付未済額（⑩-⑫）	⑮ 督促 促進 事項			
							区 分	金 額	受理年月日	通知年月日 指定期限
令和 5年 7月10日	6年度 保険料 追・延 拠出金	75,459 円	75,459 円 （7/3）	75,459 円 （7/10）	円	円	⑯	円		
年 月 日	年度 概・確・保険料 追・延 拠出金		（ ）	（ ）	（ ）					
年 月 日	年度 概・確・保険料 追・延 拠出金		（ ）	（ ）	（ ）					
年 月 日	年度 概・確・保険料 追・延 拠出金		（ ）	（ ）	（ ）					
年 月 日	年度 概・確・保険料 追・延 拠出金		（ ）	（ ）	（ ）					
年 月 日	年度 概・確・保険料 追・延 拠出金		（ ）	（ ）	（ ）					
年 月 日	年度 概・確・保険料 追・延 拠出金		（ ）	（ ）	（ ）					
年 月 日	年度 概・確・保険料 追・延 拠出金		（ ）	（ ）	（ ）					

（用紙の大きさは、A4とすること。）

(裏面)

⑧ 納付すべき額	⑨ 年月日	記事	⑩ 納付すべき額	⑪ 事業主から領収した額（月日）	⑫ 政府へ納付した額（月日）	⑬ 事務組合保管額（⑪−⑫）	⑭ 未済額（⑩−⑫）	⑮ 督促 金額	区分	受理年月日	通知年月日	指定期限	事項 備考
円	年 月 日	確・概・延 保険料・拠出金・追	円	（ 月 日 ） 円	（ 月 日 ） 円	（ ） 円	円	円		年月日	年月日		備 考
	年 月 日	確・概・延 保険料・拠出金・追		（ ）	（ ）	（ ）							
	年 月 日	確・概・延 保険料・拠出金・追		（ ）	（ ）	（ ）							
	年 月 日	確・概・延 保険料・拠出金・追		（ ）	（ ）	（ ）							
	年 月 日	確・概・延 保険料・拠出金・追		（ ）	（ ）	（ ）							
	年 月 日	確・概・延 保険料・拠出金・追		（ ）	（ ）	（ ）							
	年 月 日	確・概・延 保険料・拠出金・追		（ ）	（ ）	（ ）							

⑯ 返還金 年月日	記事	金額
年月日	記事	金 額 円

⑰ 労災保険 承認年月日	氏名	特別加入者 給付基礎日額		
		6年度	年度	年度
30.4.4	後藤 昌成	10,000円	円	円

〔注意〕

1 ⑨欄には、委託事業主より領収し又は政府に納付した徴収金について、保険料、拠出金等の種別、及び、必要な場合には、追徴金、延滞金の区分を○で囲み、納期限を記載すること。なお、「確」は確定、「概」は概算及び増加概算、「追」は追徴金、「延」は延滞金の略である。（例：一般拠出金の納付があった場合には「拠出金」を○で囲み、かつ、「追」を○で囲む。）

2 ⑬欄には、労働保険事務組合が領収し、保管中の金額（不足を生じた場合には赤字で記載すること。）を記載すること。

3 ⑮欄の「区分」には、督促を受けた徴収金の種別を記載すること。

4 「備考」欄には、充当額その他労働保険事務等の処理に関して必要な事項を記載すること。

「⑦　被保険者となったことに関する事項」欄には、被保険者となったことについて、また「⑧　被保険者でなくなったことに関する事項」欄には、被保険者でなくなったことについて、それぞれ委託事業主からの依頼の受託、公共職業安定所への届出、公共職業安定所からの通知の受理および当該通知の委託事業主への伝達の年月日を記入し、受託または伝達があったことについて事業主の氏名を記入します。

なお、受託または伝達が電話または郵便で行われた場合は、委託事業主の認印の押印に代えて、その事務処理を行った労働保険事務組合の担当者がその旨を記入し、認印を押すこととして差しつかえありません。

「⑨　その他」欄には、被保険者の転勤に関する届、被保険者の氏名の変更に関する届、その他⑦欄および⑧欄に記入すべき事項以外の必要事項についてその処理状況を記入します。この場合、被保険者転勤届は⑳、被保険者の氏名の変更に関する届は氏、短期雇用特例被保険者は特例、被保険者の60歳到達時の賃金に関する届は六十、被保険者の育児休業開始時の賃金に関する届は育のごとく略号を用いて記入することとし、「転入○年○月○日届出」、「氏○年○月○日」、「特例○年○月○日受理、○年○月○日伝達」のごとく処理の内容を記入します。

「⑩　離職票交付日」欄には、労働保険事務組合が離職票を交付した場合に、その交付した年月日を記入します。

（3）概算保険料の申告に伴う書類の作成

労働保険事務組合が認可設立されて、委託事業主の委託の手続が終了しますと、各委託事業（委託前に労働保険の保険関係の成立している事業を除きます）に係る概算保険料の申告・納付の手続が必要となります。

この概算保険料申告書の作成単位および作成手順は、すでに説明いたしました第3章1の「**(4)　年度更新等の事務処理**」（32ページ参照）とほぼ同様ですが、以下具体的な記入例をあげて追って説明することにします。

イ　「賃金等の報告」の作り方

「賃金等の報告」（組様式第4号、126 ～ 127 ページ記入例参照）は、委託事業主が労働保険事務組合の指定する期限までに提出しなければなりません。

【「賃金等の報告」作成上の留意点】

「①　労働保険番号」欄には、委託事業場に付与された労働保険番号を記入します。

「②　雇用保険事業所番号」欄には、委託事業場に付与された雇用保険の事業所番号を記入します。

「⑥　作成者氏名」欄は、この「賃金等の報告」を作成した者の氏名を記入し作成者の記名押印または書名を行います。

「⑦　事業の概要」欄は、事業の種類および保険料率を決定するものですから、製品名および製造工程等、委託事業（業務）の内容を具体的に記入します。

「⑨　特掲事業」欄には、雇用保険に係る保険関係が成立している事業で、次の事業（以下「特掲事業」といいます）に該当する場合にはイを○で、特掲事業に該当しない場合にはロを○で囲んでください。

- (a) 土地の耕作もしくは開墾または植物の栽植、栽培、採取もしくは伐採の事業その他農林の事業（園芸サービスの事業は除く）
- (b) 動物の飼育または水産動植物の採捕もしくは養殖の事業その他畜産、養蚕または水産の事業（牛馬の育成、酪農、養鶏または養豚の事業および内水面養殖の事業は除く）
- (c) 土木、建築その他工作物の建設、改造、保存、修理、変更、破壊もしくは解体またはその準備の事業
- (d) 清酒の製造の事業

「⑩　令和６年度概算の延納」欄には、委託事業主は保険料の額のいかんを問わず分割納付をすることができますから、延納の申請をする場合はイを、延納の申請をしない場合はロを○で囲んでください。なお、一般拠出金は分割納付はできません。

「⑪　令和５年度確定賃金総額」欄および「⑫　令和５年度確定」欄は、新たに労働保険事務組合に事務を委託した事業主は、記入の必要がないので斜線を引きます。

「特別加入者氏名」欄には、中小事業主やその家族従事者で労災保険の特別加入の承認を受けている者がいる場合にのみその氏名、その特別加入者に係る「希望する給付基礎日額」および「保険料算定基礎額」を「特別加入保険料算定基礎額表」（141 ページ参照）により記入し、その総

額（その額に 1,000 円未満の端数があるときは、その端数を切り捨てた額）を欄に記入します。

「⑭ **令和6年度賃金総額の見込額**」欄は、令和6年4月1日から令和7年3月31日まで（年度の中途で委託したものについては、その委託年月日以降から令和7年3月31日まで）の間の賃金総額の見込額等について次の要領で記入します。

「㋑ **常時使用労働者数**」欄には、その保険年度における1日平均使用労働者見込数（延使用労働者数(臨時および日雇を含む)を所定労働日数で除したものをいう）を記入します。

「㋺ **雇用保険被保険者数**」欄は、次により記入します。
(a) 使用労働者のうち雇用保険法の適用を受けない者を使用する事業についてはその保険年度の1カ月平均被保険者見込数を記入します。
(b) 上記 (a) 以外の事業については、前記㋑による1日平均使用労働者見込数を記入します。

「㋩ **支払賃金総額の見込額**」欄は、委託日から当該保険年度の末日における支払賃金総額の見込額を記入します。

「㊁ **賞与等臨時支払賃金の見込額**」欄には、賞与等臨時の給与の見込額を記入します。

「㋭ **合計**」欄は、㋩の額と㊁の額とを加えた合計額（その額に 1,000 円未満の端数があるときは、その端数を切り捨てた額）を記入します。

ロ 「申告書内訳」の作り方

(イ)「申告書内訳」（組様式第6号（甲）、128 ～ 129 ページ参照）は、一般保険料、一般拠出金および第1種特別加入保険料を申告するときに用いる様式で、「賃金等の報告」に基づいて基幹番号ごとに委託事業に振り出された枝番号順に作成します。

(ロ)第2種特別加入保険料申告書内訳（組様式第6号（乙）は、一人親方等の団体から事務処理を委託された場合に用いる様式で、前述の年度更新手続の場合に準じて作ります（48 ページ記入例参照）。

【一般保険料、一般拠出金および第1種特別加入保険料の申告の場合（組様式第6号（甲）、128 ～ 129 ページ参照）】

「申告書内訳」が2枚以上になる場合は、各葉に必ず小計を記入し、

別葉に総合計分を設けてください。

　労働保険事務組合の名称、所在地、代表者の氏名および事務担当者氏名は別葉の総合計分のみに記入してください。

　左上の「**労働保険番号 A**」欄には、「賃金等の報告」の①欄の労働保険番号（枝番号を除く）を記入し、中小事業主等の第 1 種特別加入者がある場合には、同一の労働保険番号を右下の「**労働保険番号 B**」欄にも記入します。

　「①　**労働保険番号の枝番号**」欄には、委託事業場に振り出された労働保険番号の枝番号を記入します。

　「②　**事業場の名称**」欄には、委託事業主の事業場の名称を記入します。

　「③　**業種**」欄には、「労災保険率適用事業細目表」（220 ページ参照）の「事業の種類の細目」にある番号を記入します。

　「④　**常時使用労働者**」欄および「⑤　**被保険者**」欄には、「賃金等の報告」の⑭欄の㋑の常時使用労働者数および⑭欄の㋺の雇用保険の被保険者数を転記します。

　「⑥　**保険関係区分**」欄は、新規委託の場合は記入の必要はありません。

　「⑦　**賃金総額**」欄の（一）欄には、「賃金等の報告」の⑭の㋵欄（一般）の額、（特）欄には、「賃金等の報告」の⑬の㋵欄（特別加入）の額をそれぞれ記入します。

　「⑧　**労災保険率**」欄、「⑨　**保険料**」欄、「⑪　**雇用保険率**」欄、「⑫　**一般保険料**」欄、「⑬　**確定保険料合計額**」欄、「⑭　**賃金総額**」欄、「⑮　**一般拠出金**」欄、「⑯　**申告済概算保険料**」欄は、新規委託の場合は記入の必要はないので斜線を引きます（一般拠出金については、令和 7 年度の年度更新時に申告・納付することになります）。

　「⑩　**賃金総額**」欄には、「賃金等の報告」の⑭欄の㋖の額を (イ) に記載し、下段の (ハ) には (イ) の額を記入します。

　「⑰　**労災保険**」欄は、次により記入します。

　　(a) 上段（点線の上の部分）には適用される労災保険率を記入します。

　　(b) 下段（点線の下の部分）には、⑦の（一）欄の額と（特）欄の額を合算した額に上段の料率を乗じて得た額を記入します。

　「⑱　**雇用保険**」欄には、(a) 上段（点線の上の部分）には適用される雇用保険率を記入します。(b) 下段には、⑩の (ハ) 欄の額に上段の料率

を乗じて得た額を記入します。

「⑳　**第1種特別加入者**」欄は、次により記入します。

(a)「氏名」欄には、「賃金等の報告」の「特別加入者氏名」欄の氏名を転記します。

(b)「令和5年度の給付基礎日額」欄は、新しく保険関係が成立した場合は、この欄に記入する必要はありません。

(c)「区分」欄は、新規加入なので「1. 新規」を○で囲んでください。

(d)「令和6年度からの給付基礎日額」欄には、「賃金等の報告」の⑬欄の「希望する給付基礎日額」を転記します。

なお、⑧、⑨、⑪、⑫、⑬、⑯の各欄は記入する必要がありません。

【第2種特別加入保険料の申告の場合（組様式第6号（乙））】

「①　**労働保険番号の枝番号**」欄には、一人親方等の団体に委託事業として付与された枝番号を記入します。

「②　**事業（団体）の名称**」欄には、一人親方等の団体の名称を記入します。（この欄は、一人親方等の特別加入者の氏名を記入するものではありません）。

「③　**業種**」欄には、「第2種特別加入保険料率表」（156〜157ページ参照）による「事業又は作業の種類の番号」（特1〜特18）を記入します。

「④　**特別加入者数**」欄には、特別加入者数を記入します。

「⑧　**保険料算定基礎額総計**」欄には、特別加入の承認を受けている者の「保険料算定基礎額」の総計を記入します。

「⑨　**令和6年度第2種特別加入保険料率**」欄には、「第2種特別加入保険料率表」（156〜157ページ参照）により、第2種特別加入保険料の率を記入します。

「⑩　**第2種特別加入保険料**」欄には、⑧に⑨を乗じて得た額を記入します。

なお、⑤、⑥および⑦の各欄には記入する必要がないので斜線を引きます。

ハ　「申告書」の作り方

この「申告書」（様式第6号、131〜132ページ記入例参照）は、「申告書内訳」に基づいて、労働保険番号の基幹番号ごとに作成しなければ

なりません。

　まず、申告書の名称の「概算」を○で囲み、提出する年月日を記入します。

　「①　労働保険番号」欄には、労働保険事務組合に付与された労働保険番号を記入します。

　「※　提出年月日」欄、「②　増加年月日」欄、「③　事業廃止等年月日」欄、「⑱　申告済概算保険料額」欄、「⑳　差引額」欄、「㉓　保険関係成立年月日」欄、「㉔　事業等廃止理由」欄、「㉖　加入している労働保険」欄、「㉗　特掲業種」欄および「㉘　事業」欄には、記入を要しません。

　「④　常時使用労働者数」欄、「⑤　雇用保険被保険者数」欄については、「申告書内訳」の④欄および⑤欄のそれぞれ合計数を転記します。

　なお、第2種特別加入保険料の申告の場合には、「申告書内訳」の④欄の合計数を④欄に転記します。

　「⑭　概算・増加概算保険料額」欄については、次により記入します。なお、記入に当たっては、金額の前に「¥」記号をつけないでください。

　（イ）には、「申告書内訳」の⑲欄の⑭欄の合計額を転記します。

　（ロ）には、「申告書内訳」の⑰欄の⑭欄の合計額を転記します。

　（ホ）には、「申告書内訳」の⑱欄の⑭欄の合計額を転記します。

　「⑰　延納の申請」欄については、延納を申請する場合にはその回数を、申請しない場合には「1」と必ず記入します。

　「㉒　期別納付額」欄については、次により記入します。

　（イ）、（チ）および（ル）には、「申告書内訳」の⑲欄の⑭欄の合計額の概算保険料を3で除した額を転記します。ただし、除した額に1円または2円の端数が生じた場合は、その端数を加えた額を（イ）に記入します。

　（ロ）、（リ）、（ヲ）、（ハ）および（ヘ）は、記入しない。（ニ）、（ヌ）および（ワ）には、（イ）、（チ）および（ル）の額を記入します。

　（ト）には（ニ）の額を記入します。

　「㉕　事業又は作業の種類」欄については、「別紙のとおり」と記入してください。

　次に、「納付書」の「労働保険番号」欄、「（住所）、（氏名）」欄は鮮明に判り易く記入してください。また、「納付の目的」欄は概算保険料の

組様式第4号

労働保険料等算定基礎賃金等の

① 労働保険番号	府県	所掌	管轄	基幹番号	枝番号
	4 4	3	0 1	9 4 3 5 9	0 0 0 1

② 雇用保険事業所番号
4 4 0 1 - 5 7 0 5 9 4 - 2

③ 事業の名称　後藤洋品店　　　　TEL 0975 (

④ 事業の所在地　〒(870 - 0045)　大分市城崎町X-X-X

⑤ 事業主の氏名　後藤　昌成

⑥ 作成者氏名

⑪　　　令和 5 年 度 確

区分\月別内訳	労 災 保 険 対 象 労 働 者 数 及 び 賃 金							
	(1) 常用労働者		(2) 役員で労働者扱いの者 [業務執行権を有する者の指示を受け労働に従事し、賃金を得ている者等（裏面参照）]		(3) 臨時労働者 (パートタイマー、アルバイト等)		(4) 合 計 ((1)+(2)+(3))	
令和5 年4月	人	円	人	円	人	円	人	円
5月								
6月								
7月								
8月								
9月								
10月								
11月								
12月								
令和6 年1月								
2月								
3月								
賞与等 年 月								
年 月								
年 月								
合 計								

1ヵ月平均使用労働者数　⑧　　円

⑤　　人　千円

⑥+⑤　　千円

⑫ 令和5 年度確定		特別加入者	⑬ 令和6 年度概算		⑭ 令和6
承認された給付基礎日額	保険料算定基礎額	氏　名	希望する給付基礎日額	保険料算定基礎額	
円	円	後藤　昌成	10,000 円	3,650,000 円	㋑ 常 時 使 用 労 働 者 数
円	円		円	円	㋺ 雇 用 保 険 被 保 険 者 数
円	円		円	円	㋩ 支払賃金総額の 見 込 額
円	円		円	円	㋥ 賞与等臨時支払賃金の見込額
	⑮ 千円	合 計	⑦+⑦ 12,900千円	⑦ 3,650 千円	㊉ 合 計 ⑦

り報告(事業主控)

XX ） XXXX	⑦ 事業の概要（具体的に記入してください。）	⑨ 特 掲 事 業
		イ. 該当する ㊂ 該当しない

洋服の小売

山崎　美貴　　　　　　　　　　　　　　　　※ ⑧ 業 種 ９ ８ ０ １

⑩令和6年度概算の延納
㋑. する　ロ. しない
（分割納付（3回））（一括納付（1回））

定 賃 金 総 額

雇 用 保 険 対 象 被 保 険 者 数 及 び 賃 金

(5) 被 保 険 者 [日雇労働被保険者に支払った賃金を含む。なお、パートタイマー、アルバイト等雇用保険の被保険者とならない者を除く（裏面参照）]		(6) 役員で被保険者扱いの者 [給与支払面の面からみて労働者的性格の扱い者（裏面参照）]		(7) 合 計 ((5)+(6))	
人	円	人	円	人	円
			1カ月平均被保険者数 ⓒ	円	
			人 ⓓ	千円	
			ⓖ(ⓓ)		千円

6 年度　賃金総額の見込額

労 災 保 険	雇 用 保 険				予 備 欄
4 人					
	4 人				
6,912,000 円	6,912,000 円				
2,338,000 円	2,338,000 円				
①(㋑+㋩) 千円 9,250	⑭(㋬+㋩) 千円 9,250				

組様式第6号（甲）

労働保険番号A

府県	所掌	管轄	基幹番号
4 4	3	0 1	9 4 3 5 9 0

令和5　年度　確定
令和6　年度　概算

令和5年度確定保険料・令和6年度概算保険料（増額・減額）・一般

① 労働保険番号の枝番号	② 事業場の名称	③ 業種	④ 常時使用労働者数 ⑤ 被保険者数	⑥ 保険関係区分	労災保険		雇用保険			⑬ 確定保険料（規模区分別）合計額（⑨＋⑫）	
					⑦ 賃金総額	⑧ 労災保険率 ⑨ 保険料（⑦×⑧）	⑩ 賃金総額	⑪ 雇用保険率	⑫ 一般保険料（⑩の(ハ)×⑪）	15人以下	16人以上
001	後藤洋品店	9 8 0 1	4 4	両 保 労 災 雇 用	(ロ)9,250 (特)3,650	(ハ) (特) (計)	(イ)9,250 (ロ) (ハ)9,250		新規成立委託	令和6年4月1日	
002	中山洋菓子店	4 1 0 1	10 10	両 保 労 災 雇 用	(ロ)17,350 (特)3,285	(ハ) (特) (計)	(イ)17,350 (ロ) (ハ)17,350		新規成立委託	令和6年4月1日	
003	原田不動産	9 9 0 3	3 3	両 保 労 災 雇 用	(ロ)7,000 (特)5,840	(ハ) (特) (計)	(イ)7,000 (ロ) (ハ)7,000		新規成立委託	令和6年4月1日	
				両 保 労 災 雇 用	(ロ) (特)	(ハ) (特) (計)	(イ) (ロ) (ハ)				
004	松田鉄工所	5 0 0 1	15 15	両 保 労 災 雇 用	(ロ)22,782 (特)6,570	(ハ) (特) (計)	(イ)22,782 (ロ) (ハ)22,782		新規成立委託	令和6年4月1日	
				両 保 労 災 雇 用	(ロ) (特)	(ハ) (特) (計)	(イ) (ロ) (ハ)				
005	丸阪運送㈲	7 2 0 3	11 11	両 保 労 災 雇 用	(ロ)20,034 (特)8,030	(ハ) (特) (計)	(イ)20,034 (ロ) (ハ)20,034		新規成立委託	令和6年4月1日	
				両 保 労 災 雇 用	(ロ) (特)	(ハ) (特) (計)	(イ) (ロ) (ハ)				

別葉（合計分）

				両 保 労 災 雇 用	(ロ) (特)	(ハ) (特) (計)	(イ) (ロ) (ハ)				
小 計 合 計			400 調保 393 労災 雇用	40 甲 乙 計 40	㉗A 40 B A 26 B	40 件 件 件 件	Ⓐ		Ⓕ	件 円 計Ⓖ	件 円

※⑩（一般拠出金算定に係る賃金総額）については、⑦（労災保険に係る賃金総額）の(ロ)と同額を記入して下さい。ただし、平成19年3月31日以前に成立した一括有期事業については、一般拠出金算定対象とはなりません。

労働保険事務組合の　名称　労働保険事務組合　大分市商工業協会　　所在地

代表者の氏名

保険料・一般拠出金申告書内訳

一般拠出金 ⑭賃金総額(※)	⑮一般拠出金額(⑭×/1000)	⑯申告済概算保険料(一般保険料 第1種特別加入保険料)	令和6年度概算保険料 ⑰労災保険 保険料(第1種特別加入を含む)	⑱雇用保険 一般保険料	⑲合計(⑰+⑱)	⑳第1種特別加入者 氏名	令和5年度の給付基礎日額	適用月数	区分	令和6年度からの給付基礎日額	適用月数
			1000分の 3 / 38,700	1000分の 15.5 / 143,375	182,075	後藤　昌成			①新規 2.継続 3.変更 4.脱退等	10,000	12
			3 / 61,905	15.5 / 268,925	330,830	中山　勝			①新規 2.継続 3.変更 4.脱退等	9,000	12
			2.5 / 32,100	15.5 / 108,500	140,600	原田　公平			①新規 2.継続 3.変更 4.脱退等	9,000	12
						原田　正文			①新規 2.継続 3.変更 4.脱退等	7,000	12
			6.5 / 190,788	15.5 / 353,121	543,909	松田　法雄			①新規 2.継続 3.変更 4.脱退等	10,000	12
						松田　寛子			①新規 2.継続 3.変更 4.脱退等	8,000	12
			8.5 / 238,544	15.5 / 310,527	548,816	阪本　健次			①新規 2.継続 3.変更 4.脱退等	12,000	12
						阪本　洋一			①新規 2.継続 3.変更 4.脱退等	10,000	12
									1.新規 2.継続 3.変更 4.脱退等		
									1.新規 2.継続 3.変更 4.脱退等		
㊺	㊻	㊼	㊽ 6,752,568	㊾ 10,862,097	㊿ 17,614,665						

労働保険番号B (労働保険番号Aと同一のもの)

府県	所掌	管轄	基幹番号	
4 4	3	0 1	9 4 3 5 9	0

事業　(郵便番号　870 － 0022)
電話番号(0975)－(XX) XXXX 番

大分市大手町X-X-X

安東　勝弘

(事務担当者 氏名)　安住　圭一

労働局用

保険年度である「06」を、期は「1」を記入してください。

「**労働保険料**」および「**納付額（合計額）**」欄には、申告書の㉒欄の (ト) の額を標準字体にならってはっきりと正しく転記します。なお、納付額の前に必ず「￥」記号を付してください。

また、納付額の数字を訂正されますと銀行、郵便局では受けつけませんので、所轄の都道府県労働局または労働基準監督署で納付書の再交付を受け、書き直して納付してください。

以上で「概算保険料申告書」および「納付書」ができましたので、「納付額」欄に記入した金額を添えて所轄の労働基準監督署、都道府県労働局、日本銀行〔代理店、歳入代理店（全国の銀行・信用金庫の本店または支店、郵便局でも可）〕に提出すれば、申告・納付を行ったこととなります。

様式第6号（第24条、第25条、第33条関係）（甲）（1）（表面）

労働保険
石綿健康被害救済法
概算・増加概算・確定保険料
一般拠出金
申告書

継続事業
（一括有期事業を含む。）

標準字体 **0123456789**

第3行「記入に当たっての注意事項」をよく読んでから記入して下さい。OC R枠中への記入は上の「標準字体」でお願いします。

下記のとおり申告します。

種別 **32700**
※修正項目番号　　　※入力徴定コード

口座

提出用

令和 6 年 6 月 15 日

※各種区分
管轄(2) | 保険関係等 | 業種 | 産業分類

労働保険番号
都道府県 所掌 管轄 基幹番号 枝番号
4 4 3 0 1 9 4 3 5 9 0 - 0 0 0

あて先 〒870-0037
大分市東春日町17-20
大分第2ソフィアプラザビル3階

②保険関係成立年月日(元号:令和は9) | ③事業廃止等年月日(元号:令和は9) | ④事業廃止等理由

大分労働局
労働保険特別会計歳入徴収官殿

⑤常時使用労働者数 **400** ⑥雇用保険被保険者数 **393** | ⑦保険関係 | ⑦片保険理由コード

⑦区分	算定期間 令和　年　月　日 から 令和　年　月　日 まで			
	⑧保険料・一般拠出金算定基礎額	⑨保険料・一般拠出金率	⑩確定保険料・一般拠出金額（⑧×⑨）	
労働保険料				
労災分				
雇用保険分				
一般拠出金				

確定保険料算定内訳

⑪区分	算定期間 令和 6年 4月 1日 から 令和 7年 3月31日 まで			
	⑫保険料算定基礎額の見込額	⑬保険料率	⑭概算・増加概算保険料額（⑫×⑬）	
労働保険料			1 7 6 1 4 6 6 5	
労災分			6 7 5 2 5 6 8	
雇用保険分			1 0 8 6 2 0 9 7	

概算・増加概算保険料算定内訳

⑮事業主の郵便番号（変更のある場合記入）
⑯事業主の電話番号（変更のある場合記入）
延納の申請 納付回数 **3**

⑰修正項目区分 | 算定対象区分 | データ指示コード | 再入力区分 | 修正項目

⑧⑩⑫⑭の欄の金額の前に「￥」記号を付さないで下さい。

⑱申告済概算保険料額

⑲申告済概算保険料額

⑳充当額
| (イ) (⑱-⑩の(イ)) | (ハ) 不足額 (⑩の(イ)-⑱) | ※充当意思 1 労働保険料のみに充当 2 一般拠出金のみに充当 3 労働保険料及び一般拠出金に充当 |

㉑増加概算保険料額

差引額
(ロ) 還付額 (⑱-⑩の(イ))

㉒法人番号 **0987654321098**

㉒	第1期(全期)概算保険料額 (⑭の(イ)÷3+次回以降4で割り切れない端数)	(ロ)労働保険料充当額 (⑳の(イ)(労働保険料分のみ))	(ハ)不足額 (⑳の(ハ))	(ニ)今期労働保険料 ((イ)-(ロ)又は(イ)+(ハ))	(ホ)一般拠出金充当額 (⑳の(イ)(一般拠出金分のみ))	(ヘ)一般拠出金額 (⑩の(ヘ)-(ホ)又は(ホ))	(ト)今期納付額 ((ニ)+(ヘ))
期別納付額	**5,871,555**			**5,871,555**			**5,871,555**
第2期	**5,871,555**	(ロ)労働保険料充当額 (⑳の(イ)-⑩の(ニ))	(ハ)第2期納付額 ((イ)-(ロ)) **5,871,555**				
第3期	**5,871,555**	(ロ)労働保険料充当額 (⑳の(イ)-⑩の(ニ))	(ハ)第3期納付額 ((イ)-(ロ)) **5,871,555**				

㉓保険関係成立年月日

㉓事業又は作業の種類 **別紙のとおり**

㉔事業廃止等理由
1) 廃止　　　2) 委託

㉕加入している労働保険	(イ) 労災保険 (ロ) 雇用保険	㉖特掲事業	(イ) 該当する (ロ) 該当しない

郵便番号 **870 - 0022**　電話番号 (0975) XXX - XXXX

事業	(イ) 所在地	(イ) 住所（法人のときは主たる事務所の所在地）大分市大手町X-X-X
業	(ロ) 名称	(ロ) 名称 労働保険事務組合　大分市商工業協会
		(ハ) 氏名（法人のときは代表者の氏名）安東　勝弘

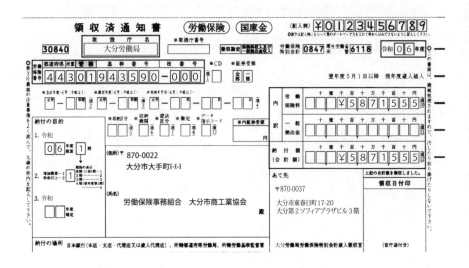

第5章

労災保険の特別加入に関する手続

1 特別加入制度のあらまし

（1）趣旨と範囲について

　労災保険は、事業に使用される「労働者」の保護を目的とする制度ですから、事業主、自営業者、家族従事者その他「労働者」でない者の災害は、本来労災保険の保護の対象ではありません。

　しかしながらこれらの者であっても、労働基準法の適用労働者に準じて保護することが適当である一定の者については、制度本来の建前を損わない範囲で特別に任意に加入することを認め、一定の要件をみたす災害について保険給付等を行うこととしております。これを労災保険の特別加入制度といい、特別加入を認める者の範囲は、「作業の実態、災害の発生状況等からみて労働基準法の適用労働者に準じて保護することが適当である者かどうか」「その者の業務の範囲が明確に特定できて、業務上外の認定をはじめ保険関係の適正な処理が保険技術的に可能であるかどうか」等を考慮して、

- ㋑　労働保険事務組合に労働保険事務の処理を委託する中小事業主
- ㋺　中小事業主が行う事業に従事する者
- ㋩　常態として労働者を使用しないで、土木、建築その他一定の事業を行う一人親方その他の自営業者
- ㊁　一人親方その他の自営業者が行う事業に従事する者
- ㋭　特定作業従事者
- ㋬　国内の団体または事業から派遣されて海外において行われる事業に従事する海外派遣者

と定められております。

（2）保険給付等について

　保険給付等を行う際の業務災害の認定は、一般の労働者の場合には、使用者の指揮命令を受けて行う業務行為その他労働契約において定められている業務行為およびその付随行為中の災害であるか否かによって業務遂行性を判断し、更に業務起因性があるかどうかによって認定しますが、特別加入者の場合は、海外派遣者の一部の場合を除き、労働契約というものがありません。したがって他人の指揮命令を受けて業務行為を行うことはな

く、労働者と同様には業務遂行性を認めることはできません。そこで特別加入者については、特別加入申請の際に特別加入者ごとに業務または作業の内容を明らかにし、これを基礎として厚生労働省労働基準局長が定める基準に従って、すなわち、この基準の定める行為のみについて業務遂行性を認め、業務災害の認定を行うこととなっています。

なお、通勤災害に係る保険給付については次に掲げる特別加入者だけが対象となります。

- ㋑ 中小事業主等の特別加入者
- ㋺ 建設の事業における一人親方等の特別加入者
- ㋩ 林業の事業における一人親方等の特別加入者
- ㋥ 医薬品の配置販売の事業の一人親方等の特別加入者
- ㋭ 再生資源取扱いの事業の一人親方等の特別加入者
- ㋬ 船員が行う事業
- ㋣ 柔道整復師
- ㋠ 創業支援等措置に基づき事業を行う高年齢者
- ㋷ あん摩マツサージ指圧師、はり師又はきゆう師が行う事業の一人親方等の特別加入者
- ㋦ 歯科技工士が行う事業の一人親方等の特別加入者
- ㋸ 国または地方公共団体が実施する訓練従事者
- ㋾ 労働組合等の常勤役員
- ㋻ 介護作業従事者及び家事支援従事者
- ㋕ 芸能従事者
- ㋴ アニメーション制作従事者
- ㋫ 情報処理システムの設計等の情報処理に係る作業従事者
- ㋹ 海外派遣者

※令和6年に上記に加え、「フリーランス法に規定する、特定受託事業者が業務委託事業者から業務委託を受けて行う事業」が追加される予定です。

2 中小事業主等の特別加入

（1）特別加入者の範囲

（イ）特別加入をすることができる中小事業主は、常時300人（金融業、保険業、不動産業、小売業の場合は50人、卸売業、サービス業の場

〔特別加入手続関係一覧〕

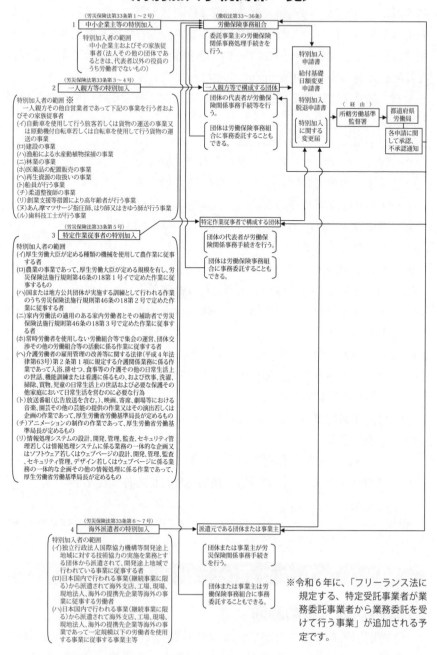

1　中小企業主等の特別加入（労災保険法第33条第1〜2号）

特別加入者の範囲
中小企業主およびその家族従事者(法人その他の団体であるときは、代表者以外の役員のうち労働者でないもの)

→ **労働保険事務組合**（徴収法第33〜36条）
委託事業主の労働保険関係事務処理手続きを行う。

2　一人親方等の特別加入（労災保険法第33条第3〜4号）

特別加入者の範囲 ※
一人親方その他自営業者であって下記の事業を行う者およびその家族従事者
(イ)自動車を使用して行う旅客若しくは貨物の運送の事業又は原動機付自転車若しくは自転車を使用して行う貨物の運送の事業
(ロ)建設の事業
(ハ)漁船による水産動植物採捕の事業
(ニ)林業の事業
(ホ)医薬品の配置販売の事業
(ヘ)再生資源の取扱いの事業
(ト)船員が行う事業
(チ)柔道整復師の事業
(リ)創業支援等措置により高年齢者が行う事業
(ヌ)あん摩マッサージ指圧師、はり師又はきゅう師が行う事業
(ル)歯科技工士が行う事業

→ **一人親方等で構成する団体**
団体の代表者が労働保険関係事務手続等を行う。
団体は労働保険事務組合に事務委託することもできる。

3　特定作業従事者の特別加入（労災保険法第33条第5号）

特別加入者の範囲
(イ)厚生労働大臣が定める種類の機械を使用して農作業に従事する者
(ロ)農業の事業であって、厚生労働大臣が定める規模を有し、労災保険法施行規則第46条の18第1号で定めた作業に従事するもの
(ハ)国または地方公共団体が実施する訓練として行われる作業のうち労災保険法施行規則第46条の18第2号で定めた作業に従事する者
(ニ)家内労働法の適用のある家内労働者とその補助者で労災保険法施行規則第46条の18第3号で定めた作業に従事する者
(ホ)常時労働者を使用しない労働組合等で集会の運営、団体交渉その他の労働組合等の活動に係る作業に従事する者
(ヘ)介護労働者の雇用管理の改善等に関する法律(平成4年法律第63号)第2条第1項に規定する介護関係業務に係る作業であって入浴、排せつ、食事等の介護その他の日常生活上の世話、機能訓練または看護に係るもの、および炊事、洗濯、掃除、買物、児童の日常生活上の世話および必要な保護その他家庭において日常生活を営むのに必要な行為
(ト)放送番組(広告放送を含む。)、映画、寄席、劇場等における音楽、演芸その他の芸能の提供の作業又はその演出若しくは企画の作業であって、厚生労働省労働基準局長が定めるもの
(チ)アニメーションの制作の作業であって、厚生労働省労働基準局長が定めるもの
(リ)情報処理システムの設計、開発、管理、監査、セキュリティ管理若しくは情報処理システムに係る業務の一体的な企画又はソフトウェア若しくはウェブページの設計、開発、管理、監査、セキュリティ管理、デザイン若しくはウェブページに係る業務の一体的な企画その他の情報処理に係る作業であって、厚生労働省労働基準局長が定めるもの

→ **特定作業従事者で構成する団体**
団体の代表者が労働保険関係事務手続きを行う。
団体は労働保険事務組合に事務委託することもできる。

4　海外派遣者の特別加入（労災保険法第33条第6〜7号）

特別加入者の範囲
(イ)独立行政法人国際協力機構等開発途上地域に対する技術協力の実施を業務とする団体から派遣されて、開発途上地域で行われている事業に従事する者
(ロ)日本国内で行われる事業(継続事業に限る)から派遣されて海外支店、工場、現場、現地法人、海外の提携先企業等海外の事業に従事する労働者
(ハ)日本国内で行われる事業(継続事業に限る)から派遣されて海外支店、工場、現場、現地法人、海外の提携先企業等海外の事業であって一定規模以下の労働者を使用する事業に従事する事業主等

→ **派遣元である団体または事業主**
団体または事業主が労災保険関係事務手続きを行う。
団体または事業主は労働保険事務組合に事務委託することもできる。

特別加入申請書
給付基礎日額変更申請書
特別加入脱退申請書
特別加入に関する変更届

（経由）
所轄労働基準監督署

都道府県労働局
各申請に関して承認、不承認通知

※令和6年に、「フリーランス法に規定する、特定受託事業者が業務委託事業者から業務委託を受けて行う事業」が追加される予定です。

合は 100 人）以下の労働者を使用する事業主であって、労働保険事
務組合に労働保険事務の処理を委託する者に限られております。

 ⓘ 中小事業主には、労働者を年間通じて 1 人以上使用する場合は
  もちろん、労働者を使用する日数の合計が年間 100 日以上とな
  ることが見込まれる場合も含まれます。

 ⓜ 数次の請負による建設事業の下請事業を行う事業主も、中小事
  業主等の特別加入の「事業主」として取扱われます。

(ロ) 中小事業主が行う事業に従事する者とは、労働者以外の者でその事
業に常態として従事している家族従事者等がこれに該当します。なお、
事業主が法人その他の団体であるときは、代表者以外の役員のうち労
働者でない者をいいます。

【建設事業の下請事業主の取扱い】

 建設事業の下請事業主は、中小事業主として特別加入するにあたっ
ては、自ら行う工事について、あらかじめ徴収法第 7 条の規定による「有
期事業の一括扱い」の保険関係を成立させておく必要があります。こ
の保険関係に基づき特別加入することが認められることになります。

【法人等の役員の取扱い】

 株式会社等の法人の役員のうち、代表取締役等の指揮命令を受けて
通常の労働者と同様に労働に従事しその対償として賃金を得ている者
は労働者として保護されますが、法人、社団等の業務執行権のある役
員（労働者に該当しないもの）は、この中小事業主が行う事業に従事
する者として特別加入をしなければ保護の対象となりません。

（2）特別加入者の申請手続

イ　特別加入に当たって必要なこと

(イ) その事業について労災保険関係が成立していること

 中小事業主等が特別加入するためには、まず中小事業主等が使用す
る労働者について保険関係を成立させることが必要です。

(ロ) 労働保険事務組合への委託

 中小事業主等が特別加入する場合には、事務組合に労働保険事務の
処理を委託することが必要です。

(ハ) 健康診断証明書の提出

特別加入者として保険給付を受けることができるのは、特別加入後の業務に起因した疾病や負傷に限定されています。

したがって、特別加入前に既に疾病にり患していた場合や特別加入前の負傷等については保険給付の対象となりません。このため特別加入前に次の㋑～㋥に掲げる業務歴および従事期間がある者については、特別加入申請の際、所定の健康診断証明書を提出しなければなりません。

㋑　粉じん作業を行う業務（3年）

㋺　身体に振動を与える業務（1年）

㋩　鉛または鉛化合物を用いて行う業務（6カ月）

㋥　有機溶剤、有機溶剤含有物または特別有機溶剤を用いて行う業務（6カ月）

ロ　特別加入のための申請手続

特別加入するには、「特別加入申請書（中小事業主等）」（139ページ記入例参照）を所轄の労働基準監督署長を経由して都道府県労働局長に提出し、その承認を受けることが必要です。なお、この場合、労働保険事務組合へ労働保険の事務処理を委託することが特別加入の要件となっていますので、この事務処理は事務組合を通じて行うことになります。

この申請にあたっては、中小事業主とその事業に従事する者全員を包括して加入しなければなりません。

ただし、病気療養中、高齢等の事情により実態として事業に従事しない事業主は、包括加入の対象から除外することができます。

ハ　「特別加入申請書（中小事業主等）」の記入に当たっての注意

③の「特別加入予定者の氏名」欄は、中小事業主とともに包括加入しなければならない中小事業主が行う事業に従事する者の氏名をすべて記入する必要があります。もし名簿に漏れがあるときは、漏れた者は特別加入者と認められず、被災しても保険給付を受けられません。

「業務の内容」欄については、実際に災害が発生したとき、それが業務災害として扱われ保険給付がなされるかどうかに関係するものですから、特別加入する者の業務の具体的内容、その者の従事する事業の使用労働者の所定労働時間（始業および終業の時刻）を明記することが必要です。

また、特別加入する業務が前記イの（ハ）の㋑～㋥に該当し、かつ、特別加入前に当該業務歴を有する者についてはその業務歴等を記入する

労働者災害補償保険　特別加入申請書（中小事業主等）

帳票種別
3 6 2 1 1

◎裏面の注意事項を読んでから記載してください。
※印の欄は記載しないでください。（職員が記載します。）

① 申請に係る事業の労働保険番号

府県	所掌	管轄	基幹番号	枝番号
1 3	1	0 1	9 3 3 5 1 6	0 1 0

※受付年月日

9 令和	元号	年	月	日

1～9は左詰　1～9は左詰　1～9は左詰

② 事業主の氏名（法人その他の団体であるときはその名称）
　　安川塗装株式会社

③ 申請に係る事業

名称（フリガナ）　ヤスカワトソウカブシキカイシャ
名称（漢字）　**安川塗装株式会社**
事業場の所在地　東京都千代田区内神田〇-□-X

④ 特別加入予定者　　加入予定者数　計 **3** 名

*この用紙に記載しきれない場合には、別紙に記載すること。

特別加入予定者	業務の内容		除染作業	従事する特定業務	特定業務・給付基礎日額　業務歴	
フリガナ 氏名 ヤスカワ コウイチ **安川　幸一** 生年月日 昭和45年 4月12日	事業主との関係（地位又は続柄） ①本人 3役員（　） 5家族従事者（　）	業務の具体的内容 **建築物の塗装** 労働者の始業及び終業の時刻 8時30分～17時30分	1 有 ③無	1 粉じん 3 振動工具 5 鉛 ⑦有機溶剤 9 該当なし	業務歴 最初に従事した年月 平成4年 4月 従事した期間の合計 41年間 ヶ月 希望する給付基礎日額	12,000 円
フリガナ 氏名 ヤスカワ カズユキ **安川　和幸** 生年月日 昭和53年 8月24日	事業主との関係（地位又は続柄） 1本人 ③役員（専務） 5家族従事者（　）	業務の具体的内容 **建築物の塗装** 労働者の始業及び終業の時刻 8時30分～17時30分	1 有 ③無	1 粉じん 3 振動工具 5 鉛 ⑦有機溶剤 9 該当なし	業務歴 最初に従事した年月 平成12年 4月 従事した期間の合計 33年間 ヶ月 希望する給付基礎日額	12,000 円
フリガナ 氏名 ヤスカワ ヒロコ **安川　宏子** 生年月日 昭和43年 6月18日	事業主との関係（地位又は続柄） 1本人 ③役員（副社長） 5家族従事者（　）	業務の具体的内容 **経理事務** 労働者の始業及び終業の時刻 8時30分～17時30分	1 有 ③無	1 粉じん 3 振動工具 5 鉛 ⑦有機溶剤 9 該当なし	業務歴 最初に従事した月 希望する給付基礎日額	8,000 円
フリガナ 氏名 生年月日 年 月 日	事業主との関係（地位又は続柄） 1本人 3役員（　） 5家族従事者（　）	業務の具体的内容 労働者の始業及び終業の時刻 時分～時分	1 有 ③無	1 粉じん 3 振動工具 5 鉛 7 有機溶剤 9 該当なし	業務歴 最初に従事した年月 年 月 従事した期間の合計 年間 ヶ月 希望する給付基礎日額	円

⑤ 労働保険事務の処理を委託した年月日　　　　　　　　　令和6年 4月 1日

⑥ 労働保険事務組合の証明

上記の　日より労働保険事務の処理の委託を受けていることを証明します。

令和6年 4月 3日

名称　労働保険事務組合　神田商業会
労働保険の事務組合の〒 101-〇〇〇〇　電話（03）XXXX-XXXX
主たる事務所の所在地　東京都千代田区内神田△-□
代表者の氏名　中野　道夫

⑦ 特別加入を希望する日（申請日の翌日から起算して30日以内）　　　令和6年 5月 1日

上記のとおり特別加入の申請をします。

令和6年 4月 20日

東京　労働局長　殿

〒 101-〇〇〇〇　電話（03）△△△△-△△△△
事業主の　住所　東京都千代田区内神田〇-□-X
氏名　安川塗装株式会社
　　　代表取締役　安川　幸一
（法人その他の団体であるときはその名称及び代表者の氏名）

必要があります。

「**希望する給付基礎日額**」欄は、特別加入保険料算定基礎額表（141ページ参照）の中から希望する給付基礎日額を決めて記入すればよいことになっております。この希望する給付基礎日額は、労働保険料を算定する基礎となり、また保険給付を受ける場合の基礎になるものですから、特別加入者の収入等に相応した額を記入しなければなりません。

なお、都道府県労働局長が給付基礎日額を決定する際に、その額が適当でないと認められる場合には、所得を証明する書類等の提出を求めることになります（労災法施行規則第46条の20第9項）。

（3）特別加入の承認基準

中小事業主等の特別加入は、次のすべての基準に合致することが必要です。
- ㋑　その事業について保険関係が成立していること
- ㋺　その事業に係る労働保険事務を労働保険事務組合に委託していること
- ㋩　常時300人（金融業、保険業、不動産業、小売業の場合は50人、卸売業、サービス業の場合は100人）以下の労働者を使用する事業主であること。ただし、労働者を年間を通じて1人以上使用しない場合には、労働者を使用する日数の合計が、年間100日以上となることが見込まれること
- ㋥　特別加入申請書の「業務の内容」欄に、特別加入する業務の具体的内容および使用労働者の所定労働時間が記入されていること

（4）特別加入の制限

中小事業主等の特別加入者であって、健康診断証明書の内容から、その症状または障害の程度が一般的に就労することが困難であり、療養に専念しなければならないと認められる場合は、従事する業務に関わらず特別加入は認められません。また、特別加入者の症状または障害の程度が、特別加入者として従事する予定の業務からの転換を必要とすると認められる場合は、当該業務に係る特別加入は認められないことになります。

（5）給付基礎日額

特別加入者の場合は、労働者と異なり給付基礎日額のもととなる「賃金」というものがありませんので、これに代わるものとして労災法施行規則第

（徴収法施行規則別表第4）　**特別加入保険料算定基礎額表**

給付基礎日額	保険料算定基礎額	特例による1/12の額	給付基礎日額	保険料算定基礎額	特例による1/12の額
25,000 円	9,125,000 円	760,417 円	8,000 円	2,920,000 円	243,334 円
24,000 円	8,760,000 円	730,000 円	7,000 円	2,555,000 円	212,917 円
22,000 円	8,030,000 円	669,167 円	6,000 円	2,190,000 円	182,500 円
20,000 円	7,300,000 円	608,334 円	5,000 円	1,825,000 円	152,084 円
18,000 円	6,570,000 円	547,500 円	4,000 円	1,460,000 円	121,667 円
16,000 円	5,840,000 円	486,667 円	3,500 円	1,277,500 円	106,459 円
14,000 円	5,110,000 円	425,834 円	(3,000 円)	(1,095,000 円)	(91,250 円)
12,000 円	4,380,000 円	365,000 円	(2,500 円)	(912,500 円)	(76,042 円)
10,000 円	3,650,000 円	304,167 円	(2,000 円)	(730,000 円)	(60,834 円)
9,000 円	3,285,000 円	273,750 円			

（注）（　）内は家内労働者のみ適用されます。

46条の20の規定によって給付基礎日額の範囲（3,500円から25,000円まで、上記の「特別加入保険料算定基礎額表」参照）が定められ、その範囲内で特別加入者の希望を徴して（特別加入申請書に記入）都道府県労働局長が決定することになっています。

　この決定は特別加入の承認と同時に行われ、特別加入者の所属する事務組合を経由して特別加入者本人あてに通知されます。

　「給付基礎日額」はいったん決定されますと、都道府県労働局長の変更の承認がない限り変更されることはありません。また給付基礎日額の変更を希望する場合には保険年度の定められた期間^(注)に所轄労働局長に申請しなければなりません。具体的手続としては、中小事業主等は労働保険事務組合に報告する「賃金等の報告」（38～39ページ参照）のなかで給付基礎日額の変更を希望し、これをうけた労働保険事務組合は、「申告書内訳」（44～45ページ参照）の⑳欄に給付基礎日額の変更を希望する旨（「区分」欄の3.変更に○を付す）の表示をして、希望する給付基礎日額を記入し提出しなければなりません。

　　（注）従来、申請期間は労働保険の年度更新の期間と同じ6月1日から
　　　　　7月10日までの間とされていましたが、平成24年度からは、上
　　　　　記期間に加え前年度の3月18日（平成27年度から3月2日）か

ら3月31日までの間に事前申請することも可能となっています。

（6）中小事業主等の特別加入者の労働保険料算定基礎額

　労働保険料算定基礎額は、希望する給付基礎日額によって算定されることとなっております。

（7）特別加入者の保険料（第1種特別加入保険料）

イ　保険料率

　中小事業主およびその事業に従事する者である特別加入者についての保険料率は、その事業についての労災保険料と同一の率から二次健康診断等給付に係る率を減じた率ですが、二次健康診断等給付に係る率は、現在0厘とされているので、第1種特別加入保険料率は当該中小事業主等に係る事業に適用される労災保険率と同一の率となっています。

ロ　賃金総額

(イ) 中小事業主およびその事業に従事する特別加入者各人の給付基礎日額に応じて定められている「保険料算定基礎額」を合計した額が、特別加入保険料算定のための賃金総額となります。この「保険料算定基礎額」は、原則として「特別加入保険料算定基礎額表」に定められた額によることとなっていますが、保険年度の中途に新たに特別加入が認められた場合および中途で特別加入を脱退した場合については、「保険料算定基礎額」を12で除した額（1円未満切上げ。「特別加入保険料算定基礎額表」中にある「特例による1/12の額」141ページ参照）にその特別加入期間の月数（月の中途に加入、脱退等がある場合は、それぞれの属する月を1月とする）を乗じて得た額が、その特別加入者の保険料算定のための賃金総額となります。

(ロ) 有期事業の場合は、特別加入者ごとに「保険料算定基礎額」を12で除した額（1円未満切上げ。「特別加入保険料算定基礎額表」中にある「特例による1/12の額」141ページ参照）にその特別加入期間の全ての月数を乗じて得た額が、その特別加入者の保険料算定のための賃金総額となります。

ハ　労働保険料の納付

　特別加入の承認を受けた中小事業主等は、その事業に使用される労働

者とみなされますが、一方、事業主として自分自身を含めた第1種特別加入保険料と、その事業に使用される労働者の一般保険料を納付する義務があります。

（8）特別加入後の変更・脱退手続

　労働保険事務組合は、中小事業主の特別加入者より提出された「賃金等の報告」において、給付基礎日額を変更する者、新たに特別加入者となる者あるいは特別加入者でなくなる者の申し出があったときは、その手続をしなければなりません。

　なお、新たに特別加入者となる者あるいは特別加入者でなくなる者が生じた場合については、その都度、特別加入者より変更届を提出してもらい、手続をする必要があります。

イ　特別加入に関する変更の手続

　特別加入の承認があったのち、次の事項について変更があったときには、「特別加入に関する変更届」（告示様式第34号の8、144ページ記入例参照）を遅滞なく所轄労働基準監督署長を経由して所轄労働局長に提出しなければなりません。

(イ) 既に特別加入している者に次の事由が生じたとき

　a　氏名に変更があったとき

　b　その者が従事する事業の名称、その事業場の所在地および従事する業務内容に変更があったとき

　c　事業主との関係を変更（法人である場合の従業上の地位の変更等を含む）したとき

　d　当該業務に従事しなくなったとき

(ロ) 従来特別加入していない者が、新たに当該事業の事業主または当該事業に従事する者となったとき

　これらの変更の届出を怠ると、場合によっては保険給付を受けられないこともあります。

ロ　脱退の条件と手続

(イ) 特別加入した中小事業主は、申請によって脱退することができます。この脱退は、特別加入の際と同様に、包括して、すなわち特別加入している中小事業主等（役員または家族従事者）全員に

労働者災害補償保険 特別加入に関する変更届 特別加入脱退申請書 （中小事業主等及び一人親方等）

帳票種別
3 6 2 4 1

◎裏面の注意事項を読んでから記載してください。
※印の欄は記載しないでください。（職員が記載します。）

特別加入の承認に係る事業

	府県	所掌	管轄	基幹番号	枝番号
労働保険番号	1 3	1	0 1	9 3 3 5 1 6	0 1 0

※ 受付年月日　9 令和　元号　年　月　日

事業の名称　　安川塗装株式会社

事業場の所在地　　東京都千代田区神田○-□-X

今回の変更届に係る者　合計：1人
内訳（変更：0人、脱退：0人、加入：1人）　　*この用紙に記載しきれない場合には、別紙に記載すること。

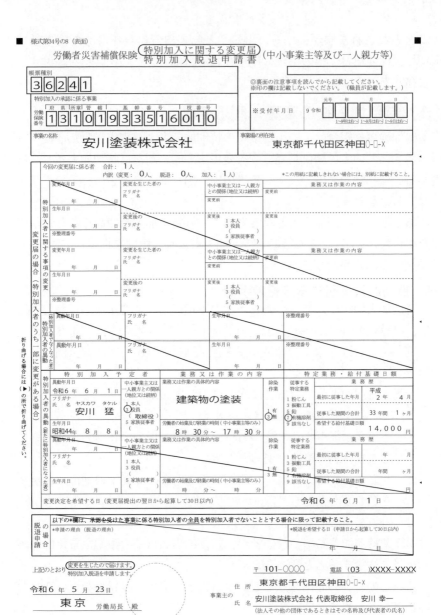

特別加入予定者	業務又は作業の内容	特定業務・給付基礎日額
異動年月日　令和6年6月1日 中小事業主又は一人親方との関係（地位又は続柄） 1 本人 ③ 役員（取締役）5 家族従事者 氏名 ヤスカワ タケル　安川 猛 生年月日　昭和44年8月8日	建築物の塗装 労働者の始業及び終業の時刻（中小事業主のみ） 8時30分〜17時30分	除染作業 1有 ③無　従事する特定業務 1 粉じん 3 振動工具 5 鉛 ⑦有機溶剤 9 該当なし 業務歴 最初に従事した年月 平成2年4月 従事した期間の合計 33年間1ヶ月 希望する給付基礎日額 14,000円
異動年月日　年月日 中小事業主又は一人親方との関係（地位又は続柄） 1 本人 3 役員 5 家族従事者 フリガナ 氏名 生年月日　年月日	業務又は作業の具体的内容 労働者の始業及び終業の時刻（中小事業主のみ） 時分〜時分	除染作業 1有 3無　従事する特定業務 1 粉じん 3 振動工具 5 鉛 7 有機溶剤 9 該当なし 業務歴 最初に従事した年月 年月 従事した期間の合計 年間ヶ月 希望する給付基礎日額 円

変更決定を希望する日（変更届提出の翌日から起算して30日以内）　　令和6年6月1日

脱退申請の場合

以下の*欄は、承認を受けた事業に係る特別加入者の全員を特別加入者でないこととする場合に限って記載すること。

*申請の理由（脱退の理由）	*脱退を希望する日（申請日から起算して30日以内） 年月日

上記のとおり　変更を生じたので届けます。
特別加入脱退を申請します。

令和6年5月23日
東京　労働局長　殿

〒 101-○○○○　電話（03 ）XXXX-XXXX
住所　東京都千代田区神田○-□-X
事業主の氏名　安川塗装株式会社 代表取締役　安川 幸一
（法人その他の団体であるときはその名称及び代表者の氏名）

折り曲げる場合には（▶）の所で折り曲げてください。

労働者災害補償保険 特別加入に関する変更届
特別加入脱退申請書（中小事業主等及び一人親方等）

◎裏面の注意事項を読んでから記載してください。
※印の欄は記載しないでください。（職員が記載します。）

帳票種別
| 3 | 6 | 2 | 4 | 1 |

特別加入の承認に係る事業

労働保険番号
府県	所掌	管轄	基幹番号	枝番号
1 3	3 1	7 9 3	4 7 6 0 0	1 1

※受付年月日　9令和

元号　年　　月　　日

事業の名称　株式会社山口製作所

事業場の所在地　東京都三鷹市下連雀△-0

今回の変更届に係る者　合計：1人
内訳（変更：0人、脱退：0人、加入：1人）　*この用紙に記載しきれない場合には、別紙に記載すること。

変更届の場合（特別加入者のうち一部に変更がある場合）

変更年月日	変更を生じた者の フリガナ 氏名	中小事業主は一人親方との関係（地位又は続柄） 変更前	業務又は作業の内容 変更前
年月日 生年月日	変更後の フリガナ 氏名	変更後 1 本人 3 役員 5 家族従事者	変更後
※整理番号			

変更年月日	変更を生じた者の フリガナ 氏名	中小事業主は一人親方との関係（地位又は続柄） 変更前	業務又は作業の内容 変更前
年月日 生年月日	変更後の フリガナ 氏名	変更後 1 本人 3 役員 5 家族従事者	変更後
※整理番号			

| （特別）加入者でなくなった者 年月日 | フリガナ 氏名 | 生年月日 年月日 | ※整理番号 |
| 異動年月日 | フリガナ 氏名 | 生年月日 年月日 | ※整理番号 |

特別加入者の異動（新たに特別加入者になった者）

特別加入予定者	業務又は作業の内容		特定業務・給付基礎日額
異動年月日 中小事業主は一人親方との関係（地位又は続柄）	業務又は作業の具体的内容	除染作業 従事する特定業務 1 粉じん 3 振動工具 5 鉛 7 有機溶剤 9 該当なし 1 有 3 無	業務歴 最初に従事した年月 年月 従事した期間の合計 年間 ヶ月 希望する給付基礎日額 円
フリガナ 氏名 1 本人 3 役員 5 家族従事者 生年月日 年月日	労働者の始業及び終業の時刻（中小事業主等のみ） 時分～時分		
異動年月日 中小事業主は一人親方との関係（地位又は続柄）	業務又は作業の具体的内容	除染作業 従事する特定業務 1 粉じん 3 振動工具 5 鉛 7 有機溶剤 9 該当なし 1 有 3 無	業務歴 最初に従事した年月 年月 従事した期間の合計 年間 ヶ月 希望する給付基礎日額 円
フリガナ 氏名 1 本人 3 役員 5 家族従事者 生年月日 年月日	労働者の始業及び終業の時刻（中小事業主等のみ） 時分～時分		
変更決定を希望する日（変更届提出の翌日から起算して30日以内）			年月日

脱退申請の場合

以下の*欄は、承認を受けた事業に係る特別加入者の全員を特別加入者でないこととする場合に限って記載すること。

*申請の理由（脱退の理由）	*脱退を希望する日（申請日から起算して30日以内）
特別加入者が直接業務に従事することがなくなったため。	令和6年 6月 1日

上記のとおり　変更を生じたので届けます。
特別加入脱退を申請します。

令和6年 5月 23日

東京　労働局長　殿

〒 101-0000　電話（042）XXX-XXXX

住所　東京都三鷹市下連雀△-0

事業主の氏名　株式会社山口製作所 取締役社長 山口良一
（法人その他の団体であるときはその名称及び代表者の氏名）

折り曲げる場合には（▶）の所で折り曲げてください。

ついて行わなければなりません。

(ロ) 脱退をしようとする中小事業主は、「特別加入脱退申請書」（告示様式第34号の8、145ページ記入例参照）を所轄労働基準監督署長を経由して所轄労働局長に提出しなければなりません。なお、中小事業主等の脱退日は、その申請日より30日以内で申請者の希望する日であり、脱退の手続を行ったときは特別加入者たる地位はその承認日の翌日に消滅することになります。

ハ　特別加入承認の取消し

(イ) 取消し

　中小事業主等が、徴収法、同施行規則、労災保険法および同施行規則に違反したときは、その承認の取消しを受けることがあります。その場合には特別加入者としての地位も当然に消滅します。

(ロ) 自動消滅

　次の場合には、特別加入者としての地位が自動的に消滅します。

　　a　特別加入者としての条件に該当しなくなったとき（労災保険法第33条の第1号または第2号に該当しなくなったとき）

　　b　事業を廃止または終了したとき

3　一人親方等の特別加入

（1）特別加入者の範囲

(イ) 特別加入をすることができる一人親方その他の自営業者は、次に掲げる種類の事業を常態として労働者を使用しないで行う者に限られております。

　　㋑　自動車を使用して行う旅客または貨物の運送または原動機付自転車若しくは自転車を使用して行う貨物の運送の事業＝これには個人タクシー業者、個人貨物運送業者、フードデリバリーサービス等の自転車配達員等が該当します。

　　㋺　建設の事業（土木、建築、その他の工作物の建設、改造、保存、現状回復、修理、変更、破壊もしくは解体またはその準備の事業をいいます）＝これに該当するものは大工、とび、左官等があります。

㈩ 漁船による水産動植物の採捕の事業＝漁船に乗り組んで水産動植物の採捕の事業を行う方に限ります。

㈡ 林業の事業＝これは立木の伐採、造林、木炭または薪を生産する事業その他林業を行う者が該当します。

㈭ 医薬品の配置販売の事業＝薬機法第30条の許可を受けて、自ら医薬品の配置販売を行っている者が該当します。

㈮ 再生資源取扱いの事業＝再生利用を目的とした廃棄物等の収集、運搬、選別、解体等の事業を行う者が該当します。

㈷ 船員法第1条に規定する船員が実施する事業を行う者＝漁業、貨物運送業、旅客船事業など様々な事業が含まれます。

㈠ 柔道整復師法第2条に定める柔道整復師の事業＝厚生労働大臣の免許を受けて、柔道整復を業とする者が該当します。

㈽ 創業支援等措置に基づき高年齢者が行う事業＝高年法の規定に基づき、委託契約その他の契約により事業を行う高年齢者が該当します。

(ヌ) あん摩マツサージ指圧師、はり師、きゆう師等に関する法律に基づくあん摩マツサージ指圧師、はり師又はきゆう師が行う事業＝厚生労働大臣の免許を受けたあん摩マッサージ指圧師、はり師、きゅう師が該当します。

(ル) 歯科技工士法第2条に規定する歯科技工士が行う事業＝歯科技工士法に規定する歯科技工士の免許を有し、歯科技工を業とする者が該当します。

※令和6年に上記に加え、「フリーランス法に規定する、特定受託事業者が業務委託事業者から業務委託を受けて行う事業」が追加される予定です。

一人親方その他の自営業者の特別加入については、前述のとおり常態として労働者を使用しないで事業を行うものであることが必要であり、労働者を使用し、その日の合計が年間100日以上と見込まれるものは、一人親方その他の自営業者としては特別加入が認められません。

(ロ) 一人親方その他の自営業者が行う事業に従事する者とは、労働者以外の者でその事業に従事している家族従事者がこれに該当します。なお、家族従事者については、中小事業主等の特別加入の場合と同様ですので、137ページを参照してください。

（2）特別加入申請手続

　一人親方等の特別加入については、中小事業主等の特別加入の場合と異なり労働者についての保険関係がありませんので、一人親方等の団体を適用事業の事業主、その団体の構成員である一人親方等を労働者とみなして保険関係を成立させることになります。

イ　特別加入に当たって必要なこと

(イ) 団体の構成員であること

　　一人親方等の特別加入は、その一人親方等の所属する団体が加入の単位となります。一人親方等の団体が法人であるか任意の団体であるかは問いません。

　　なお、一人親方等が同種の事業に関して2以上の団体に所属している場合には、いずれか一方の団体の構成員として特別加入することとなり、重ねて特別加入することはできません。

(ロ) 特別加入のための団体としての必要条件

　　一人親方等が特別加入するためには、まず、それらの者が構成員になる団体が必要です。この団体は特別加入が認められますと、事業主として保険料の納付等一切の労働保険事務を処理することになりますから、(3) で説明する基準に適合することが必要となるわけです。

(ハ) 健康診断証明書の提出

　　特別加入者として保険給付を受けることができるのは、中小事業主等の場合と同様、特別加入後の業務に起因した疾病や負傷に限定されています。

　　したがって、特別加入前に既に疾病にり患していた場合や特別加入前の負傷については保険給付の対象となりません。このため特別加入前に 138 ページの㋐〜㋩に掲げる業務歴および従事期間がある者については、特別加入申請の際、所定の健康診断証明書を提出しなければなりません。

ロ　特別加入のための申請手続

(イ) 特別加入するには、一人親方等の団体が「特別加入申請書（一人親方等）」（告示様式第 34 号の 10、150 ページ記入例参照）を所轄労働基準監督署長を経由して所轄労働局長に提出し、その承認を受けることが必要です。この場合の提出先は、団体の主たる事務所の所在地

を管轄する労働基準監督署長になります。

(ロ) この申請書には、次の書類を添付しなけばなりません。

・定款、規約等団体の目的、組織、運営等を明らかにする書類

・業務災害の防止に関する措置およびその事項を記載した書類（災害防止規程例、151 ～ 152 ページ参照）

なお、個人タクシー、個人貨物運送業者、医薬品の配置販売業者、および船員については、道路交通法、道路運送法、道路運送車両法、船員労働安全規則等により安全に関する規制が行われていますので、添付しなくても差し支えありません。

ハ 「特別加入申請書（一人親方等）」の記入に当たっての注意

(イ) 申請書の「**特別加入予定者の氏名**」欄、「**業務歴**」欄および「**希望する給付基礎日額**」欄の記入等は、中小事業主等の場合と同様です（139 ページ記入例参照）。

(ロ)「**業務又は作業の内容**」欄については、次の範囲内で具体的に記入することが必要です。

a 自動車を使用して行う旅客の運送の事業を行う者およびその事業に従事する者については、免許を受けた事業の範囲内において、旅客を運送するために事業用自動車を運転する業務

b 自動車を使用して行う貨物の運送の事業を行う者およびその事業に従事する者については、許可を受けた事業の範囲内において、貨物を運送するために事業用自動車を運転する業務（運転補助業務を含む）、およびこれに直接付帯する貨物取扱いの業務

c 軽貨物運送の届出の対象外で、業務に係る許可書等の書類がない者については、その使用する車両種別

d 建設の事業を行う者およびその事業に従事する者については、その者の職種の範囲内において、請負契約の目的である仕事の完成のために行う業務

e 漁船による水産動植物の採捕の事業を行う者およびその事業に従事する者については、水産動植物の採捕のために漁船に乗り組んで行う業務

f 林業の事業を行う者およびその事業に従事する者については、主として従事している林業の種類およびこれに使用する機械の種類

労働者災害補償保険　特別加入申請書（一人親方等）

帳票種別
3 6 2 2 1

◎裏面の注意事項を読んでから記載してください。
※印の欄は記載しないでください。（職員が記載します。）

① 申請に係る事業の労働保険番号

府県	所掌	管轄	基幹番号	枝番号
1 3	1	0 1	0 0 0 0 0 0	0 0 0

※受付年月日　9 令和　元号　年　月　日

② 特別加入団体

名称（フリガナ）	カワサキケンセツギョウキョウドウクミアイ	
名称（漢字）	川崎建設業協同組合	
代表者の氏名	組合長　木島　直行	
事業又は作業の種類	建設の事業	※特定業種区分

③ 特別加入予定者　加入予定者数　計 3 名

*この用紙に記載しきれない場合には、別紙に記載すること。

特別加入予定者	業務又は作業の内容			特定業務・給付基礎日額	
フリガナ ショウジ サトシ 氏名 **庄司　敏** 生年月日 昭和43年 4月 12日	法第33条第3号に掲げる者との関係 ①本人 5 家族従事者 （　　　）	業務又は作業の具体的内容 **大工（住宅の建設）**	除染作業 1 有 ③無	従事する特定業務 1 粉じん 3 振動工具 5 鉛 7 有機溶剤 ⑨ 該当なし	業務歴 最初に従事した年月 　年 　月 従事した期間の合計 　年間 　ヶ月 希望する給付基礎日額 **16,000** 円
フリガナ ショウジ マサアキ 氏名 **庄司　正明** 生年月日 平成8年 8月 24日	法第33条第3号に掲げる者との関係 1 本人 ⑤ 家族従事者 （　息子　）	業務又は作業の具体的内容 **大工（住宅の建設）**	除染作業 1 有 ③無	従事する特定業務 1 粉じん 3 振動工具 5 鉛 7 有機溶剤 ⑨ 該当なし	業務歴 最初に従事した年月 　年 　月 従事した期間の合計 　年間 　ヶ月 希望する給付基礎日額 **16,000** 円
フリガナ カワハラ ヤスオ 氏名 **河原　康夫** 生年月日 昭和51年 6月 18日	法第33条第3号に掲げる者との関係 ①本人 5 家族従事者 （　　　）	業務又は作業の具体的内容 **とび** （鋲打ち機を使用しての 鉄筋の鋲打ち等）	除染作業 1 有 ③無	従事する特定業務 1 粉じん ③ 振動工具 5 鉛 7 有機溶剤 9 該当なし	業務歴 最初に従事した年月 平成12年 4月 従事した期間の合計 33 年間 　ヶ月 希望する給付基礎日額 **16,000** 円
フリガナ 氏名 生年月日 　年 　月 　日	法第33条第3号に掲げる者との関係 1 本人 5 家族従事者 （　　　）	業務又は作業の具体的内容	除染作業 1 有 3 無	従事する特定業務 1 粉じん 3 振動工具 5 鉛 7 有機溶剤 9 該当なし	業務歴 最初に従事した年月 　年 　月 従事した期間の合計 　年間 　ヶ月 希望する給付基礎日額 　円
フリガナ 氏名 生年月日 　年 　月 　日	法第33条第3号に掲げる者との関係 1 本人 5 家族従事者 （　　　）	業務又は作業の具体的内容	除染作業 1 有 3 無	従事する特定業務 1 粉じん 3 振動工具 5 鉛 7 有機溶剤 9 該当なし	業務歴 最初に従事した年月 　年 　月 従事した期間の合計 　年間 　ヶ月 希望する給付基礎日額 　円

④ 添付する書類の名称

団体の目的、組織、運営等を明らかにする書類	川崎建設業協同組合規約
業務災害の防止に関する措置の内容を記載した書類	川崎建設業協同組合災害防止規定

⑤ 特別加入を希望する日（申請日の翌日から起算して30日以内）　令和 6年 5月 1日

上記のとおり特別加入の申請をします。

令和 6年 4月 20日

神奈川　労働局長　殿

団体の名称　川崎建設業協同組合

団体の主たる事務所の所在地
〒211-××××　電話（044）△△△-×○×○
川崎市中原区今井南町○-×

代表者の氏名　組合長　木島　直行

折り曲げる場合には（▶）の所で折り曲げてください。

○○作業における災害防止のための規定を次のとおり定める。

第1　安全管理

1　組合に安全管理担当者(理事のうちから組合長が委嘱する)をおき、組合員の安全管理を行う。

2　安全管理担当者は作業場、作業方法等について定期的に点検を実施するほか、組合員の安全作業に関する教育訓練の責任を有し、発生した災害原因の調査および対策を行うものとする。

3　組合員は安全管理担当者の指示に従うことはもちろん、進んで災害防止に努力しなければならない。

第2　衛生管理

1　組合に衛生管理担当者(理事のうちから組合長が委嘱する)をおき、組合員の衛生管理を行う。

2　衛生管理担当者は作業条件、施設等の衛生上の改善、衛生教育、健康相談その他組合員の健康保持のための措置を行うものとする。

3　組合員は衛生管理担当者の指示に従うことはもちろん、進んで衛生管理に努めなければならない。

第3　安全作業

1　組合員は作業前に準備体操を行うこと。

2　作業前にその日の作業内容を熟知し、材料、器具の点検を確実に行うほか作業服装に注意すること。

3　作業足場についてはとくに次の点に注意すること。

　(イ) 足場に使用する材料は損傷、変形、腐蝕がないかどうか点検する。

　(ロ) 抱き足場は使用しない。

　(ハ) 鋼管足場は継手、金具等のゆるみがないか点検する。

　(ニ) 材料としての足場板は幅20cm以上、厚さ3.5cm以上、長さ3.6m以上のものを使用する。

　(ホ) 足場の構造および材料に応じて作業床の最大積載荷重を定め、かつこれを超えて積載しない。

　(ヘ) つり足場については動揺、転位等を防止するための措置を講じる。

4　腕木、布、はり、脚立その他の作業床の支持物は荷重によって破壊することのないよう注意すること。

5　床材は転位、脱落しないよう2以上の支持物に取り付けてあるかどうか点検すること。

6　乗降のためやむを得ない場合を除いては、他の足場、脚立、はしご等を支持台としないこと。

7　材料、器具、工具等を上げ下げする場合は、つり綱、つり袋等を使用すること。

8　命綱、保護帽等の保護具は、作業の状況に応じ着実に使用すること。

9　倒壊を防止する筋かい、壁つなぎまたは控の安全を点検すること。

10　感電事故のおそれのある作業においては、絶縁管、絶縁覆等を表着し接触による危険を防止すること。なお、可能な限り電源を切って作業すること。

11　材料の製作運搬等のためミキサー、ウインチ、砂フルイ器等を使用する時は、点検等によって危険を防止すること。

12　暴風雨等悪天候のため作業の危険が予想されるときは作業を中止すること。

第4　衛生措置

1　組合員は毎年10月、組合で実施する定期の健康診断を受けなければならない。

2　組合員は常に自らの健康管理に留意し心身の過労を戒めること。

3　暑熱、寒冷、多湿、その他衛生上有害な作業場においては、とくに作業時間、作業方法、作業終了の措置等について配慮すること。

第5　その他

以上のほか、労働安全衛生法、労働安全衛生規則の「安全衛生管理体制」「原動機及び動力伝導装置」「機械装置」「型わく支保工」「足場」「墜落防止」「崩壊、落下の予防」「電気災害の防止」「保護具」「火災及び爆発の防止」等の条項を遵守すること。

(以上)

※構成員である特別加入者が原状回復の業務または除染を目的とする原状回復以外の業務を行う場合には、「除染等業務に従事する労働者の放射線障害防止のためのガイドライン」に従って項目を追加する必要があります。

g 医薬品の配置販売の事業を行う者およびその事業に従事する者については、医薬品の配置販売の業務および都道府県知事より受けている医薬品の配置販売業の許可番号

h 再生資源取扱いの事業を行う者およびその事業に従事する者については、特別加入者が行う作業の内容、年間の従事日数、通常の就業時間および主として取り扱う再生資源の種類

i 船員法の適用のある船舶に乗り組んでいる業務（恣意的行為等積極的な私的行為を除く）

（3）特別加入の承認基準

一人親方等の特別加入の承認は、次のすべての基準に合致することが必要です。

㋑ 加入申請をする団体は、一人親方その他の自営業者の相当数を構成員とするものであること

㋺ 団体は、法人でも任意団体でもかまいませんが、構成員の範囲、構成員である地位の得喪の手続き等が明確であること。その他、その団体の組織、運営方法等が整備されていること

㋩ 労働保険事務処理の行為が、その団体の定款、規約等で規定されている事業目的、内容からいって正当なものと認められること

㋥ その団体の事務体制、財務内容等からみて、労働保険事務を確実に処理する能力があること

㋭ その団体地区が、団体の主たる事務所の所在地を中心とした隣接する都道府県労働局の管轄区域一覧表に定める区域（232ページ参照）を超えないものであること

　　ただし、地域ブロック（北海道、関東、九州など9ブロック）ごとに、少なくとも年1回、特別加入者に対して、災害防止等に関する研修会等に参加する機会を提供する団体は、この限りではありません

㋬ 特別加入申請書別紙の記入する業務または作業の内容が、前記(2)のハの(ロ)の範囲内において、各人の業務または作業の具体的内容を明らかにするものであること

（4）特別加入の制限

(イ) 一人親方等の特別加入については、一定の加入制限があります。すなわち、前記の旅客自動車運送事業、貨物自動車運送事業、建設の事業、漁船による漁業、林業、医薬品配置販売の事業、再生資源取扱いの事業、船員法第1条に規定する船員が実施する事業、柔道整復師の行う事業および創業支援等措置に基づき高年齢者が行う事業以外の者は一人親方等として特別加入できないことは当然であり、またそれらの区分による同種の事業については、2以上の団体の構成員となっていても重ねて特別加入することはできません。

ただし、異なる種類の事業について2以上の団体の構成員となっている場合に、重ねて特別加入することは差し支えありません。

(ロ) 一人親方等の特別加入者であって、健康診断証明書の内容から、その症状または障害の程度が一般的に就労することが困難であり、療養に専念しなければならないと認められる場合は、従事する業務に関わらず特別加入は認められません。また特別加入者の症状または障害の程度が、特別加入者として従事する予定の業務からの転換を必要とすると認められる場合は、当該業務に係る特別加入は認められないことになります。

（5）給付基礎日額

一人親方等の特別加入者の給付基礎日額については、中小事業主等の場合と同様ですので 141 ページを参照してください。

ただし給付基礎日額の変更を希望する場合は、「給付基礎日額変更申請書」（155 ページ記入例参照）4部を6月1日から7月 10 日までの間 [注] に、所轄労働基準監督署長を経由して所轄労働局長に提出しなければなりません。したがって、申請にあたっては特別加入の承認を受けた一人親方等の団体は、変更希望の有無について一人親方等から報告を受ける必要があります。

なお、給付基礎日額の決定は特別加入の承認と同時に行われ、特別加入者の所属する団体に通知されます。

(注) 平成 24 年度からは、上記期間に加え前年度の3月 18 日（平成 27 年度から3月2日）から3月 31 日までの間に事前申請することも可能となっています。

労働者災害補償保険 給付基礎日額変更申請書
（特別加入）

労働保険番号

帳票種別
3 6 2 4 5

労働保険番号

府県	所掌	管轄	基幹番号	枝番号
1 1	1	0 1	9 0 1 7 2 8	0 0 1

※印の欄は記載しないでください。（職員が記載します。）

※受付年月日　9 令和

元号	年	月	日
1～9月は右へ	1～9月は右へ	1～9月は右へ	

埼玉 労働局長　殿

令和6 年 6 月 1 日

郵便番号 336 - △△△△　電話番号 048 - ××× - 〇〇〇〇

住　所　さいたま市浦和区岸町〇-×

保険加入者の
氏　名　　浦和建設業協同組合
　　　　　組合長　　小林　輝夫

（法人その他の団体のときはその名称及び代表者の氏名）

下記のとおり給付基礎日額の変更を申請します。

（ 1 枚の内 1 枚目）

※ 整 理 番 号	変 更 を 希 望 す る 特 別 加 入 者 の 氏 名	現在の給付基礎日額	今 回 希 望 す る 給 付 基 礎 日 額
6	山本　正三	14,000	16,000
8	金子　和広	14,000	16,000
1 4	井上　国光	14,000	16,000
1 7	平川　孝三	14,000	16,000

［注意］
1. 変更を希望する特別加入者が多数おり氏名欄に記載することができない場合は、続紙を付して記載すること。
2. 「保険加入者の氏名」の欄は、記名押印することに代えて、自筆による署名をすることができる。

（6）特別加入者の保険料（第2種特別加入保険料）

イ　保険料率

　　一人親方等については、一人親方その他の自営業者の団体ごとに、「第2種特別加入保険料率表」（下表を参照）に定める保険料率が適用されます。

第2種特別加入保険料率表（令6.4.1）

事業又は作業の種類の番号	事　業　又　は　作　業　の　種　類	保険料率
特1	自動車を使用して行う旅客又は貨物の運送または原動機付自転車若しくは自転車を使用して行う貨物の運送の事業	1000分の11
特2	建設の事業	1000分の17
特3	漁船による水産動植物の採捕の事業	1000分の45
特4	林業の事業	1000分の52
特5	医薬品の配置販売の事業	1000分の6
特6	再生資源取扱いの事業	1000分の14
特7	船員の事業	1000分の48
特8	柔道整復師の事業	1000分の3
特9	高年法に規定する創業支援等措置に基づき、委託契約その他の契約により高年齢者が行う事業	1000分の3
特10	あん摩マツサージ指圧師、はり師又はきゆう師の事業	1000分の3
特11	歯科技工士の事業	1000分の3
特12	指定農業機械作業従事者	1000分の3
特13	求職者を作業環境に適応させるための訓練として行われる作業	1000分の3
特14	家内労働者及び補助者が行う次の作業 イ　プレス機械、型付け機、型打ち機、シャー、旋盤、ボール盤又はフライス盤を使用して行う金属、合成樹脂、皮、ゴム、布又は紙の加工の作業 ロ　研削盤若しくはバフ盤を使用して行う研削若しくは、研磨又は溶融した鉛を用いて行う金属の焼入れ若しくは焼きもどしの作業であって、金属製洋食器、刃物、バルブ又はコックの製造又は加工に係るもの	1000分の14

特15	家内労働者及び補助者が行う次の作業 労働安全衛生法施行令別表第6の2に掲げる有機溶剤若しくは有機溶剤中毒予防規則（昭和47年労働省令第36号）第1条第1項第2号の有機溶剤含有物又は特定化学物質障害予防規則（昭和47年労働省令第39号）第2条第1項第3号の3の特別有機溶剤等を用いて行う作業であって、化学物質製、皮製若しくは布製の履物、鞄、袋物、服装用ベルト、グラブ若しくはミット又は木製若しくは合成樹脂製の漆器の製造又は加工に係るもの	1000分の5
特16	家内労働者及び補助者が行う次の作業 じん肺法第2条第1項第3号の粉じん作業又は労働安全衛生法施行令別表第4第6号の鉛化合物を含有する釉薬を用いて行う施釉若しくは鉛化合物を含有する絵具を用いて行う絵付けの作業若しくは当該施釉若しくは絵付けを行った物の焼成の作業であって陶磁器の製造に係るもの	1000分の17
特17	家内労働者及び補助者が行う次の作業 動力により駆動される合糸機、糸機又は織機を使用して行う作業	1000分の3
特18	家内労働者及び補助者が行う次の作業 木工機械を使用して行う作業であって、仏壇又は木製若しくは竹製の食器の製造又は加工に係るもの	1000分の18
特19	求職者の就職を容易にするために必要な技能を習得させるための職業訓練であって事業主又は事業主の団体に委託されるもの（厚生労働大臣が定めるものに限る）として行われる作業	1000分の3
特20	特定農作業従事者	1000分の9
特21	労働組合等の常勤役員	1000分の3
特22	介護作業従事者及び家事支援従事者	1000分の5
特23	芸能従事者	1000分の3
特24	アニメーション制作従事者	1000分の3
特25	情報処理システムの設計等の情報処理に係る作業従事者	1000分の3

※令和6年に上記に加え、「労災保険法施行規則第46条の17第12号の事業（フリーランス法に規定する、特定受託事業者が業務委託事業者から業務委託を受けて行う事業）」が追加（料率1000分の3）される予定です。

ロ　賃金総額

　一人親方等の団体は継続事業として扱われますから、その年度における特別加入者各人の給付基礎日額に応じて定められている「保険料算定基礎額」を合計した額が、特別加入保険料算定のための賃金総額となります。この「保険料算定基礎額」は、原則として「特別加入保険料算定基礎額表」に定められた額によることとなっていますが、保険年度の中途に新たに特別加入が認められた場合および中途で特別加入を脱退した場合については、「保険料算定基礎額」を 12 で除した額（1 円未満切上げ。「特別加入保険料算定基礎額表」中にある「特例による 1/12 の額」141 ページ参照）にその特別加入期間の月数（月の中途に加入、脱退等がある場合は、それぞれの属する月を 1 月とする）を乗じて得た額が、その特別加入者の保険料算定のための賃金総額となります。

ハ　労働保険料の納付

　一人親方等の第 2 種特別加入保険料については、特別加入の承認を受けたこれらの者の団体がその事業主となり、特別加入者はその団体に使用される労働者とみなされますから、労働保険料の納付義務はその団体が負うことになります。

　その団体が、特別加入者から第 2 種特別加入保険料相当額を徴収する方法については、その団体の内部規約で定めればよいわけです。

（7）特別加入後の変更・脱退手続

イ　特別加入に関する変更の手続

(イ) 一人親方等の特別加入について変更が生じたときは、中小事業主等の特別加入のときと同様に「特別加入に関する変更届」により遅滞なく届け出ることが必要です（144 ページ参照）。

(ロ) 新たに特別加入者となった者に係る承認通知は、特別加入者の所属する団体または事務組合に通知されます。

　なお、新たに特別加入者となった者に係る賃金総額の見込額が、年度当初の申告当時より 2 倍以上増加し、かつ、増加後の見込額に基づき算定した概算保険料とすでに納付した概算保険料の額との差額が 13 万円以上となった場合には、増加した日から 30 日以内に「増加概算保険料」の申告・納付をしなければなりません。

ロ　脱退の条件と手続

　　脱退をしようとする団体は、「特別加入脱退申請書」（145 ページ記
入例参照）を、所轄労働基準監督署長を経由して所轄労働局長に提出し
なければなりません。なお一人親方等の脱退日は、その申請日から 30
日の範囲内で申請者の希望する日であり、脱退の手続を行ったときは特
別加入者たる地位は、その承認日の翌日に消滅することになります。

ハ　特別加入承認の取消し

(イ) 取消し

　　一人親方その他の自営業者の団体が、徴収法、同施行規則、労災保
険法および同施行規則に違反したときは、その承認の取消しを受ける
ことがあります。その場合には、特別加入者としての地位も当然に消
滅します。

(ロ) 自動消滅

　　次の場合には特別加入者としての地位が自動的に消滅します。

- ・特別加入者としての要件に該当しなくなったとき（労災保険法第
33 条第 3 号または第 4 号に該当しなくなったとき）
- ・一人親方その他の自営業者が、その団体の構成員でなくなったと
き
- ・事業を廃止または終了したとき（一人親方その他の自営業者の団
体の解散は、事業の廃止とみなされます（労災保険法第 35 条第
1 項第 4 号））

4 特定作業従事者の特別加入

（1）特別加入者の範囲

特別加入をすることができる特定作業従事者は、次の種類の作業に従事する者に限られております。

イ 特定農作業従事者

厚生労働大臣が定める規模の事業場において、土地の耕作もしくは開墾、植物の栽培もしくは採取、または家畜（家きんおよびみつばちを含む）もしくは蚕の飼育の作業のいずれかを行う自営農業者であって、次の作業に従事する者に限られます。

- ・動力により駆動する機械を使用する作業
- ・高さが2メートル以上の箇所における作業
- ・労働安全衛生法施行令別表第6第7号に掲げる酸素欠乏危険場所における作業
- ・農薬散布の作業
- ・牛、馬、または豚に接触し、または接触する恐れのある作業

なお、厚生労働大臣が定める規模は、経営耕地面積が2ヘクタール以上、または一年間における農業生産物（畜産および養蚕によるものを含む）の総販売額が300万円以上とされています。

ロ 指定農業機械作業従事者

農業における土地の耕作、開墾、または植物の栽培もしくは採取の作業で、厚生労働大臣が定める種類の機械（重度災害の発生のおそれのある農業機械）を使用して農作業に従事する者をいい、養蚕や養畜の作業に従事する者は該当しません。

厚生労働大臣が定める機械の種類としては、次に掲げるものが定められています。

- (A) 動力耕うん機その他の農業用トラクター（耕うん整地用機具、栽培管理用機具、防除用機具、収穫調整用機具または運搬用機具が連結され、または装着されたものを含む）
- (B) 動力溝掘機
- (C) 自走式田植機

(D) 自走式スピードスプレーヤーその他の自走式防除用機械

(E) 自走式動力刈取機、コンバインその他の自走式収穫用機械

(F) トラックその他の自走式運搬用機械

(G) 次の定置式または携帯式機械

  a　動力揚水機

  b　動力草刈機

  c　動力カッター

  d　動力摘採機

  e　動力脱穀機

  f　動力剪定機

  g　動力剪枝機

  h　チェーンソー

  i　単軌条式運搬機

  j　コンベヤー

(H) 航空法に規定する無人航空機

上記以外の農業機械（携帯用噴霧機、携帯用散粉機、電動機、発動機、製縄機、精米機等）は除外されます。

ハ　国または地方公共団体が実施する訓練従事者

国または地方公共団体が実施する訓練従事者には、以下のものがあります。

・職場適応訓練従事者

国または地方公共団体が実施する求職者を作業環境に適応させるための訓練として行われる作業に従事する者をいいます。

・事業主団体等委託訓練従事者

国または地方公共団体が実施する求職者の就職を容易にするために必要な技能を習得させるための職業訓練であって、事業主または事業主の団体に委託されるもの（教育訓練を行うための施設において主として実施される職業訓練は除かれます）として行われる作業に従事するものをいいます。

ニ　家内労働者およびその補助者

家内労働法第2条第2項の「家内労働者」および同条第4項の「補助者」（「補助者」とは家内労働者の同居の親族であって、その家内労働者の従

事する業務を補助する者。以下「家内労働者およびその補助者」は「家内労働者等」といいます）で、次の種類の作業に常態として従事する者に限られています。

　なお、家内労働者とは、家内労働法第2条第3項に定める委託者から労働の対価を得るために、その業務の目的物たる物品について委託を受けて物品の製造または加工等に従事する者で、その業務については同居の親族以外の者を使用しないことを常態とする者をいいます。

・プレス機械、型付け機、型打ち機、シャー、旋盤、ボール盤またはフライス盤を使用して行う金属、合成樹脂、皮、ゴム、布または紙の加工の作業

・研削盤やバフ盤を使用して行う研削もしくは研磨、または溶融した鉛を用いて行う金属の焼入れ、もしくは焼きもどしの作業であって、金属製洋食器、刃物、バルブまたはコックの製造、または加工に係るもの

・労働安全衛生法施行令別表第6の2に掲げる有機溶剤や有機溶剤中毒予防規則第1条第1項第2号の有機溶剤含有物、特定化学物質障害予防規則第2条第1項第3号の3の特別有機溶剤等を用いて行う作業であって、化学物質製、皮製、布製の履物、鞄、袋物、服装用ベルト、グラブ、ミット、または木製もしくは合成樹脂製の漆器の製造または加工に係るもの

・じん肺法第2条第1項第3号の粉じん作業、または労働安全衛生法施行令別表第4第6号の鉛化合物を含有する釉薬を用いて行う施釉の作業、もしくは鉛化合物を含有する絵具を用いて行う絵付けの作業、もしくは当該施釉や絵付けを行った物の焼成の作業であって陶磁器の製造に係るもの

・動力により駆動される合糸機、撚糸機、または織機を使用して行う作業

・木工機械を使用して行う作業であって、仏壇または木製もしくは竹製の食器の製造または加工に係るもの

ホ　労働組合等常勤役員

　厚生労働大臣が定める労働組合等（常時労働者を使用するものを除く）の常勤役員で、その労働組合等の事務所や公共の施設等において次に掲

げる作業を行う者に限られます。
- ・労働組合等が主催もしくは共催する集会の運営作業
- ・労働組合法第6条、国家公務員法第108条の5または地方公務員法第55条の交渉の作業
- ・上記の他労働組合等の活動に係る作業

なお、厚生労働大臣が定める労働組合等とは、次のいずれかに該当し、社団として実体のあるものでなければなりません。
- ・労働組合法第2条および第5条第2項の規定に適合しているもの
- ・国家公務員法第108条の3第5項もしくは地方公務員法第53条第5項の規定により登録された職員団体
- ・職員団体等に対する法人格の付与に関する法律第5条により認証された職員団体等
- ・国会職員法第18条の2の組合であって労働組合法第5条2項各号（第8号を除く）に掲げる内容と同様の内容を規定する規約を有しているもの

ヘ　介護作業従事者及び家事支援従事者

平成30年4月1日から、特定作業従事者の加入範囲が拡大され、従来の「介護作業従事者」のグループに「家事支援従事者」が追加されました。

介護作業の範囲は、「日常生活を円滑に営むことができるようにするための必要な援助として行われる作業」と定義され、次の2種類に区分されることになりました。
- ・介護労働者法第2条第1項に規定する介護関係業務に係る作業であって、入浴、排せつ、食事等の介護その他の日常生活上の世話、機能訓練または看護に係るもの
- ・炊事、洗濯、掃除、買物、児童の日常生活上の世話および必要な保護その他家庭において日常生活を営むのに必要な行為

ト　芸能従事者

令和3年4月1日から、特定作業従事者の加入範囲が拡大され、「芸能従事者」と「アニメーション制作従事者」が追加されました。

芸能従事者の行う作業は、次のとおりです。
- ・放送番組（広告放送を含む）、映画、寄席、劇場等における音楽、演

芸その他の芸能の提供の作業又はその演出若しくは企画の作業であって、厚生労働省労働基準局長が定めるもの

チ　アニメーション制作従事者

アニメーション制作従事者の行う作業は、次のとおりです。

・アニメーションの制作の作業であって、厚生労働省労働基準局長が定めるもの

リ　情報処理システムの設計等の情報処理に係る作業従事者

令和3年9月1日から、特定作業従事者の範囲が拡大され、「情報処理システムの設計等の情報処理に係る作業従事者」が追加されました。情報処理システムの設計等の情報処理に係る作業従事者の行う作業は、次のとおりです。

・情報処理システム（ネットワークシステム、データベースシステム及びエンベデッドシステムを含む。）の設計、開発（プロジェクト管理を含む。）、管理、監査、セキュリティ管理若しくは情報処理システムに係る業務の一体的な企画その他の情報処理に係る作業であって、厚生労働省労働基準局長が定めるもの

・ソフトウェア若しくはウェブページの設計、開発（プロジェクト管理を含む。）、管理、監査、セキュリティ管理、デザイン若しくはウェブページに係る業務の一体的な企画その他の情報処理に係る作業であって、厚生労働省労働基準局長が定めるもの

（2）特別加入申請手続

特定作業従事者の特別加入は、一人親方の場合と同様にこれらの者の団体を適用事業とみなし、その団体の構成員である特定作業従事者を、その団体に使用される労働者とみなして労災保険法を適用することになります。

イ　特別加入に当たって必要なこと

(イ) 団体の構成員であること

特定作業従事者の特別加入は、その特定作業従事者の所属する団体が加入の単位となります。なお、特定作業従事者の団体が法人であるか、任意の団体であるかは問いません。

(ロ) 特別加入のための団体としての必要条件

特定作業従事者が特別加入するためには、それらの者を構成員とする団体が必要です。この特別加入のための団体の要件は、一人親方等の場合と同様です。

(ハ) 健康診断証明書の提出

一人親方等の場合と同様、特別加入前に 138 ページの⑦～㊁に掲げる業務歴および従事期間がある者については、特別加入申請の際、所定の健康診断証明書を提出しなければなりません。

なお、家内労働者については、申請前 6 カ月以内に診断項目・内容が所定の健康診断に相当する「家内労働者巡回特殊健康診断」を受診している場合には、その健診の証明書等を代用することができます。

ロ　加入のための申請手続

(イ) 特別加入申請書の提出

特別加入するには、特定作業従事者の団体が「特別加入申請書（一人親方等）」（150 ページ記入例参照）を所轄労働基準監督署長を経由して所轄労働局長に提出し、その承認を受けることが必要です。この場合の提出先は、団体の主たる事務所の所在地を管轄する労働基準監督署長になります。

(ロ)　申請書に添付する書類

この申請書には、次の書類を添付しなければなりません。

・定款、規約等団体の目的、組織、運営等を明らかにする書類
・業務災害の防止に関する措置およびその事項を記載した書類（災害防止規程例、166 ～ 168 ページ参照）

なお特定作業従事者である家内労働者については、家内労働法施行規則によって規制措置が設けられていますので、とくに業務災害防止措置の内容を記載した書類は必要とされていません。

ハ　「特別加入申請書（一人親方等）」の記入に当たっての注意

(イ) 申請書の「**特別加入予定者の氏名**」欄、「**希望する給付基礎日額**」欄および「**業務歴**」欄の記入等は、中小事業主等の場合と同様です（138 ページ参照）。

(ロ)「**業務又は作業の内容**」には、指定農業機械作業従事者についてはその使用する農業機械の種類を、また家内労働者については具体的作業内容、労働時間、年間作業従事（見込）日数等を記入することが必

※当該規程はあくまでも一例です。実際の規程
例作成時は最新の情報をご確認ください。

（目　　的）

第1条　この組合の組合員は、この規則を遵守して、農業労働災害を防
　　止し、安全確保に努めるものとする。

（定　　義）

第2条　この規則において農業機械とは、別表に定める農業機械をいう。
　　　この規則において農作業従事者とは、前項の農業機械を使用して農
　　作業に従事するものをいう。

（農作業に従事できない場合）

第3条　組合員は、心身に重大な欠陥があるため、安全性を守り得ない
　　場合には、農業機械を使用して農作業に従事しないものとする。

（農業機械の安全性）

第4条　組合員は、別に定める安全基準に適合した農業機械を使用して
　　農作業に従事するものとする。

（安全管理の指導）

第5条　組合員は、行政庁、都道府県農作業安全運動推進本部、農業協
　　同組合、農業機械銀行等が行う農作業の安全確保に関する指導を受け
　　るものとする。

（道路交通法並びに道路運送車両法の遵守）

第6条　農作業従事者は、その使用する農業機械が道路交通法（昭和
　　35年法律第105号）に定める自動車に該当し、同法に定める道路上
　　を運行する場合は、同法を遵守して道路における危険を防止し、その
　　他交通の安全と円滑を図るものとする。

　　　農作業従事者は、その使用する農業機械が道路運送車両法（昭和
　　26年法律第185号）に定める自動車に該当する場合は、同法に定め
　　る自動車に係る道路運送車両法保安基準に適合したものであって、車
　　両の登録整備等について同法を遵守するものとする。

（安全装置の管理）

第7条　農作業従事者は、農業機械の危険防止のため設けられた制動装
　　置、覆い、その他安全装置について次の事項を遵守するものとする。

1　安全装置を取り外し、または、その機能を失わせないこと。ただし、整備その他の特別の理由により臨時に安全装置を取り外す必要がある場合はこの限りでない。この場合において、その必要がなくなった後、ただちにこれを原状に復すること。

2　安全装置が機能を失ったことを発見した場合は、すみやかにその補修を行うこと。

（就業前の点検整備）

第8条　農作業従事者は、農業機械の原動機、操縦装置、制動装置、車輪または無限軌道、警音器、方向指示器、灯火装置、後写鏡、昇降装置、加圧装置の安全弁および作業機の連結または装着部ならびに燃料オイルおよび冷却水の有無について就業前に点検整備するものとする。

（転倒、スリップ等の防止）

第9条　農作業従事者は、農業機械の点検整備または車輪の交換もしくは作業機の着脱を行う場合は、地面の傾斜に注意し、起動スイッチを切り、かつ、制動装置を作動する等の方法により、これらの作業中に農業機械が転倒、スリップ、または暴走することのないよう措置するものとする。

（作業時の服装等）

第10条　農作業従事者は、頭髪または被服が農業機械に巻き込まれないよう服装に注意するとともに、災害防止に必要な保護具を着用するものとする。

（障害物に対する注意）

第11条　農作業従事者は、路面、ほ場および畦畔の乾湿、傾斜、凹凸等の状態およびかん排水溝その他の障害物の状態に注意して農作業を行うものとする。

（ラジエーター、バッテリー等の点検整備における注意）

第12条　農作業従事者は、ラジエーターの点検、冷却水の補充、バッテリーの点検、バッテリー液の補充、その他沸とうまたは爆発の危険が予想される作業を行う場合は、覆いをかけ、または十分に冷却しておく等、沸とうまたは爆発を防止する措置を講じた後にこれらの作業を行うものとする。

（夜間における照明）

第13条　農作業従事者が夜間に農作業を行う場合は、当該作業を安全に行うために必要な照明を用いるものとする。

（荷物の運搬、積下し）

第14条　農作業従事者は、運搬用機械で荷物を運搬する場合に、積載重量および容量をこえ、また積荷を片側に偏重させて積載しないものとする。

　　農作業従事者は、荷物の積下しを行う場合には、路面の傾斜、積荷の状態等に注意して、農業機械の転倒、スリップもしくは暴走または積荷の転落による危険を防止するものとする。

（耕うん、整地等の作業）

第15条　農作業従事者は、農業機械を使用して耕うん整地等の作業を行う場合は、石、木片等の発散による災害防止に努めるものとする。

（刈取機等の取扱い）

第16条　農作業従事者は、刈取機、モア、コンバイン等の切断歯を有する農業機械を運搬操作するときは、切断部に覆いをつける等により安全を確保するものとする。

（別表）

(A) 動力耕うん機、その他の農業用トラクター（耕うん整地用機具、栽培管理用機具、防除用機具、収穫調整用機具または運搬用機具が連結、装着されたものを含む）		
(B)(A) のほかに次の自走式機械	a　動力溝掘機 b　自走式田植機 c　自走式スピードスプレーヤー　その他の自走式防除用機械 d　自走式動力刈取機、コンバイン　その他の自走式収穫用機械 e　トラック　その他の自走式運搬用機械	
(C)(A)(B) のほか次の定置式または携帯式機械	a　動力揚水機 b　動力草刈機 c　動力カッター d　動力摘採機 e　動力脱穀機	f　動力剪定機 g　動力剪枝機 h　チェーンソー i　単軌条式運搬機 j　コンベヤー
(D) 無人航空機	農薬、肥料、種子もしくは融雪剤の散布または調査に用いるもの	

要です。

（3）特別加入の承認基準

(イ) 特定作業従事者の特別加入の一般的な承認基準は、一人親方等の場合と同様です（153 ページ参照）。

(ロ) 家内労働者等については、特別加入の承認はその保険年度の末日までの期限付きとなります。したがって継続して特別加入を希望する当該団体については、毎保険年度当初に承認申請を行う必要があります。

（4）特別加入の制限

(イ) 特定作業従事者の特別加入については、特定農作業従事者、指定農業機械作業従事者、国または地方公共団体が実施する訓練従事者、家内労働者およびその補助者、労働組合等の常勤役員、介護作業従事者および家事支援従事者、芸能従事者、アニメーション制作従事者、情報処理システムの設計等の情報処理に係る作業従事者に限られ、また、それぞれ同種の作業については、2 以上の団体の構成員となっていても、重ねて特別加入することはできません。

(ロ) 家内労働者等にあっては、家内労働法施行規則第 16 条に定める就業制限の規定が適用される次の者は特別加入することはできません。

- ・有機溶剤等を用いる作業については 18 歳未満の者
- ・鉛化合物を用いる作業については 18 歳未満の者および女子
- ・粉じん作業については 18 歳未満の者
- ・木工機械のうち特定の機械を用いる作業については 18 歳未満の者および女子

(ハ) 特別加入の申請前 1 年以内に、粉じん作業、溶融した鉛を用いて行う作業又は鉛化合物を含有する釉薬を用いて行う施釉等の作業、有機溶剤等を使用して行う作業に従事する者で、所定の検査を含む健康診断を行った家内労働者等であって、その健康診断の結果、粉じん作業に従事する者にあっては、管理 3 又は管理 4（合併症のある者を含む。）に相当する者、鉛又は鉛化合物若しくは有機溶剤等を用いる作業に従事する者にあってはこれらの有害物による中毒にり患していると認められる者は、特別加入することはできません。

(ニ) 特定作業従事者の特別加入者であって健康診断証明書の内容から、その症状または障害の程度が一般的に就労することが困難であり、療養に専念しなければならないと認められる場合は、従事する業務に関わらず特別加入は認められません。また特別加入者の症状または障害の程度が、特別加入者として従事する予定の業務からの転換を必要とすると認められる場合は、当該業務に係る特別加入は認められないことになります。

なお、家内労働者であって、上記により特別加入者として従事する予定の業務からの転換を必要とすると認められ、その症状または障害業務から他の業務に転換した場合に特別加入者となり得ない者については、特別加入することができません。

（5）給付基礎日額

特定作業従事者の給付基礎日額については、中小事業主等の場合および一人親方等の場合と同様です（141ページ）。（家内労働者については、2,000円、2,500円および3,000円の給付基礎日額も認められています）

（6）特別加入者の保険料

イ　保険料率

特定作業従事者については、特定作業従事者の団体ごとに、「第2種特別加入保険料率表」（156～157ページ参照）に定める保険料率が適用されます。

ロ　賃金総額

特定作業従事者の団体は一人親方等の場合と同様に継続事業として取り扱われますから、その年度における特別加入者各人の給付基礎日額に応じて定められている「保険料算定基礎額」を合計した額が、特別加入保険料算定のための賃金総額となります。この「保険料算定基礎額」は、原則として「特別加入保険料算定基礎額表」に定められた額によることとなっていますが、保険年度の中途に新たに特別加入が認められた場合および中途で特別加入を脱退した場合については、「保険料算定基礎額」を12で除した額（1円未満切上げ。「特別加入保険料算定基礎額表」中にある「特例による1/12の額」141ページ参照）にその特別加入期

間の月数（月の中途に加入、脱退等がある場合は、それぞれの属する月を１月とする）を乗じて得た額がその特別加入者の保険料算定のための賃金総額となります。

ハ　保険料の納付

特定作業従事者の保険料の納付義務は、一人親方等の場合と同様に、その団体が負うことになります。

（7）特別加入後の変更・脱退手続

イ　特別加入に関する変更の手続

特定作業従事者の特別加入について変更が生じたときの「特別加入に関する変更届」および新たに特別加入者となった者に係る承認通知等の手続は、一人親方等の場合と同様ですから、158ページを参照してください。

ロ　脱退の条件と手続

特定作業従事者の特別加入者の脱退条件、脱退の手続および特別加入承認の取消しについては、一人親方等の場合と同様ですから、159ページを参照してください。

5　海外派遣者の特別加入

（1）特別加入者の範囲

海外で行われる事業に派遣される労働者等で、特別加入することができる者は次の者に限られております。

(イ) 独立行政法人国際協力機構等開発途上地域に対する技術協力の実施の事業（有期事業を除く）を行う団体から派遣されて、開発途上地域で行われている事業に従事する者

(ロ) 日本国内で行われる事業（有期事業を除く）から派遣されて、海外支店、工場、現場、現地法人、海外の提携先企業等海外で行われる事業に従事する労働者

(ハ) 日本国内で行われる事業（有期事業を除く）から派遣されて、海外にある次表に定める数以下の労働者を常時使用する事業に従事する事業主、およびその他労働者以外の者

業　　種	労働者数
金融業、保険業、不動産業、小売業	50 人以下
卸売業、サービス業	100 人以下
上記以外の業種	300 人以下

（2）特別加入の申請手続

イ　特別加入に当たって必要なこと

(イ) 派遣元の団体または事業主が、日本国内において実施している事業（継続事業に限る）について、労災保険の保険関係が成立していなければなりません。

(ロ) 派遣元の団体または事業場単位で加入申請しなければなりません。

ロ　特別加入のための申請手続

特別加入するには、派遣元の団体または事業主が「特別加入申請書（海外派遣者）」（告示様式第 34 号の 11、175 ページ記入例参照）を、当該派遣元の団体または事業場の所在地を管轄する労働基準監督署長を経由して都道府県労働局長へ提出し、その承認を受けることが必要です。

ハ　「特別加入申請書（海外派遣者）」の記入に当たっての注意

(イ)　申請書の①欄の「団体の名称又は事業主の氏名」は、当該申請手続を行う派遣元の団体または事業主であり、②欄の「申請に係る事業」は、その派遣手続を行う派遣元の団体または事業主が日本国内で行う事業であって、派遣先の事業ではないこと

(ロ)　申請書の③欄の「加入予定者数」は、同申請書に記入されている者の数と同数であること

(ハ)　派遣元事業主が労働保険事務組合に労働保険事務の処理を委託している場合は、申請書の下部余白に事務組合の名称、所在地ならびに代表者の氏名を記入し、当該事務組合を経由して申請すること

（3）給付基礎日額

海外派遣者として特別加入する者の中には、中小事業主等あるいは一人親方等として特別加入する者とは異なり、国内において労働者として賃金

を受けている者もいるわけですが、特別加入制度の枠内で労災保険の適用を図ることとされていることから、海外派遣特別加入者の給付基礎日額は、他の特別加入者と同様、3,500円以上25,000円以下の範囲で定める額とされています。

なお、給付基礎日額の変更は、年に1回、定められた期間^(注)においてのみ、認めることとされています。この手続は、「第3種特別加入保険料申告内訳名簿」により行うことになります。

(注) 従来、申請期間は労働保険の年度更新の期間と同じ6月1日から7月10日までの間とされていましたが、平成24年度からは、上記期間に加え前年度の3月18日(平成27年度から3月2日)から3月31日までの間に事前申請することも可能となっています。

(4) 特別加入者の保険料(第3種特別加入保険料)

イ 保険料率

海外派遣特別加入者についての保険料率は、一律に1000分の3と定められています。

ロ 賃金総額

海外派遣特別加入者各人の給付基礎日額に応じて定められている「保険料算定基礎額」を合計した額が、特別加入保険料算定のための賃金総額となります。

この「保険料算定基礎額」は、原則として「特別加入保険料算定基礎額表」に定められた額によることとなっていますが、保険年度の中途に新たに特別加入が認められた場合および中途で特別加入を脱退した場合については、「保険料算定基礎額」を12で除した額(1円未満切上げ。「特別加入保険料算定基礎額表」中にある「特例による1/12の額」141ページ参照)にその特別加入期間の月数(月の中途に加入、脱退等がある場合は、それぞれの属する月を1月とする)を乗じて得た額が、その特別加入者の保険料算定のための賃金総額となります。

ハ 保険料の納付

第3種特別加入保険料の納付義務は、特別加入の承認を受けた派遣元の団体または事業主が負うこととされています。納付手続については、派遣元の団体または事業に係る一般の労働者についての事務手続とは区

別し、別個に申告書等を作成して行わなければなりません。

（5）特別加入後の変更・脱退手続

イ　特別加入に関する変更の手続

特別加入の承認を得た後に、新たに特別加入する者が生じた場合あるいは一部の特別加入者を脱退させる等の変更が生じた場合は、遅滞なく「特別加入に関する変更届（海外派遣者）」（176ページ記入例参照）を提出しなければなりません。

ロ　脱退の手続

海外の事業の終了等により、特別加入者全員を包括して脱退させる場合は、派遣元の団体または事業主が、「特別加入脱退申請書」を提出しなければなりません。

ハ　特別加入承認の取消し

㋑　派遣元の団体または事業主が、徴収法、同施行規則、労災保険法および同施行規則に違反したときは、その承認の取消しを受けることがあります。その場合には、特別加入者としての地位も当然に消滅します。

㋺　自動消滅

次の場合には、特別加入者としての地位が自動的に消滅します。

・派遣元の団体または事業主の行う事業についての保険関係が消滅したとき

・海外派遣者が、派遣期間の終了により国内に帰国した場合等労災法第33条第6号または第7号に該当しなくなったとき

労働者災害補償保険　特別加入申請書（海外派遣者）

帳票種別 `3` `6` `2` `3` `1`

◎裏面の注意事項を読んでから記載してください。
※印の欄は記載しないでください。（職員が記載します。）

① ※第3種特別加入に係る労働保険番号

	府県	所掌	管轄	基幹番号	枝番号

※受付年月日　9 令和 □□ 年 □□ 月 □□ 日
元号　　年　　月　　日
（1～9は右へ）（1～9は右へ）（1～9は右へ）

② 団体の名称又は事業主の氏名（事業主が法人その他の団体であるときはその名称）

株式会社　橋本繊維

③ 申請に係る事業

労働保険番号

府県	所掌	管轄	基幹番号	枝番号
1 3	3	0 1	9 4 7 5 0 0	3 0 1

名称（フリガナ）　カブシキカイシャハシモトセンイ

名称（漢字）　**株式会社　橋本繊維**

事業場の所在地　**東京都千代田区大手町△-X-○**

事業の種類　**繊維製品製造業**

④ 特別加入予定者　　加入予定者数　計 **3** 名

*この用紙に記載しきれない場合には、別紙に記載すること。

特別加入予定者	派遣先		派遣先の事業において従事する業務の内容（業務内容、地位・役職名、労働者の人数及び就業時間など）	希望する給付基礎日額
フリガナ 氏名 ニシヤマ　ダイスケ **西山　大助** 生年月日 昭和44年 4月 5日	事業の名称 株式会社橋本繊維 ロンドン支店 事業場の所在地 △-△ Grosvenor.St London.N.W.Z. England	派遣先国 イギリス	ロンドン支店長（代表者） 製品販売にかかる総括業務 使用労働者30人 所定労働時間 8:00～17:00	16,000 円
フリガナ 氏名 サワヌマ　ヨウイチ **沢沼　洋一** 生年月日 昭和52年 5月 8日	事業の名称 同上 事業場の所在地 同上	派遣先国 同上	営業課員 製造販売および事務	14,000 円
フリガナ 氏名 タドコロ　オサム **田所　治** 生年月日 昭和56年 7月 12日	事業の名称 同上 事業場の所在地 同上	派遣先国 同上	同上	14,000 円
フリガナ 氏名 生年月日 　年 月 日	事業の名称 事業場の所在地	派遣先国		円

⑤ 特別加入を希望する日（申請日の翌日から起算して30日以内）　　　令和 6年 5月 1日

上記のとおり特別加入の申請をします。

令和 6年 4月 20日

東京 労働局長 殿

〒 100-XXXX　　電話 （03 ）○○○○-△△△△

団体又は事業主の住所　**東京都千代田区大手町△-X-○**

団体の名称又は事業主の氏名　**株式会社橋本繊維**
代表取締役社長　橋本 秀幸

（法人その他の団体であるときはその名称及び代表者の氏名）

折り曲げる場合には（▶）の所で折り曲げてください。

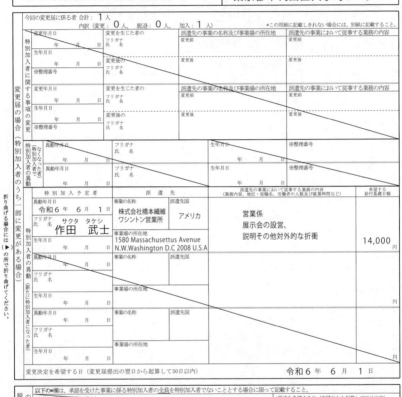

様式第34号の12（表面）

労働者災害補償保険　特別加入に関する変更届（海外派遣者）
特別加入脱退申請書

帳票種別
3 6 2 4 3

◎裏面の注意事項を読んでから記載してください。
※印の欄は記載しないでください。（職員が記載します。）

特別加入の承認に係る事業

労働保険番号
府県 所掌 管轄 基幹番号 枝番号
1 3 3 0 1 9 4 7 5 0 0 3 0 1

※受付年月日

事業の名称　　株式会社 橋本繊維

事業場の所在地　東京都千代田区大手町△-x-〇

今回の変更届に係る者 合計：1人
　　内訳（変更：0人、脱退：0人、加入：1人）　　*この用紙に記載しきれない場合には、別紙に記載すること。

特別加入予定者	派遣先	派遣先の事業において従事する業務の内容（業務内容、地位・役職名、労働者の人数及び就業時間など）	希望する給付基礎日額
異動年月日 令和6年6月1日 フリガナ サクタ タケシ 氏名 作田 武士	事業の名称 株式会社橋本繊維 ワシントン営業所 派遣先国 アメリカ 事業場の所在地 1580 Massachusetts Avenue N.W.Washington D.C 2008 U.S.A	営業係 展示会の設営、 説明その他対外的な折衝	14,000円

変更決定を希望する日（変更届提出の翌日から起算して30日以内）　　令和6年6月1日

脱退申請の場合
以下の欄は、承認を受けた事業に係る特別加入者の全員を特別加入者でないこととする場合に限って記載すること。
*申請の理由（脱退の理由）
*脱退を希望する日（申請日から起算して30日以内）　　年　月　日

上記のとおり　変更を生じたので届けます
特別加入脱退を申請します。

令和6年 5月23日
東京 労働局長 殿

〒100-XXXX　電話（03）〇〇〇〇-△△△△
団体又は事業主の住所　東京都千代田区大手町△-x-〇
団体の名称又は事業主の氏名　株式会社橋本繊維
代表取締役社長　橋本 秀幸
（法人その他の団体であるときはその名称及び代表者の氏名）

176　　5　海外派遣者の特別加入

第6章

雇用保険の被保険者に関する手続

1 雇用保険の被保険者に関する手続についての事務処理単位

（1）適用事業

　雇用保険の適用事業、すなわち徴収法第4条または徴収法附則第2条第1項および第4項の規定により雇用保険に係る労働保険の保険関係が成立している事業の事業主は、既に説明した労働保険料の申告・納付等の事務の他、その雇用する労働者について、被保険者となったこと、被保険者でなくなったこと、その他一定の事項について、届出の義務が課せられます。

　労働保険事務組合は、これらの被保険者に関する届出の事務を、事業主の委託を受けて、事業主に代わって労働保険事務組合の名で行うことができます。以下、本章では事業主の手続として説明しますが、委託を受けた事業主に係るこれらの届出の事務は、すべて労働保険事務組合が行うこととなります。

（2）届出の事務処理

　この被保険者に関する届出の事務は、その事業所ごとに処理しなければなりません。ここでいう事業所とは、ある企業の本店、支店、出張所等のうち、場所的にも、経営ないしは業務の面でもある程度独立性を有する施設等をいいます。この事業所の単位は、労働保険料の申告・納付その他徴収法上の適用徴収事務の処理単位である事業場の単位と一致するのが原則ですが、徴収法第9条の継続事業の一括の認可を受けた事業主の事業所等については、事業場の単位と一致しない場合もありますので注意が必要です。

（3）雇用保険の被保険者

　(イ) 雇用保険の被保険者とは、雇用保険の適用事業に雇用される労働者をいうのですが、次に掲げる労働者については、雇用保険法の適用がなく、被保険者となりません。

　　①　1週間の所定労働時間が20時間未満である者（日雇労働被保険者に該当する者を除きます）

② 同一の事業主の適用事業に継続して 31 日以上雇用されることが見込まれない者（前 2 月の各月において 18 日以上同一の事業主の適用事業に雇用された者および日雇労働者被保険者に該当する者を除きます）

③ 季節的に雇用される者であって、短期雇用特例被保険者に該当しない者（日雇労働被保険者に該当する者を除きます）

④ 学校教育法で定める学校の学生または生徒であって、前各号に掲げる者に準ずるものとして厚生労働省令で定める者

⑤ 船員法に規定する船員であって、漁船に乗り組むため雇用される者（1 年を通じて船員として適用事業に雇用される場合を除きます）

⑥ 国、都道府県、市町村その他これらに準ずるものの事業に雇用される者のうち、離職した場合に、他の法令、条例、規則等に基づいて支給を受けるべき諸給与の内容が、求職者給付および就職促進給付の内容を超えると認められる者であって、厚生労働省令で定める者

　また家事使用人等は、雇用保険の被保険者となりません。雇用保険の被保険者の範囲の詳細については、最寄りの公共職業安定所でお尋ねください。

(ロ) 被保険者は、一般被保険者、高年齢被保険者、短期雇用特例被保険者および日雇労働被保険者に分かれます。

　㋑ 一般被保険者とは、高年齢被保険者、短期雇用特例被保険者および日雇労働被保険者以外の被保険者をいいます。

　㋺ 高年齢被保険者とは、65 歳以上の被保険者（短期雇用特例被保険者および日雇労働被保険者となる者を除きます）をいいます。

　㋩ 短期雇用特例被保険者とは、被保険者であって、季節的に雇用されるもののうち次の各号のいずれにも該当しない者をいいます。

　　　1．4 カ月以内の期間を定めて雇用される者

　　　2．1 週間の所定労働時間が 20 時間以上であって厚生労働大臣の定める時間数（30 時間。平 22 厚労告第 154 号）未満である者

　　　この場合、「季節的に雇用される者」とは、季節的業務に期間

を定めて雇用される者または季節的に入離職する者をいいます。

　なお、短期雇用特例被保険者であっても、同一の事業主に引き続き1年以上雇用されるに至ったときは、その1年以上雇用されるに至った日（以下「切替日」といいます）から短期雇用特例被保険者でなくなり、一般被保険者または高年齢被保険者となります。

㈢　日雇労働被保険者とは、日雇労働者（日々雇用される者および30日以内の期間を定めて雇用される者）であって、適用区域内に居住しており雇用保険の適用事業に雇用されるもの、または住居は適用区域外であっても適用区域内の適用事業に雇用されるか、適用区域外の厚生労働大臣の指定する適用事業に雇用されるものをいいます。また、これ以外の日雇労働者でも適用事業に雇用される場合には、任意に加入し、日雇労働被保険者となる途が開かれています。

2　雇用保険適用事業所に関する諸手続

（1）事業所を設置した場合の手続

　事業主が新たに適用事業を行う事業所を設置したとき、既に雇用保険に係る保険関係が成立している事業の事業主が事業所を増設したとき、または事業所の組織変更等によって従来一つの事業所として取り扱われていなかったものが、以後、一つの事業所として取り扱われるに至ったときには、当該事業所について「雇用保険適用事業所設置届」（183〜184ページ記入例参照、以下「事業所設置届」といいます）を提出しなければなりません。

　事業所設置届の提出は、次により行います。

（イ）一元適用事業に係る事業主であって、労働保険事務組合に雇用保険事務の処理を委託しているもの、または二元適用事業に係る事業主であって雇用保険の保険関係に係るもの

　事業主は、事業所設置届をその設置の日の翌日から起算して10日以内に、徴収法第4条の2の規定に基づく保険関係成立届とともに、その事業所の所在地を管轄する公共職業安定所の長に提出しなければ

なりません（年金事務所経由も可）。

　この場合、事業所設置届は、その事業所の適用事業に雇用される者に係る雇用保険被保険者資格取得届（以下「資格取得届」といいます）、または雇用保険被保険者転勤届（以下「転勤届」といいます）を同時に提出しなければなりません。

　なお、事務組合に事務処理を委託する事業であって、保険関係成立届を事務組合の主たる事務所の所在地を管轄する公共職業安定所の長に提出したときは、事業所設置届のみをその事業所の所在地を管轄する公共職業安定所の長に提出することになりますから、事務組合の主たる事務所の所在地を管轄する公共職業安定所の長の受理印が押された保険関係成立届の事業主控を添付することが必要です。

(ロ) 上記 (イ) 以外の適用事業の事業主

　事業主は、その事務所の設置に伴って提出する事業所設置届を、原則として、保険関係成立届を労働基準監督署長に提出した後、資格取得届または転勤届を添えて、その事業所の所在地を管轄する公共職業安定所長に提出しなければなりません（年金事務所経由および一定要件に該当する場合の労基署経由も可）。この場合、事業主は労働基準監督署長の受理印の押された保険関係成立届の事業主控を添付することが必要です。

　事業所設置届の様式は 183 ページのとおりですが、次の 3 に説明する被保険者に関する届出事務の基本となるものですから、各欄について正確に記入しなければなりません。

（2）事業所を廃止した場合の手続

　事業主はその有する事業所を廃止した場合は、廃止の日の翌日から起算して 10 日以内に、その事業所の所在地を管轄する公共職業安定所長に「雇用保険適用事業所廃止届」（185 〜 186 ページ記入例参照、以下「事業所廃止届」といいます）を提出しなければなりません（年金事務所経由も可）。

　事業主が事業所廃止届を提出するときは、通常その事業所の適用事業に雇用されていた全被保険者について、雇用保険被保険者資格喪失届（以下「資格喪失届」といいます）を同時に提出することになりますから注意が必要です。

「事業所廃止届」の様式は 185 〜 186 ページのとおりですから、各欄について正確に記入してください。

　なお、保険関係消滅の認可、任意加入の取消しまたは撤回があった場合等には、事業所廃止届の提出は必要ありません。

　また、事業所が他の公共職業安定所管内へ移転した場合には、事業所の廃止、設置の届は不要で、雇用保険事業主事業所各種変更届（以下「事業主事業所各種変更届」といいます）により、事業所の所在地が変更した旨を届け出ることとなります。

（3）事業所に関するその他の諸手続

イ　事業主の氏名、住所、事業所の名称、事業の種類等の変更の場合の手続

　事業主は次の事項に変更のあった場合は、「事業主事業所各種変更届」を、その変更のあった日の翌日から起算して 10 日以内に、その事業所の所在地を管轄する公共職業安定所長に提出しなければなりません（187 〜 188 ページ記入例参照）。

　　(イ)　事業主の氏名または住所

　　(ロ)　事業所の名称または所在地

　　(ハ)　事業の種類および概要

ロ　代理人の選任、解任の手続

　事業主は、その行うべき雇用保険事務（徴収法に基づく事務を除きます）については、あらかじめ代理人を選任して、これを処理させることができます。この代理人を選任または解任したときは、雇用保険被保険者関係届出事務等代理人選任（解任）届を、当該代理人の選任（解任）に係る事業所の所在地を管轄する公共職業安定所長に提出しなければなりません。

雇用保険適用事業所設置届

（必ず第2面の注意事項を読んでから記載してください。）

※ 事業所番号

下記のとおり届けます。

足立 公共職業安定所長 殿

令和 6 年 4 月 13 日

（この用紙は、このまま機械で処理しますので、汚さないようにしてください。）

帳票種別 `1 2 0 0 1`

1. 法人番号（個人事業の場合は記入不要です。） `2 3 4 5 6 7 8 9 0 1 2 3 4`

2. 事業所の名称（カタカナ）

`ワ タ ナ ベ ゙ シ ョ ウ シ ゙ カ フ ゙ シ キ カ イ シ ャ`

事業所の名称〔続き（カタカナ）〕

3. 事業所の名称（漢字）

`渡 辺 商 事 株 式 会 社`

事業所の名称〔続き（漢字）〕

4. 郵便番号 `1 2 3 - X X X`

5. 事業所の所在地（漢字）※市・区・郡及び町村名

`足 立 区 加 賀`

事業所の所在地（漢字）※丁目・番地

`△ - X - ○`

事業所の所在地（漢字）※ビル、マンション名等

6. 事業所の電話番号（項目ごとにそれぞれ左詰めで記入してください。）

`0 3` - `X X X X` - `X X X X`
市外局番　　　市内局番　　　番号

7. 設置年月日 `5 - 0 6 0 4 1 3` （3 昭和 4 平成 5 令和）
元号　　年　　月　　日

8. 労働保険番号 `1 3 3 1 1 9 5 3 4 5 0 0 3 2`
府県　所掌　管轄　基幹番号　枝番号

※ 公共職業安定所 記載欄	9. 設置区分 □（1 当然 2 任意）	10. 事業所区分 □（1 個別 2 委託）	11. 産業分類 □□	12. 台帳保存区分 □（1 日雇被保険者 のみの事業所 2 船舶所有者）

13. 事 業 主	（フリガナ） 住　所 （法人のときは主たる 事業所の所在地）	トウキョウト アダチク カガ 東京都足立区加賀△-X-○	17. 常時使用労働者数		25人
	（フリガナ） 名　称	ワタナベショウジカブシキカイシャ 渡辺商事株式会社	18. 雇用保険被保険者数	一　般	25人
				日　雇	0人
	（フリガナ） 氏　名 （法人のときは代表者の氏名）	ダイヒョウトリシマリヤク クボ タカシ 代表取締役　久保 孝	19. 賃金支払関係	賃金締切日	20日
				賃金支払日	㊜・翌月25日
14. 事業の概要 （漁業の場合は漁船の 総トン数を記入すること）		事務機器の販売、保守	20. 雇用保険担当課名		総務 課 人事 係
15. 事業の 開始年月日	令和 6 年 4 月 13 日	※ 事業の 16. 廃止年月日　令和　年　月　日	21. 社会保険加入状況		健康保険 厚生年金保険 労災保険

備 考		※	所 長		次 長		課 長		係 長		係		操 作 者	

（この届出は、事業所を設置した日の翌日から起算して10日以内に提出してください。）

2021. 9

注　意

1　□□□で表示された枠（以下「記入枠」という。）に記入する文字は、光学式文字読取装置（OCR）で直接読取を行いますので、この用紙を汚したり、必要以上に折り曲げたりしないでください。

2　記載すべき事項のない欄又は記入枠は空欄のままとし、※印のついた欄又は記入枠には記載しないでください。

3　記入枠の部分は、枠からはみ出さないように大きめの文字によって明瞭に記載してください。

4　1欄には、平成27年10月以降、国税庁長官から本社等へ通知された法人番号を記載してください。

5　2欄には、数字は使用せず、カタカナ及び「ー」のみで記載してください。

　　カタカナの濁点及び半濁点は、1文字として取り扱い（例：ガ→[ガ]、パ→[パ]）、また、「キ」及び「エ」は使用せず、それぞれ「イ」及び「エ」を使用してください。

6　3欄及び5欄には、漢字、カタカナ、平仮名及び英数字（英字については大文字体とする。）により明瞭に記載してください。

7　5欄1行目には、都道府県名は記載せず、特別区名、市名又は郡名とそれに続く町村名を左詰めで記載してください。

　　5欄2行目には、丁目及び番地のみを左詰めで記載してください。

　　また、所在地にビル名又はマンション名等が入る場合は5欄3行目に左詰めで記載してください。

8　7欄には、事業所の電話番号を記載してください。この場合、項目ごとにそれぞれ左詰めで、市内局番及び番号は「－」に続く5つの枠内にそれぞれ左詰めで記載してください。（例：03-3456-XXXX→[0][3][3][4][5][6][-][X][X][X][X]）

9　7欄には、雇用保険の適用事業所となるに至った年月日を記載してください。この場合、元号をコード番号で記載した上で、年、月又は日が1桁の場合は、それぞれ10の位の部分に「0」を付加して2桁で記載してください。

　　（例：平成14年4月1日→[4][1][4][0][4][0][1]）

10　14欄には、製品名及び製造工程又は建設の事業及び林業等の事業内容を具体的に記載してください。

11　18欄の「一般」には、雇用保険被保険者のうち、一般被保険者数、高年齢被保険者数及び短期雇用特例被保険者数の合計数を記載し、「日雇」には、日雇労働被保険者数を記載してください。

12　21欄は、該当事項を○で囲んでください。

13　22欄は、最寄りの駅又はバス停から事業所への道順略図を記載してください。

お願い

1　事業所を設置した日の翌日から起算して10日以内に提出してください。

2　営業許可証、登記事項証明書その他記載内容を確認することができる書類を持参してください。

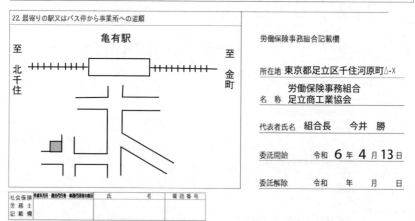

※　本手続は電子申請による届出も可能です。詳しくは管轄の公共職業安定所までお問い合わせください。

なお、本手続について、社会保険労務士が電子申請により本届書の提出に関する手続を事業主に代わって行う場合には、当該社会保険労務士が当該事業主の提出代行者であることを証明することができるものを本届書の提出と併せて送信することをもって、当該事業主の電子署名に代えることができます。

雇用保険適用事業所廃止届

標準字体 **0 1 2 3 4 5 6 7 8 9**
（必ず第２面の注意事項を読んでから記載してください。）

帳票種別	1. 法人番号（個人事業の場合は記入不要です。）
1 4 0 0 2	3 4 5 6 7 8 9 0 1 2 3 4 5

※2. 本日の資格喪失・転出者数
□ □ □ □ □ 人

（この用紙は、このまま機械で処理しますので、汚さないようにしてください。）

3. 事業所番号
0 1 0 2 - 8 5 0 0 0 1 - 1

4. 設置年月日
3 - 4 8 0 4 0 1 （3 昭和 4 平成 / 5 令和）
元号　年　月　日

5. 廃止年月日
5 - 0 6 0 5 3 1 （4 平成 / 5 令和）
元号　年　月　日

6. 廃止区分
1

7. 統合先事業所の事業所番号
□ □ □ □ □ □ □ □ □ - □

8. 統合先事業所の設置年月日
□ - □ □ □ □ □ □ （3 昭和 4 平成 / 5 令和）
元号　年　月　日

9. 事業所	（フリガナ）	ハコダテシタカマツチョウ
	所 在 地	函館市高松町 X-□-△
	（フリガナ）	エンドウインサツカブシキカイシャ　ハコダテシテン
	名　称	遠藤印刷株式会社　函館支店

10. 労働保険番号	府県	所掌	管轄	基幹番号	枝番号	11. 廃止理由	事業縮小のため支店廃止
	01	3	02	933110	025		

上記のとおり届けます。

令和 6 年 6 月 5 日

公共職業安定所長　殿

事業主

住　所　札幌市中央区南一条西△-□
名　称　遠藤印刷株式会社
氏　名　代表取締役　遠藤　繁夫
電話番号　011-XXX-XXXX

※公共職業安定所記載欄	届書提出後、事業主が住所を変更する場合又は事業主に承継者等のある場合は、その者の住所・氏名	（フリガナ） 名　称	
		（フリガナ） 住　所	
		（フリガナ） 代表者氏名	
		電話番号	郵便番号　□□□-□□

備考	※	所長	次長	課長	係長	係	操作者

労働保険事務組合記載欄

所在地　函館市堀川町 X-□
名　称　労働保険事務組合　函館商工会

代表者氏名　理事長　松崎　純男

社会保険労務士記載欄	作成年月日・提出代行者・事務代理者の表示	氏　名	電話番号

（この届出は、事業所を廃止した日の翌日から起算して10日以内に提出してください。）

2021. 9

1　□□□□で表示された枠（以下「記入枠」という。）に記入する文字は、光学式文字読取装置
　　（ＯＣＲ）で直接読取を行うので、この用紙は汚したり、必要以上に折り曲げたりしないこと。
2　記載すべき事項のない欄又は記入枠は空欄のままとし、事項を選択する場合には該当番号を
　　記入し、※印のついた欄又は記入枠には記載しないこと。
3　記入枠の部分は、枠からはみださないように大きめのアラビア数字の標準字体により明瞭に
　　記載すること。
4　1欄には、平成27年10月以降、国税庁長官から本社等へ通知された法人番号を記載してくだ
　　さい。
5　3欄の記載は、公共職業安定所から通知された事業所番号が連続した10桁の構成である場合
　　は、最初の４桁を最初の４つの枠内に、残りの６桁を「□」に続く６つの枠内にそれぞれ記載
　　し、最後の枠は空枠とすること。（例：1301000001の場合→ 1301-000001□□ ）
6　4欄には、雇用保険の適用事業となるに至った年月日を記載すること。
　　　この場合、年、月又は日が１桁のときはそれぞれ10の位の部分に「０」を付加して２桁で記
　　載すること。（例：平成15年３月１日→ 4-150301 ）
7　5欄は、年、月又は日が１桁の場合は、4欄の場合と同様に記載すること。
8　6欄には、次の区分に従い該当するものの番号を記載すること。
（1）事業所の廃止（下記（２）に該当する場合を除く。）‥‥‥‥1
（2）事業所の統合に伴う事業所の廃止‥‥‥‥‥‥‥‥‥‥‥‥4
9　7欄は、6欄に「４」を記載した場合にのみ記載すること。この場合、公共職業安定所から通
　　知された事業所番号が連続した10桁の構成であるときは、3欄の場合と同様に記載すること。
10　8欄には、6欄に「４」を記載した場合に、統合先事業所に係る雇用保険の適用事業となるに
　　至った年月日を、4欄の場合と同様に記載すること。
11　事業主の「住所」欄及び「氏名」欄には、事業主が法人の場合は、その主たる事務所の所在
　　地及び法人の名称を記載するとともに、代表者の氏名を付記すること。

お願い

１．事業所を廃止した日の翌日から起算して10日以内に提出してください。
２．記載内容を確認することができる書類を持参してください。

※　本手続は電子申請による届出も可能です。詳しくは管轄の公共職業安定所までお問い合わせ
　　ください。
　　　なお、本手続について、社会保険労務士が電子申請により本届書の提出に関する手続を事業
　　主に代わって行う場合には、当該社会保険労務士が当該事業主の提出代行者であることを証明
　　することができるものを本届書の提出と併せて送信することをもって、当該事業主の電子署名
　　に代えることができます。

雇用保険事業主事業所各種変更届

（必ず第2面の注意事項を読んでから記載してください。）

※ 事業所番号 ☐☐☐☐☐☐☐☐☐☐☐

帳票種別 `1 3 0 0 3`

※1.変更区分 ☐

2.変更年月日 `5 - 0 6 0 4 0 4`（4 平成 5 令和）
元号 年 月 日

3.事業所番号 `1 4 0 5 - 4 5 0 0 2 6 - 7`

4.設置年月日 `4 - 0 3 0 5 0 1`（3 昭和 4 平成 5 令和）
元号 年 月 日

（この用紙は、このまま機械で処理しますので、汚さないようにしてください。）

●下記の5～11欄については、変更がある事項のみ記載してください。

5.法人番号（個人事業の場合は記入不要です。）
☐☐☐☐☐☐☐☐☐☐☐☐☐

6.事業所の名称（カタカナ）
`カ フ゛ シ キ カ イ シ ャ ニ シ カ゛ ミ シ ョ ウ カ イ`

事業所の名称〔続き（カタカナ）〕
☐☐☐☐☐☐☐☐☐☐☐☐☐☐☐☐☐☐☐☐☐☐☐

7.事業所の名称（漢字）
`株 式 会 社 西 上 商 会`

事業所の名称〔続き（漢字）〕
☐☐☐☐☐☐☐☐☐☐☐☐☐☐☐☐☐☐☐☐☐☐☐

8.郵便番号 `1 3 1 - 0 0 3 3`

10.事業所の電話番号（項目ごとにそれぞれ左詰めで記入してください。）
`0 3`（市外局番） - `X X X X`（市内局番） - `X X X X`（番号）

9.事業所の所在地（漢字）　市・区・郡及び町村名
`文 京 区 本 郷`

事業所の所在地（漢字）　丁目・番地
`X - X - X`

事業所の所在地（漢字）　ビル、マンション名等
☐☐☐☐☐☐☐☐☐☐☐☐☐☐☐☐☐☐☐☐☐☐☐

11.労働保険番号
☐☐☐☐☐☐☐☐☐☐☐☐☐☐
府県 所掌 管轄 基幹番号 枝番号

※公共職業安定所記載欄

12.設置区分（1 当然 2 任意）☐
13.事業所区分（1 個別 2 委託）☐
14.産業分類 ☐☐

	15.事業主					18.変更前の事業所の名称	19.変更前の事業所の所在地

変更事項	15.事業主	住所（法人のときは主たる事務所の所在地）（フリガナ）ブンキョウホンゴウ	文京区本郷X-X-X	18.変更前の事業所の名称（フリガナ）カブシキカイシャニシガミショウテン	株式会社西上商店
		名称（フリガナ）カブシキカイシャニシガミショウカイ	株式会社西上商会	19.変更前の事業所の所在地（フリガナ）ヨコスカシオオタキチョウ	横須賀市大滝町□-△
		氏名（法人のときは代表者の氏名）（フリガナ）ニシガミ　マコト	西上　誠		

16. 変更後の事業の概要	家庭用電気器具の販売業	
17. 変更の理由	事業所の名称および住所の変更	

20.事業の開始年月日	平成 3 年 5 月 1 日	24.社会保険加入状況	健康保険 厚生年金保険 労災保険
※21.廃止年月日	令和　年　月　日	25.雇用保険被保険者数　一般	30人
22.常時使用労働者数	30人	日雇	0人
23.雇用保険担当課名	総務課 人事係	26.賃金支払関係　賃金締切日	25日
		賃金支払日 翌	30日

備考	※ 所長	次長	課長	係長	係	操作者

（この届出は、変更のあった日の翌日から起算して10日以内に提出してください。）

2021.9

27. 最寄りの駅又はバス停から事業所への道順	労働保険事務組合記載欄

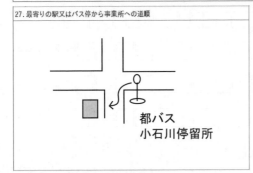

都バス
小石川停留所

所在地	東京都文京区小石川3-1-1	
労働保険事務組合 名　称	小石川商工振興組合	
代表者氏名	会長　　米山　幸二	
委託開始	6 年 5 月 1 日	
委託解除　令和	年　　月　　日	

上記のとおり届出事項に変更があったので届けます。

令和 6 年 4 月 4 日

飯田橋　公共職業安定所長　殿

事業主
住　所　東京都文京区本郷X-X-X
名　称　株式会社西上商会
氏　名　代表取締役　　西上　誠

社会保険 労務士 記載欄	作成年月日・提出代行者・事務代理者の表示	氏　　　名	電話番号

※　本手続は電子申請による届出も可能です。詳しくは管轄の公共職業安定所までお問い合わせください。
　　なお、本手続について、社会保険労務士が電子申請により本届書の提出に関する手続を事業主に代わって行う場合には、当該社会保険労務士が当該事業主の提出代行者であることを証明することができるものを本届書の提出と併せて送信することをもって、当該事業主の電子署名に代えることができます。

3 被保険者に関する手続

（1）労働者が被保険者になったことについての届出

イ あらまし

　適用事業を行う事業主は、その雇用する労働者が雇用保険の被保険者（以下、この３においては、日雇労働被保険者以外の被保険者をいうものとします）となった場合には、その者について資格取得届を被保険者となった事実のあった日の属する月の翌月 10 日までに、その適用事業を行う事業所の所在地を管轄する公共職業安定所長に提出（年金事務所経由も可）しなければなりません（191 ～ 192 ページ記入例参照）。

　被保険者となる日は通常はその労働者が雇用された日ですが、適用事業でなかった事業が適用事業となった場合は、その事業に雇用される労働者については当該事業が適用事業となった日が、季節的事業に４カ月以内の期間を定めて雇用される者がその定められた期間を超えて引き続き同一の事業主の適用事業に雇用された場合は、その定められた期間を超えて雇用された日が、日雇労働者が２月の各月において 18 日以上同一の事業主の適用事業に雇用されるに至ったときは、その翌月の最初の日（同一事業主に継続して 31 日以上雇用されるに至ったときは、その日）が、それぞれ被保険者となる日となります。

ロ　資格取得届の提出に当たっての留意事項

　平成 22 年４月１日以降に雇用保険に適用されることとなった方の被保険者資格取得届については、主に以下のいずれかに該当する場合を除き、添付書類の提出は不要となりました。

　　○　事業主として初めての被保険者資格取得届を行う場合
　　○　被保険者資格取得届について提出期限（被保険者となった事実のあった日の属する月の翌月 10 日）を過ぎて提出する場合
　　○　過去３年間に事業主の届出に起因する不正受給があった場合
　　○　労働保険料の納付の状況が著しく不適切である場合

　なお公共職業安定所において、届出内容を確認する必要がある場合には、後日、添付書類の提出を求められることがあります。

　労働保険事務組合を通じて提出する場合は、原則として添付書類は不要です。

（2）被保険者でなくなったことについての届出

イ　あらまし

　　適用事業を行う事業主は、その雇用する被保険者が離職その他の理由で被保険者でなくなった場合は、その者について「雇用保険被保険者資格喪失届」（193 ～ 194 ページ参照、以下「資格喪失届」といいます）を、被保険者でなくなった事実のあった日の翌日から起算して 10 日以内に、その適用事業を行う事業所の所在地を管轄する公共職業安定所の長に提出（年金事務所経由も可）しなければなりません。

　　被保険者でなくなる日は、原則としてその者が死亡し、または離職する等、被保険者でなくなることの原因となる事実のあった日の翌日です。

ロ　資格喪失届を提出するに当たっての留意事項

　(イ) 被保険者でなくなったことの原因が離職であるときは、その者が離職票の交付を希望しない場合（省略できない場合があります）を除いては、この「資格喪失届」に「雇用保険被保険者離職証明書」（200 ～ 201 ページ記入例参照、以下「離職証明書」といいます）を添えて提出しなければなりません。このことについては、次の（3）離職証明書の項を参照してください。

　(ロ) 資格喪失届を提出する際には、賃金台帳、労働者名簿その他の労働者が被保険者でなくなったことの事実、その年月日およびその者の 1 週間の所定労働時間が明らかになる書類を携行する必要があります。

（3）離職証明書

イ　離職証明書の提出と確認資料

　(1) 事業主は、その雇用する被保険者が離職により被保険者でなくなったときは、「資格喪失届」に「離職証明書」を添えて提出してください（資格喪失届は、労働者が離職した翌々日から 10 日以内に公共職業安定所に提出しなければなりません）。

　　ただし、その者が「雇用保険被保険者離職票」（以下「離職票」といいます）の交付を希望しない場合、すなわち資格喪失届の「7. 離職票交付希望」欄に「2」を記入するときは、離職証明書を提出する必要はありません。

様式第2号（第6条関係）

雇用保険被保険者資格取得届

標準字体 `0 1 2 3 4 5 6 7 8 9`
（必ず第2面の注意事項を読んでから記載してください。）

帳票種別 `1 9 1 0 1`

1. 個人番号 `5 6 7 8 9 0 1 2 3 4 5 6`

2. 被保険者番号 `1 4 0 1 - 1 0 3 2 0 6 - 0`

3. 取得区分 `2` （1 新規 / 2 再取得）

4. 被保険者氏名 `三田　一代`
フリガナ（カタカナ） `ミタ　カズヨ`

5. 変更後の氏名
フリガナ（カタカナ）

6. 性別 `2` （1 男 / 2 女）

7. 生年月日 `3 - 6 0 0 3 2 1` （元号 年 月 日）
（2 大正 / 3 昭和 / 4 平成 / 5 令和）

8. 事業所番号 `1 4 0 1 - 1 5 9 8 4 2 - 0`

9. 被保険者となったことの原因 `2`
1 新規雇用（学卒）
2 新規雇用（その他）
3 日雇からの切替
4 その他
8 出向元への復帰等（65歳以上）

10. 賃金（支払の態様－賃金月額：単位千円） `1 - _ 1 5 0`
（百万 十万 万 千円）
（1 月給 2 週給 3 日給 / 4 時間給 5 その他）

11. 資格取得年月日 `5 - 0 6 0 5 0 1`
（元号 年 月 日）
（4 平成 5 令和）

12. 雇用形態 `7`
1 日雇　2 派遣
3 パートタイム　4 有期契約労働者
5 季節的雇用
6 船員　7 その他

13. 職種 `0 3` （01～11）第2面参照

14. 就職経路 `1`
1 安定所紹介
2 自己就職
3 民間紹介
4 把握していない

15. 1週間の所定労働時間 `4 0 0 0` 時間　分

16. 契約期間の定め `2`
1 有 — 契約期間 `_ ____ __ __` 元号 年 月 日 から `_ ____ __ __` 元号 年 月 日 まで
（4 平成 5 令和）
契約更新条項の有無（1 有 / 2 無）
2 無

事業所名 `佐藤靴店`　　**備考**

17欄から23欄までは、被保険者が外国人の場合のみ記入してください。

17. 被保険者氏名（ローマ字）（アルファベット大文字で記入してください。）

被保険者氏名〔続き（ローマ字）〕

18. 在留カードの番号（在留カードの右上に記載されている12桁の英数字）

19. 在留期間 `____ __ __` まで 西暦 年 月 日

20. 資格外活動の許可の有無 （1 有 / 2 無）

21. 派遣・請負就労区分
1 派遣・請負労働者として主として当該事業所以外で就労する場合
2 1に該当しない場合

22. 国籍・地域

23. 在留資格

※公共職業安定所記載欄

24. 取得時被保険者種類
1 一般
2 短期常態
3 季節
11 高年齢被保険者（65歳以上）

25. 番号複数取得チェック不要
チェック・リストが出力されたが、調査の結果、同一人でなかった場合に「1」を記入。

26. 国籍・地域コード 22欄に対応するコードを記入

27. 在留資格コード 23欄に対応するコードを記入

雇用保険法施行規則第6条第1項の規定により上記のとおり届けます。

住　所　　横浜市神奈川区新子安○-△

事業主　氏　名　　労働保険事務組合 横浜中小企業会
会長　大石　邦夫

電話番号　045-△△△△-xxxx

令和　6 年　5 月 9 日

公共職業安定所長　殿

※備考　確認通知　令和　年　月　日

社会保険労務士記載欄	作成年月日・提出代行者・事務代理者の表示	氏　名	電話番号

※ | 所長 | 次長 | 課長 | 係長 | 係 | 操作者 |

2021.9

様式第4号（第7条関係）（第1面）（移行処理用）

雇用保険被保険者資格喪失届

標準字体 ０１２３４５６７８９
（必ず第２面の注意事項を読んでから記載してください。）

帳票種別
| 1 | 7 | 1 | 9 | 1 |

1. 個人番号
| 3 | 7 | 8 | 9 | 0 | 1 | 2 | 3 | 4 | 5 | 6 | 7 |

2. 被保険者番号
| 5 | 0 | 0 | 0 | - | 0 | 0 | 0 | 3 | 3 | 3 | - | 0 |

3. 事業所番号
| 1 | 3 | 0 | 8 | - | 3 | 4 | 5 | 6 | 7 | 8 | - | 8 |

4. 資格取得年月日
| 5 | - | X | X | 0 | 2 | 0 | 1 |
元号　　　年　　　　　月　　　　日

3 昭和
4 平成
5 令和

5. 離職等年月日
| 5 | - | 0 | 6 | 0 | 5 | 3 | 0 |
元号　　　年　　　　　月　　　　日

6. 喪失原因
| 2 |
1 離職以外の理由
2 3以外の離職
3 事業主の都合による離職

7. 離職票交付希望
| 1 |
1 有
2 無

8.1 週間の所定労働時間
| 4 | 0 | 0 | 0 |
時間　　　　分

9. 補充採用予定の有無
空白 無
1 有

10. 新氏名　　　フリガナ（カタカナ）
| | | | | | | | | | | | | | | | | | | | |

※公安記共定載職所業欄

11. 喪失時被保険者種類
| |
（3 季節）

12. 国籍・地域コード
| | |
18欄に対応するコードを記入

13. 在留資格コード
| | |
19欄に対応するコードを記入

14欄から19欄までは、被保険者が外国人の場合のみ記入してください。

14. 被保険者氏名（ローマ字）又は新氏名（ローマ字）（アルファベット大文字で記入してください。）
| | | | | | | | | | | | | | | |

被保険者氏名（ローマ字）又は新氏名（ローマ字）〔続き〕
| | | | | | | | | | |

15. 在留カードの番号（在留カードの右上に記載されている12桁の英数字）
| | | | | | | | | | | | |

16. 在留期間
| | | | | | | |
まで
西暦　　　年　　　月　　　日

17. 派遣・請負就労区分
| |
1 派遣・請負労働者として主として当該事業所以外で就労していた場合
2 1に該当しない場合

18. 国籍・地域（　　　　　　　　　　　）

19. 在留資格（　　　　　　　　　　　）

20.（フリガナ）被保険者氏名	ヨウシキ　レイコ 様式　例子		21.性別 男・⊛	22. 生年月日 大正 昭和 平成 令和 ××年 ×月 ×日
23. 被保険者の住所又は居所	船橋市南八幡△-□-○			
24. 事業所名称	有限会社青木ふとん店		25. 氏名変更年月日	令和　　年　　月　　日
26. 被保険者でなくなったことの原因	転職のため			

雇用保険法施行規則第7条第1項の規定により、上記のとおり届けます。

令和 6 年 6 月 6 日

　　　　　住　所　東京都新宿区歌舞伎町△△△

事業主　氏　名　労働保険事務組合新宿寝具販売組合
　　　　　　　　　組合長　秋山　明友

　　　　　電話番号　03-3203-××××

新宿 公共職業安定所長　殿

社会保険労務士記載欄	作成年月日・提出代行者・事務代理者の表示	氏　　　名	電話番号	安定所備考欄		

※	所長	次長	課長	係長	係	操作者	確認通知年月日 令和　年　月　日

2021. 9

注　意

1　□□□□で表示された枠(以下「記入枠」という。)に記入する文字は、光学式文字読取装置(OCR)で直接読取を行うので、この用紙は、汚したり、必要以上に折り曲げたりしないこと。

2　記載すべき事項のない欄又は記入枠は空欄のままとし、事項を選択する場合には該当番号を記入し、※印のついた欄又は記入枠には記載しないこと。

3　記入枠の部分は、枠からはみ出さないように大きめのカタカナ及びアラビア数字の標準字体により明瞭に記載すること。この場合、カタカナの濁点及び半濁点は、1文字として取り扱い(例:ガ→[カ][゛]、パ→[ハ][゜])、また、「ヰ」及び「ヱ」は使用せず、それぞれ「イ」及び「エ」を使用すること。

4　事業主の住所及び氏名欄には、事業主が法人の場合は、主たる事務所の所在地及び法人の名称を記載するとともに、代表者の氏名を付記すること。

5　1欄には、必ず番号確認と身元確認の本人確認を行った上で、個人番号(マイナンバー)を記載すること。

6　5欄には、被保険者でなくなったことの原因となる事実のあった年月日を記載すること。なお、年、月又は日が1桁の場合は、それぞれ10の位の部分に「0」を付加して2桁で記載すること。(例:平成19年3月1日→ [4]-[1][9][0][3][0][1])

7　6欄には、次の区分に従い、該当するものの番号を記載すること。
(1)死亡、在籍出向、出向元への復帰、その他離職以外の理由‥‥‥‥‥‥‥‥‥‥‥‥‥‥‥‥‥‥‥‥‥‥‥‥‥‥‥‥‥‥‥‥‥‥1
(2)天災その他やむを得ない理由によって事業の継続が不可能になったことによる解雇
(3)被保険者の責めに帰すべき重大な理由による解雇
(4)契約期間の満了
(5)任意退職(事業主の勧奨等によるものを除く。)　　　　　　　　　　　　　　　　　　　　　　　　　　　　　　‥‥‥‥2
(6)(2)から(5)まで以外の事業主の都合によらない離職(定年等)
(7)移籍出向(ただし、退職金又はこれに準じた一時金の支給が行われたもの以外の出向は「1」)
(8)事業主の都合による解雇、事業主の勧奨等による任意退職等‥‥‥‥‥‥‥‥‥‥‥‥‥‥‥‥‥‥‥‥‥‥‥‥‥‥‥‥‥‥‥3

8　7欄には、被保険者でなくなった者が離職票の交付を希望するときは「1」を、希望しない場合は「2」を記載すること。
　　なお、被保険者でなくなった者が離職時においては妊娠、出産、育児、疾病、負傷、親族の看護等の理由により一定期間職業に就くことができない場合及び60歳以上の定年等による離職後一定の期間求職の申込みをしないことを希望する場合であって、その後に失業等給付を受けようとするときは、「1」を記載すること。また、離職の日において59歳以上の者については、「1」を記載すること。
　　また、船員として高年齢求職者給付金を受給した者が65歳以降に離職した場合には「2」を記載すること。

9　8欄には、この届に係る者の5欄に記載した年月日現在の1週間の所定労働時間を記載すること。

10　9欄には、この届に係る者の離職等に伴い、これを補充するため、この届書を提出する際に公共職業安定所の紹介その他の方法による労働者の採用を予定している場合は「1」を記載し、予定していない場合は空欄とすること。

11　被保険者に氏名変更があった場合は、10欄に新氏名を記載するとともに、20欄に変更前氏名、25欄に氏名変更年月日を記載すること。

12　23欄には、離職後の住所又は居所が明らかであるときは、その住所又は居所を記載し、その住所又は居所が明らかでないときは、離職時の住所又は居所を記載すること。

13　本手続は電子申請による届出も可能であること。

14　外国人労働者に係る留意事項
　　外国人労働者(「外交」又は「公用」の在留資格者及び特別永住者を除く。)の場合は、14~19欄に、ローマ字氏名、在留カードの番号(英字2桁-数字8桁-英字2桁)、在留期間、国籍・地域、在留資格等を記載し、労働施策の総合的な推進並びに労働者の雇用の安定及び職業生活の充実等に関する法律第28条の外国人雇用状況の届出とすることができる。
　　なお、派遣・請負労働者として、主として24欄以外の事業所において就労していた者については17欄に1を記載し、該当しない場合は2を記載のこと。

お願い
　雇用保険の被保険者でなくなった事実のあった日の翌日より10日以内に提出してください。

(2)「資格喪失届」および「離職証明書」の記入内容（賃金支払状況、生年月日、被保険者であった期間、離職理由等）に基づき、失業等給付の受給資格、給付日額、所定給付日数、給付制限の有無等が判断されますので、適正に記入してください。

(3) 事業主は、上記（1）のただし書により、離職証明書を提出しなかった場合でも、その後その離職者から離職証明書の交付の請求があったときは、離職証明書を作成した上、その者に交付しなければなりません。

(4) 離職証明書を提出する場合には、賃金台帳、労働者名簿、出勤簿等の⑧欄から⑭欄の「離職の日以前の賃金支払状況等」を確認できる資料、199ページ以降の**【離職理由の各項目の内容】**中の【持参する資料】に掲げた書類等の⑦欄の離職理由を確認できる資料、および公共職業安定所（以下「安定所」といいます）に来所する担当者の印鑑を持参してください。

ロ　離職証明書の記入方法

事業主は、その雇用する被保険者が離職により被保険者でなくなった場合、また上記イの（3）により離職証明書を作成する場合には、以下の注意点に従って離職証明書（事業主控）（第1葉目）、離職証明書（安定所提出用）（第2葉目）および離職票－2（第3葉目）の3枚を複写によって同時に記入してください。

なお、次の点に注意してください。

（1）離職理由欄（⑦欄）および離職者本人の判断（⑯欄）について

　イ　離職理由の意義等

　（イ）離職理由の意義

　　　　離職理由が、特定受給資格者（倒産・解雇等により再就職の準備をするための時間的余裕がなく離職を余儀なくされた者）または特定理由離職者（期間の定めのある労働契約が更新されなかったことその他やむを得ない理由により離職した者）に該当するものである場合には、特定受給資格者または特定理由離職者とならない離職理由による離職と異なり、失業等給付（基本手当）の受給手続について、次のとおり取り扱われます。

　　　　①　特定受給資格者または特定理由離職者とならない離職理由の場合、失業等給付（基本手当）の受給資格を得るには、

受給資格に係る離職前 2 年間に被保険者期間が通算して 12 カ月必要です。

② 　特定受給資格者または特定理由離職者に該当する離職理由の場合、受給資格に係る離職前 1 年間に被保険者期間が通算して 6 カ月でも受給資格を満たすこととなります。

　　また、失業等給付（基本手当）の所定給付日数が手厚くなる場合があります。

③ 　離職理由が正当な理由のない自己都合離職等の場合には、給付制限が課されることになります。

(ロ) 離職理由の判定

　　離職理由の判定は、①事業主が主張する離職理由を離職証明書の離職理由欄（⑦欄）により把握した後、離職者が主張する離職理由を離職票—2 の離職理由欄（⑦欄）により把握することによって、両者の主張を把握するのみならず、②その際にはそれぞれの主張を確認できる資料による事実確認を行った上で、最終的に安定所において慎重に行われます。

　　したがって、事業主または離職者の主張のみで判定するものではありませんので、離職理由を確認できる資料が必要となります。

(ハ) 離職証明書の離職理由欄等（⑦欄および⑯欄）の記入の意義

　　この項目は、離職証明書の離職理由欄等の記入方法を説明するものですが、上記 (ロ) のとおり、離職証明書の離職理由欄（⑦欄）は事業主が主張する離職理由の確認を、⑯欄（離職者本人の判断）はその離職理由についての離職者の異議の有無を確認するためのものですので、適正に記入してください。

ロ　⑦欄および⑯欄の記入方法と確認資料持参について

(イ) ⑦欄の記入方法

　　⑦欄（離職理由）については、離職者の主たる離職理由に該当するものを同欄の 1 ～ 5 の「離職理由」の中から 1 つ選び（199 ページ以降の【離職理由の各項目の内容】を参照）、その左側の「事業主記入欄」の該当する□の中に○を記入した上、「離職理由」の各項目に記入箇所がある場合には、空欄（例えば（契約更新回数　回））には該当する内容を記入し、選択項目（例えば（労働

契約における契約の更新又は延長する旨の明示の有・無））には該当する事項を○で囲んでください（次ページ(ハ)の例を参照）。その上で、「具体的事情記載欄（事業主用）」に離職に至った原因とその経緯等の具体的事情を記入してください（205ページ以降の【具体的事情記載欄への主な離職理由】を参照）。

　離職理由が、2（定年によるもの）に該当する場合の記入に当たっては定年年齢を「（定年　歳）」に記入するとともに、労働者の定年後における継続雇用の希望の有無に応じて該当する事項に○を記入してください。また、労働者が定年後における継続雇用を希望していた場合には、2のa～cの該当する事項に○を記入するとともに、2のc（その他）に該当する場合は、具体的理由を記入してください。

　また、離職理由が3の(2)（労働契約期間満了による離職）に該当する場合の「労働者から契約の更新又は延長」に関する記入に当たっては、離職時の労働契約について、労働者からの更新または延長の希望に関する申出の内容に応じて該当する事項に○を記入してください。労働者から更新・延長の希望に関する申出を受ける機会がなかった場合には、「希望に関する申出はなかった」に○を記入してください。その際、「具体的事情記載欄（事業主用）」に、労働者からの申出を受ける機会がなかった経緯について、具体的事情を記入してください。

　なお、離職理由が5の(2)の「労働者の個人的な事情による離職」に該当する場合には、離職者から把握している範囲で可能な限り、離職に至った具体的な事情を記入してください。

　また、1～5に該当する離職理由がない場合には、6の「その他（1－5のいずれにも該当しない場合）」の□に○を記入し、「（理由を具体的に）」に具体的理由を簡潔に記入した上で、「具体的事情記載欄（事業主用）」に詳細な事情を記入してください。

(ロ) 確認資料持参について

　安定所において、事業主が記入した離職理由を確認する必要があるので、記入された離職理由に応じて、その内容を確認できる資料（199ページ以降の【離職理由の各項目の内容】中の【持参

する資料】を参照）を持参してください。【持参する資料】には、離職理由を確認できる資料として事業主が持参するものを掲げていますが、この他に安定所に既に提出されている資料等により確認する場合があります。

なお、その他、離職理由の判定に当たっては、必要に応じ、安定所から事情を確認されたり、確認資料の提示をお願いされる場合があります。

(ハ) ⑯欄の記入方法

離職理由は、離職者の失業等給付（基本手当）の受給資格の有無、所定給付日数、給付制限の有無に影響を与えるものですので、離職者が帰郷その他やむを得ない場合を除き、離職する日までに必ず離職者に事業主の記入した離職理由を確認させ、離職証明書（安定所提出用）（第2葉目）の⑯欄（離職者本人の判断）に、離職者の氏名を記入させてください。この場合、賃金計算等が未処理のため、まだ「離職の日以前の賃金支払状況等」の欄および⑮欄に記入されていない段階でも構いません。

なお、⑯欄に離職者の記載を得ることができないときは、同欄にその理由を記載してください。

【離職理由欄⑦の記入例】

（例）契約期間満了による離職（事業主により雇止めがされた場合）

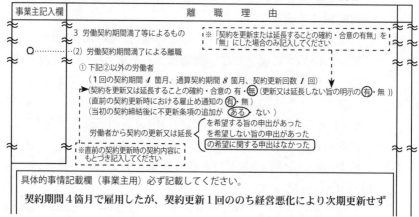

【離職理由の各項目の内容】

　（ここに記入した離職理由欄（⑦欄）の各項目の内容は、離職理由の判定に当たり、事業主が主張する離職理由を把握するために便宜上分類したものであり、特定受給資格者または特定理由離職者の判断基準とは異なります。離職理由の最終的な判定は安定所が行いますので、⑦欄の□の中に○を記入した離職理由と異なる場合があります。）

1　1の「事業所の倒産等によるもの」

①　1の (1) の「倒産手続の開始、手形取引停止による離職」

　　　裁判所に対する破産の申立て、再生手続開始の申立て、更生手続開始の申立て、整理開始または特別清算開始の申立て、事業所の手形取引の停止等により事業所が倒産状態にあることまたは所管官庁から長期間にわたる業務停止命令がなされたことといった勤務先の事情を考慮し離職した場合がこれに該当します。なお、倒産等により解雇された場合は、4の (1) の解雇に該当します。

　　　【持参する資料】裁判所において倒産手続の申立てを受理した事を証明する書類等

②　1の (2) の「事業所の廃止又は事業活動停止後事業再開の見込みがないため離職」

　　　事業所が廃止された場合、裁判上の倒産手続（上記①の手続）が執られていないが事業活動が事実上停止し、再開の見込みがない場合、株主総会等において解散の議決がなされた場合等の事業所が廃止状態にあることにより離職した場合がこれに該当します。

　　　【持参する資料】解散の議決がなされた場合には、その議決が行われた議事録（写）等

2　2の「定年によるもの」

　　　就業規則等により定められている定年により離職した者がこれに該当します。

　　　なお、定年後の継続雇用が有期契約により行われた場合であって、その有期契約期間の満了により離職した場合は、下記3①または②に該当しますのでご注意ください。

　　　【持参する資料】就業規則等

様式第5号(第7条関係)　　**雇用保険被保険者離職証明書（安定所提出用）**

① 被保険者番号	5000 - 001324 - 0	③ フリガナ	サノ　タダシ	④ 離職	年	月	日
② 事業所番号	1303 - 876543 - 0	離職者氏名	佐野　正	年月日	令和 06	5	31

⑤ 事業所	名称	上野産業株式会社	⑥ 離職者の 住所又は居所	〒176-XXXX 東京都練馬区豊玉北○-□-△
	所在地	台東区上野X-X-X		
	電話番号	03(XXXX)XXXX		電話番号（ 03 ）XXXX - XXXX

この証明書の記載は、事実に相違ないことを証明します。　　※離職票交付　令和　　年　　月　　日
（交付番号　　　　番）

事業主　住所　台東区台東△-□
　　　　労働保険事務組合　台東機械工業会
　　　　氏名　理事長　平野　茂

離 職 の 日 以 前 の 賃 金 支 払 状 況 等

⑧ 被保険者期間算定対象期間		⑨ ⑧の期間における賃金支払基礎日数	⑩ 賃金支払対象期間	⑪ ⑩の基礎日数	⑫ 賃　金　額			⑬ 備　考
Ⓐ 一般被保険者等	Ⓑ 短期雇用特例被保険者				Ⓐ	Ⓑ	計	
離職日の翌日 6月1日								
5 月 1 日～ 離 職 日	離職月	31日	5 月26日～ 離 職 日	6日	32,400			
4 月 1 日～ 4 月30日	月	30日	4 月26日～ 5 月25日	30日	162,000			
3 月 1 日～ 3 月31日	月	31日	3 月26日～ 4 月25日	31日	164,000			
2 月 1 日～ 2 月28日	月	28日	2 月26日～ 3 月25日	28日	158,000			
1 月 1 日～ 1 月31日	月	31日	1 月26日～ 2 月25日	31日	164,000			
12 月 1 日～12 月31日	月	31日	12 月26日～ 1 月25日	31日	165,000			
11 月 1 日～11 月30日	月	30日	11 月26日～12 月25日	30日	163,000			
10 月 1 日～10 月31日	月	31日	10 月26日～11 月25日	31日	163,000			
9 月 1 日～ 9 月30日	月	30日	9 月26日～10 月25日	30日	162,000			
8 月 1 日～ 8 月31日	月	31日	8 月26日～ 9 月25日	31日	164,000			
7 月 1 日～ 7 月30日	月	31日	7 月26日～ 8 月25日	31日	164,000			
6 月 1 日～ 6 月30日	月	30日	6 月26日～ 7 月25日	30日	162,000			
5 月 1 日～ 5 月31日	月	31日	5 月26日～ 6 月25日	31日	165,000			

⑭ 賃金に関する特記事項

⑮この証明書の記載内容（⑦欄を除く）は相違ないと認めます。
（離職者）（氏名）　佐野　正

※公共職業安定所記載欄
⑮欄の記載　有・無
⑯欄の記載　有・無
資・聴

※	所長	次長	課長	係長	係

本手続きは電子申請による申請も可能です。本手続きについて、電子申請により行う場合には、被保険者が離職証明書の内容について確認したことを証明することができるものを本離職証明書の提出と併せて送付することをもって、当該被保険者の電子署名に代えることができます。
　また、本手続きについて、社会保険労務士が電子申請による本届書の提出に関する手続を事業主に代わって行う場合には、当該社会保険労務士が当該事業主の提出代行者であることを証明することができるものを本届書の提出と併せて送付することをもって、当該事業主の電子署名に代えることができます。

社会保険労務士記載欄	作成年月日・提出代行者・事務代理者の表示	氏　名	電話番号

⑦離職理由欄…事業主の方は、離職者の主たる離職理由が該当する理由を１つ選択し、左の事業主記入欄の□の中に○印を記入の上、下の具体的事情記載欄に具体的事情を記載してください。

【離職理由は所定給付日数・給付制限の有無に影響を与える場合があり、適正に記載してください。】

事業主記入欄	離　職　理　由	※離職区分
□ ……	**1　事業所の倒産等によるもの** （1）倒産手続開始、手形取引停止による離職 （2）事業所の廃止又は事業活動停止後事業再開の見込みがないため離職	1 A
□ ……	**2　定年によるもの** 定年による離職（定年　　歳） 　定年後の継続雇用 を希望していた（以下のaからcまでのいずれかを１つ選択してください） 　　　　　　　　　 を希望していなかった	1 B
	a　就業規則に定める解雇事由又は退職事由（年齢に係るものを除く。以下同じ。）に該当したため （移籍事由又は退職事由と同一の事由として就業規則又は労使協定に定める「継続雇用しないことができる事由」に該当して離職した場合も含む。）	2 A
	b　平成25年3月31日以前に労使協定により定めた継続雇用制度の対象となる高年齢者に係る基準に該当しなかったため 　　　c　その他（具体的理由：　　　　　　　　　　　　　　　　　　　　　）	2 B
□ ……	**3　労働契約期間満了等によるもの** （1）採用又は定年後の再雇用時等にあらかじめ定められた雇用期限到来による離職 （1回の契約期間　　箇月、通算契約期間　　箇月、契約更新回数　　回） （当初の契約締結後に契約期間や更新回数の上限を短縮し、その上限到来による離職に該当　する・しない） （当初の契約締結後に契約期間や更新回数の上限を設け、その上限到来による離職に該当　する・しない） （定年後の再雇用時にあらかじめ定められた雇用期限到来による離職で　ある・ない） （4年6箇月以上5年以下の通算契約期間の上限が定められ、この上限到来による離職で　ある・ない） →ある場合（同一事業所の有期雇用労働者に一律4年6箇月以上5年以下の通算契約期間の上限が平成24年8月10日前から定められて　いた・いなかった）	2 C
		2 D
		2 E
□ ……	（2）労働契約期間満了による離職 　① 下記②以外の労働者 　（1回の契約期間　　箇月、通算契約期間　　箇月、契約更新回数　　回） 　（契約を更新又は延長することの確約・合意の　有・無（更新又は延長しない旨の明示の　有・無）） 　（直前の契約更新時に雇止め通知の　有・無） 　（当初の契約締結後に不更新条項の追加が　ある・ない） 　　　労働者から契約の更新又は延長 を希望する旨の申出があった 　　　　　　　　　　　　　　　　 を希望しない旨の申出があった 　　　　　　　　　　　　　　　　 の希望に関する申出はなかった	3 A
		3 B
		3 C
	② 労働者派遣事業に雇用される派遣労働者のうち常時雇用される労働者以外の者 　（1回の契約期間　　箇月、通算契約期間　　箇月、契約更新回数　　回） 　（契約を更新又は延長することの確約・合意の　有・無（更新又は延長しない旨の明示の　有・無）） 　　　労働者から契約の更新又は延長 を希望する旨の申出があった 　　　　　　　　　　　　　　　　 を希望しない旨の申出があった 　　　　　　　　　　　　　　　　 の希望に関する申出はなかった	3 D
		4 D
		5 E
	a　労働者が適用基準に該当する派遣就業の指示を拒否したことによる場合 　　　b　事業主が適用基準に該当する派遣就業の指示を行わなかったことによる場合（指示した派遣就業が取りやめになったことによる場合を含む。） 　（aに該当する場合は、更に下記の5のうち、該当する主たる離職理由を更に１つ選択し、○印を記入してください。該当するものがない場合は下記の6に○印を記入した上、具体的な理由を記載してください。）	
□ ……	（3）早期退職優遇制度、選択定年制度等により離職	
□ ……	（4）移籍出向	
	4　事業主からの働きかけによるもの	
□ ……	（1）解雇（重責解雇を除く。）	
□ ……	（2）重責解雇（労働者の責めに帰すべき重大な理由による解雇）	
	（3）希望退職の募集又は退職勧奨	
□ ……	① 事業の縮小又は一部休廃止に伴う人員整理を行うためのもの	
□ ……	② その他（理由を具体的に　　　　　　　　　　　　　　　　　　　　）	
	5　労働者の判断によるもの （1）職場における事情による離職	
□ ……	① 労働条件に係る問題（賃金低下、賃金遅配、時間外労働、採用条件との相違等）があったと労働者が判断したため	
□ ……	② 事業主又は他の労働者から就業環境が著しく害されるような言動（故意の排斥、嫌がらせ等）を受けたと労働者が判断したため	
□ ……	③ 妊娠、出産、育児休業、介護休業等に係る問題（休業等の申出拒否、妊娠、出産、休業等を理由とする不利益取扱い）があったと労働者が判断したため	
□ ……	④ 事業所での大規模な人員整理があったことを考慮した離職	
□ ……	⑤ 職種転換等に適応することが困難であったため（教育訓練の　有・無）	
□ ……	⑥ 事業所移転により通勤困難となった（なる）ため（旧（新）所在地：　　　）	
□ ……	⑦ その他（理由を具体的に　　　　　　　　　　　　　　　　　　　　）	
◉ ……	（2）労働者の個人的な事情による離職（一身上の都合、転職希望等）	
□ ……	**6　その他（1－5のいずれにも該当しない場合）** （理由を具体的に　　　　　　　　　　　　　　　　　　　　）	

具体的事情記載欄（事業主用）

　　　　　　　　転職希望

⑧離職者本人の判断（○で囲むこと）
事業主が○を付けた離職理由に異議　有り・無し

（離職者氏名）　　佐野　正

3 3の(1)の「採用又は定年後の再雇用時等にあらかじめ定められた雇用期限到来による離職」

① 労働契約は1年単位でも、別途、あらかじめ雇用期間の上限（3年間等）が定められており、上限に達したことにより離職した場合

例えば定年退職後、1年更新で65歳までの再雇用されることがあらかじめ定められており、65歳に達したことに伴い離職した場合等がこれに該当します。

【持参する資料】労働契約書、雇入通知書、就業規則等

② 3の(2)の「労働契約期間満了による離職」

労働契約期間満了とは、例えば契約期間が1年間といった期間の定めがある労働契約により雇用されていた者が、契約期間が終了したことにより離職した場合をいいます（3の(1)の「採用又は定年後の再雇用時等にあらかじめ定められた雇用期限到来による離職」の場合を除きます）。

【持参する資料】労働契約書、雇入通知書、契約更新の通知書、タイムカード等

③ 3の(3)の「早期退職優遇制度、選択定年制度等により離職」

従来から恒常的に事業所の制度としてある早期退職優遇制度や選択定年制に応募した場合、会社における特定の事由による退職慣行等の理由により離職した場合がこれに該当します。

【持参する資料】制度の内容が分かる資料

④ 3の(4)の「移籍出向」

出向のうち適用事業に雇用される労働者が当該適用事業の事業主との雇用関係を終了する場合がこれに該当します。

【持参する資料】移籍出向の事実が分かる資料

4 4の「事業主からの働きかけによるもの」

① 4の(1)の「解雇（重責解雇を除く。）」および(2)の「重責解雇（労働者の責めに帰すべき重大な理由による解雇）」

事業主による解雇がこれらに該当し、重責解雇とは、刑法の規定違反、故意または重過失による設備や器具の破壊または事業所の信用失墜、重大な就業規則違反等により解雇された場合がこれに該当します。

【持参する資料】解雇予告通知書、退職証明書、就業規則等

② 4の（3）の「希望退職の募集又は退職勧奨」

　　企業整備等における人員整理等に伴う事業主（または人事担当者）による退職勧奨、人員整理を目的として臨時に募集される希望退職の募集に応じて離職する場合がこれに該当します。

【持参する資料】希望退職の募集に応じた場合には、希望退職募集要綱（写）、離職者の応募の事実が分かる資料等

5　5の「労働者の判断によるもの」の（1）の「職場における事情による離職」

　　労働者の方が職場（事業所）における事情により離職をした場合がこの区分に該当します。

① 5の（1）の①の「労働条件に係る問題（賃金低下、賃金遅配、時間外労働、採用条件との相違等）があったと労働者が判断したため」

　　賃金の低下、賃金の一定割合が支払期日までに支払われないなど賃金遅配、事業停止に伴い休業手当が継続して支払われること、時間外労働など労働条件に重大な問題（実際の労働条件が採用時に示された条件と著しく相違している場合を含む）があったこと、または事業所において危険もしくは健康障害の発生するおそれのある法令違反等があり行政機関の指摘にも関わらず改善措置を講じない等の理由により離職した場合がこれに該当します。

【持参する資料】

・賃金低下の場合

　　労働契約書、就業規則、賃金規定、賃金低下に関する通知書等

・賃金遅配、休業手当が継続して支払われている場合

　　労働契約書、就業規則、賃金規定、賃金台帳等

・時間外労働の場合

　　賃金台帳、タイムカード等時間外労働の時間が分かるもの等

・採用条件と労働条件との相違の場合

　　採用条件および労働条件が分かる労働契約書や就業規則等

　　労働協約による変更は労使が合意した書面、就業規則によ

　　　　　　　る変更は労働組合等の意見を聴取した事実が分かる資料等

② 5の(1)の②の「事業主又は他の労働者から就業環境が著しく害されるような言動（故意の排斥、嫌がらせ等）を受けたと労働者が判断したため」

　上司や同僚等からの故意の排斥、著しい冷遇や嫌がらせ（セクシュアル・ハラスメントや妊娠、出産等に関するハラスメントを含む）等、就業環境に係る重大な問題があったため離職した場合がこれに該当します。

　【持参する資料】特定個人を対象とする配置転換、給与体系等の変更の嫌がらせがあった場合には、配置転換の辞令（写）、労働契約書、就業規則、賃金台帳等

③ 5の(1)の③の「妊娠、出産、育児休業、介護休業等に係る問題（休業等の申出拒否、妊娠、出産、休業等を理由とする不利益取扱い）があったと労働者が判断したため」

　育児休業、介護休業等の申出をしたが、正当な理由なく拒まれた場合、妊娠、出産、休業等の申出または取得したことを理由とする不利益取扱いを受けた場合、育児・介護休業法、労働基準法、雇用の分野における男女の均等な機会および待遇の確保等に関する法律の労働者保護法令に違反し、または措置されなかった場合に離職した場合がこれに該当します。

④ 5の(1)の④の「事業所での大規模な人員整理があったことを考慮した離職」

　人員整理に伴い当該事業所の労働者の3分の1を超える者が離職した場合、事業主が大量離職届（1カ月に30人以上の離職を予定）を安定所に提出しなければならないような事業所の縮小が行われた場合または行われることが確実であることといった職場の事情を考慮して離職した場合がこれに該当します。

⑤ 5の(1)の⑤の「職種転換等に適応することが困難であったため」

　長期間にわたり従事していた職種から事業主が十分な教育訓練を行うことなく別な職種へ配置転換を行い新たな職種に適応できない場合、労働契約上、職種や勤務場所が特定されているにもかかわらず、他の職種への職種転換や遠隔地への転勤を命じられた場合等職

種転換等に適応することが困難であったため離職した場合がこれに該当します。

【持参する資料】採用時の労働契約書、職種転換、配置転換または転勤の辞令（写）、賃金台帳等

⑥　5の(1)の⑥の「**事業所移転により通勤困難となった（なる）ため**」
事業所移転により通勤困難となった（なる）ために離職した場合が該当します。

【持参する資料】事業所移転の通知、事業所の移転先が分かる資料および離職者の通勤経路に係る時刻表等

6　5の「労働者の判断によるもの」の（2）の「労働者の個人的な事情による離職（一身上の都合、転職希望等）」

例えば、職務に耐えられない体調不良、妊娠・出産・育児、親族の看護等の家庭事情の急変、自発的な転職等労働者の方が職場事情以外の個人的な事情一般のため離職した場合がこれに該当します。

【持参する資料】退職願（写）等その内容が確認できる資料

7　6の「その他（1−5のいずれにも該当しない場合）」

1〜5のいずれにも該当しない理由により離職した場合がこれに該当します。

【持参する資料】その内容が確認できる資料

【具体的事情記載欄への主な離職理由】

○　2に該当する「定年による離職」のケース
- ・就業規則第○条に基づき 65 歳定年により離職

○　3の(1)に該当する「採用又は定年後の再雇用時等にあらかじめ定められた雇用期限到来による離職」のケース
- ・定年退職後、1 年更新で 65 歳までを期限として再雇用されることがあらかじめ定められており、65 歳に達したことに伴い離職

○　3の(2)に該当する「労働契約期間満了による離職」のケース
- ・平成○年 10 月 1 日に雇用し、契約期間が 1 年の労働契約を 6 回更新しており、労働者が契約継続を事業主に申し入れたが事業主が契約更新しなかったため離職
- ・平成○年 6 月 1 日に雇用し、契約期間が 6 カ月の労働契約を 13 回更新しており、事業主は契約更新を希望したが、労働者が退職

を希望して離職

- ・令和○年 11 月 1 日に、労働契約期間の更新の明示をした上で、8 カ月の期間雇用者として雇用。経営の悪化により、当初契約期間の満了により雇止めしたため離職
- ・令和○年 7 月 1 日に雇用され、2 カ月の労働契約を 3 回更新してきており、労働者は次回の更新も希望していたが、事業主からは更新の希望の有無も確認しないまま雇止めしたため離職

○　4 の(1)に該当する「解雇に伴う離職」のケース
- ・令和○年 10 月 2 日に、人員整理のため解雇したため（解雇予告日令和○年 9 月 1 日）

○　4 の (3) に該当する「希望退職制度への応募に伴う離職」のケース
- ・経営悪化に伴う人員整理の一環としての希望退職制度（令和○年 9 月に事業主より提示し、募集期間は 3 週間）があり、これに応じて離職

○　5 の(1)の①に該当する「賃金低下に伴い離職」のケース
- ・業績悪化に伴い、令和○年 5 月から基本給が 40 万円から 30 万円に低下したため離職

○　5 の(1)の⑤に該当する「職種転換等に伴い離職」のケース
- ・入社以来、15 年間ＮＣ旋盤工として働いていたが、事業主より経理事務を行う部署に変更を命じ、教育訓練を行わず、対応できなかったため離職

○　5 の(1)の⑥に該当する「事業所が通勤困難な場所へ移転したことに伴う離職」のケース
- ・事業所が○○市から○○市に移転し、労働者の住所である○○市からの片道の通勤時間が○時間となり、通勤困難となったため離職

○　5 の(2)の「労働者の個人的な事情による離職」のうち「職務に耐えられない体調不良に伴う離職」のケース
- ・○○病と令和○年○月○日に診断され、職務に耐えられず離職

○　5 の(2)の「労働者の個人的な事情による離職」のうち「転居により通勤困難となったことに伴い離職」のケース
- ・住居が○○市から○○市に移転し、事業所の所在地である○○市からの片道の通勤時間が○時間となり、通勤困難となったため離職

【離職者本人の判断（⑯欄）の記入例】

（例）離職者が事業主が⑦欄に記入した離職理由に異議がない場合

```
⑯離職者本人の判断（〇で囲むこと）
事業主が〇をつけた離職理由に異議    有り・(無し)

        (離職者氏名)          職安　太郎
```

(2)　⑧欄は、離職した被保険者の種類に従い、一般被保険者、高年齢
被保険者として離職した者の場合には⒜欄に、短期雇用特例被保険者
として離職した者の場合には⒝欄に記入してください。

　イ　短期雇用特例被保険者および高年齢被保険者以外の被保険者とし
　　て離職した者の場合は、下記（ロ）のｂに掲げる期間について、⒜
　　欄に次により記入してください。

　（イ）「離職日の翌日」の欄には、④欄の離職年月日の翌日を記入し
　　　ます。

　（ロ）　a.「離職日の翌日」の欄の下の各欄の左側の月日欄には、離職
　　　　日の属する月からさかのぼった各月における「離職日の翌
　　　　日」に応当する日（「離職日の翌日」に応当する日がない月
　　　　においては、その月の末日。以下「喪失応当日」といいます。）
　　　　を記入します（211 ページ例 1 参照）。したがって、最上段
　　　　の左側の月日欄には、「離職日の翌日」の属する月の前月に
　　　　おける喪失応当日を記入し、次の段の左側の月日欄には、す
　　　　ぐ上の段の左側の月日欄に記入した月の前月における喪失応
　　　　当日を記入します。

　　　　b.　以下の各段には、順次さかのぼって、離職の日以前 2 年間
　　　　（したがって、24 段に達するまで）についての期間のうち、
　　　　被保険者期間（※次ページ参照）が通算して 12 カ月になる
　　　　まで記入してください。

　　　　c.　ただし、次の点に注意してください。

　　　（a)　左側の月日欄に記入すべき月日が、資格喪失届④欄の「被
　　　　　保険者となった年月日」より前の日となるときは、その被
　　　　　保険者となった日を記入します。

　　　（b)　⑧の⒜の記入欄が不足したときには、別葉の離職証明書

の用紙を続紙として用いて、表題の右に「続紙」と記入し、①〜④欄、事業主の住所・氏名欄および⑧〜⑭欄のみを記入してください。

　　なお、⑧〜⑭欄については、例2（211ページ参照）のように不要な記入欄を二重線で抹消し、2段目から使用してください。

(ハ)　右側の月日欄には、その記入しようとする段のすぐ上の段の左側の月日の前日を記入します。

※ 被保険者期間について

　被保険者期間とは、雇用保険法第14条に定義されているもので、離職日の翌日から、応当日方式で、過去に1カ月ずつ区切った各期間について、賃金の支払の基礎となる日数（209ページの（3）参照）が11日以上または賃金の支払の基礎となった労働時間数が80時間以上ある場合に、被保険者期間1カ月と数えます。

　この被保険者期間が原則、離職日前2年間に通算して12カ月以上ある場合に基本手当の受給手続が可能となります。

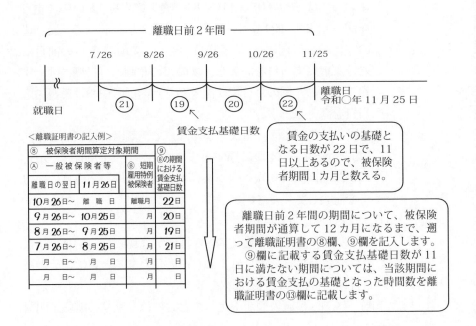

（ニ）　離職者が、上記(ロ) bに掲げる期間内に、①疾病、②負傷、③事業所の休業、④出産、⑤事業主の命による外国における勤務等の理由により引き続き30日以上賃金の支払を受けることができなかったものであるときは、当該理由により賃金の支払を受けることができなかった日数を上記(ロ) bに掲げる期間に加算した期間（その期間が4年を超えるときは、4年間）について、上記により記入してください（ただし、当該期間中における各段において、左側の月日から右側の月日までの期間中に全く賃金の支払を受けなかった場合は、その期間は記入することを要しません）。

　　　　　また、賃金の支払を受けなかった期間および原因となった傷病名等を⑬欄に記入します（211ページ例3参照）。

　　　　　なお、上記の理由により通常の勤務をすることができなかった日（例えば通院のため午前中欠勤した場合等）が30日以上引き続いた場合であって、通常の賃金を下回る賃金が支払われた場合には、その期間および原因となった傷病名等を⑬欄に記入します。

ロ　高年齢被保険者として離職した者の場合は、原則、離職日前1年間の期間について、前記イの例にならって、被保険者期間が6カ月以上になるところまで遡って、⑧欄および⑨欄を記入してください。

ハ　短期雇用特例被保険者として離職した者の場合は、被保険者となった日から離職日までの期間について、Ⓑ欄に、次により記入してください。

（イ）　離職日の属する月から被保険者となった日の属する月までの各暦月について、最上段から順次さかのぼって記入します（211ページ例4参照）。

（ロ）　離職者が被保険者となった日から離職日までの間に、上記イの例に掲げる理由により引き続き30日以上賃金の支払を受けなかったものであるときは、その理由により賃金の支払を全く受けることができなかった暦月については記入することを要せず、その賃金の支払を受けなかった期間および原因となった傷病名等を⑬欄に記入します。

（3）　⑨欄には、⑧のⒶ欄の期間またはⒷ欄の暦月における賃金の支払の基礎となった日（休業手当の対象となった日または有給休暇の対象となった日を含む）の数を記入してください。

なお、半日勤務等所定労働時間を勤務しなかった日も1日として取り扱い、その内容を備考欄に記入してください。

　また、(2)のハにより⑧の⑧欄を使用して記入することとされた暦月についての⑨欄の記入に当たっては、次の点に留意してください。

イ　離職日の属する月（⑧の⑧欄が「離職月」とされている月）については、その暦月の初日から離職日までの期間中の賃金の支払の基礎となった日数を記入します。

ロ　被保険者となった日の属する月については、その被保険者となった日からその暦月の末日までの期間中の賃金の支払の基礎となった日数を記入します。

(4)　⑩欄の最上段には、賃金締切日（賃金締切日が1暦月中に2回以上ある者については各暦月の末日に最も近い賃金締切日を、日々賃金が支払われる者等定められた賃金締切日のない者については暦月の末日をいう。以下同じ）のうち離職日の直前の賃金締切日の翌日から離職日までの期間を、次の段には、上段の左側の月日の前月の賃金締切日の翌日（被保険者となった日の属する月の場合は、被保険者となった日）から次の賃金締切日までの期間を、以下の各段には順次さかのぼって、上記(2)のイまたはロにより記入した期間について記入します。ただし、当該期間中の各段において、左側の月日から右側の月日までの期間中に全く賃金の支払を受けなかった場合は、その期間は記入することを要しません。

　なお、⑩欄に記入した各期間において休業手当（労働基準法第26条によるもの）が支払われたことがある場合には、⑬欄に「休業」と表示の上休業日数および支払った休業手当の額を記入してください（212ページ例5参照）。この場合、各期間に対応する賃金月の全期間にわたり休業が行われ、休業手当が支払われた場合は、「全休業」と表示の上休業手当の額を記入します。なお、「全休業」と表示する場合以外の場合には、休業手当が支払われた日が連続する場合であって、その連続する休業手当が支払われた期間中に就業規則等に規定された所定休日のみがある場合には、支払われた休業手当の額の記入の下に「休業期間中の所定休日」と表示の上、当該所定休日数を記入します。ただし、所定休日であっても休業手当が支払われた日については所定休日数を記入する必要はありません。

(5) （2）、（3）および（4）の記入例を次に掲げます。

例1　平成19年10月12日採用、令和6年1月15日一般被保険者として離職。月給者。離職票1枚で被保険者期間の記載が収まる場合。

⑧ 被保険者期間算定対象期間		⑨
Ⓐ 一般被保険者等	Ⓑ短期雇用特例被保険者	⑧の期間における賃金支払基礎日数
離職日の翌日 1月16日		
12月 16日～ 離 職 日	離職月	31日
11月 16日～12月15日	月	30日
10月 16日～11月15日	月	31日
9月 16日～10月15日	月	30日
8月 16日～ 9月15日	月	31日
7月 16日～ 8月15日	月	31日
6月 16日～ 7月15日	月	30日
5月 16日～ 6月15日	月	31日
4月 16日～ 5月15日	月	30日
3月 16日～ 4月15日	月	31日
2月 16日～ 3月15日	月	28日
1月 16日～ 2月15日	月	31日
12月 16日～ 1月15日	月	31日

例2　平成18年10月1日採用、令和6年1月15日一般被保険者として離職。日給者。離職前2年間における被保険者期間を通算して12か月になるまで記載した結果、1枚の離職票では足りず、続紙を使用した場合。

（1枚目）

⑧ 被保険者期間算定対象期間		⑨
Ⓐ 一般被保険者等	Ⓑ短期雇用特例被保険者	⑧の期間における賃金支払基礎日数
離職日の翌日 1月16日		
12月 16日～ 離 職 日	離職月	11日
11月 16日～12月15日	月	14日
10月 16日～11月15日	月	10日
9月 16日～10月15日	月	12日
8月 16日～ 9月15日	月	13日
7月 16日～ 8月15日	月	10日
6月 16日～ 7月15日	月	14日
5月 16日～ 6月15日	月	12日
4月 16日～ 5月15日	月	11日
3月 16日～ 4月15日	月	10日
2月 16日～ 3月15日	月	12日
1月 16日～ 2月15日	月	12日
12月 16日～ 1月15日	月	13日

（続紙）

⑧ 被保険者期間算定対象期間		⑨	⑩
Ⓐ 一般被保険者等	Ⓑ短期雇用特例被保険者	⑧の期間における賃金支払基礎日数	賃 金 支 払 対 象 期 間
離職日の翌日 1月16日			
―月―日～ 離 職 月 ― 日	離職月 ― 日		―月―日～―月―日
11月 16日～12月15日	月	14日	月 日～ 月 日
10月 16日～11月15日	月	14日	月 日～ 月 日
10月 1日～10月15日	月	14日	月 日～ 月 日

例3　令和5年1月27日採用、令和6年3月25日一般被保険者として退職。令和5年5月20日～同年12月16日肝臓炎のため欠勤。賃金支払なし。月給者。一般被保険者として離職。

⑧ 被保険者期間算定対象期間		⑨	⑩	額	
Ⓐ 一般被保険者等	Ⓑ短期雇用特例被保険者	⑧の期間における賃金支払基礎日数	賃	計	備 考
離職日の翌日 3月26日					
2月 26日～ 離 職 日	離職月	29日			
1月 26日～ 2月25日	月	31日			
12月 26日～ 1月25日	月	31日			
11月 26日～12月25日	月	9日			自05.5.20 至05.12.16
4月 26日～ 5月25日	月	24日			211日間肝臓炎のため賃金支払なし
3月 26日～ 4月25日	月	31日			
2月 26日～ 3月25日	月	28日			
1月 27日～ 2月25日	月	30日			

例4　令和5年10月21日採用、令和6年7月15日短期雇用特例被保険者として離職。月給者。

⑧ 被保険者期間算定対象期間		⑨
Ⓐ 一般被保険者等	Ⓑ短期雇用特例被保険者	⑧の期間における賃金支払基礎日数
離職日の翌日 月 日		
月 日～ 離 職 日	離職月	15日
月 日～ 月 日	6月	30日
月 日～ 月 日	5月	31日
月 日～ 月 日	4月	30日
月 日～ 月 日	3月	31日
月 日～ 月 日	2月	29日
月 日～ 月 日	1月	31日
月 日～ 月 日	12月	31日
月 日～ 月 日	11月	30日
月 日～ 月 日	10月	11日

例5　令和6年11月11日一般被保険者として退職。月給者。令和6年6月1日～10日、9月5日～9月30日（所定休日は日曜日、国民の祝日）の所定休日を除いて休業手当を支給。

⑩ 賃金支払対象期間	⑪ ⑩の基礎日数	⑫ 賃　金　額			⑬ 備　考
		Ⓐ	Ⓑ	計	
10月26日～ 離　職　日	17日	97,200			
9月26日～10月25日	30日	164,000			休業4日 20,800円 休業期間中の所定休日1日
8月26日～ 9月25日	31日	133,200			休業16日 83,200円 休業期間中の所定休日5日
7月26日～ 8月25日	31日	176,600			
6月26日～ 7月25日	30日	176,600			
5月26日～ 6月25日	31日	150,400			休業8日 41,600円 休業期間中の所定休日2日
4月26日～ 5月25日	30日	178,400			
3月26日～ 4月25日	31日	178,400			
2月26日～ 3月25日	29日	172,900			
1月26日～ 2月25日	31日	175,000			
12月26日～ 1月25日	31日	174,000			
11月26日～12月25日	30日	173,200			

（6）　⑪欄については、⑩欄の各期間において賃金の支払の基礎となった日数を記入してください。

（7）　⑫欄については、賃金の主たる部分が、月、週その他一定の期間によって定められている場合には、その月の賃金のすべてをⒶ欄に記入してください。賃金の主たる部分が労働した日もしくは時間によって算定され、または出来高払制その他の請負制によって定められている場合には、その主たる部分の賃金をⒷ欄に記入し、その他の部分の賃金（月によって支払われる家族手当等）をⒶ欄に記入します。このほか、次の点に注意してください。

① 在職中に労働協約等の改定に伴い賃金がさかのぼって引き上げられ過去の月分に係る差額が支給された場合には、それぞれの該当月に支給された賃金額に当該差額を加えた額を記入します。

② 通勤手当等が数カ月分一括支給された場合等は、対象月の月数で除して得た額を各月の欄に加算して記入しますが、この場合に生じた端数は、その最後の月にまとめて支払われたものとして記入してください。

③ 賞与その他臨時の賃金については、⑫欄には記入しません。

なお、記入しない欄には斜線を引いてください。

（8）⑬欄には、賃金未払がある場合は、その旨およびその未払額等参考となる事項を記入してください。

また、特定受給資格者に該当する被保険者で、算定基礎賃金月に、小学校就学の始期に達するまでの子を養育するため、もしくは要介護状態にある対象家族を介護するための休業、または当該被保険者が就業しつつその子を養育すること、もしくはその要介護状態にある対象家族を介護することを容易にするための勤務時間短縮措置（以下「短縮措置等」といいます）の適用により賃金が喪失・低下した期間の全部または一部を含む場合は、当該短縮措置等の開始日および終了日を記入してください。この場合、離職証明書とともに雇用保険被保険者短縮措置等適用時賃金証明書を提出してください。

（9）⑭欄には、毎月決まって支払われる賃金以外の賃金のうち、3カ月以内の期間ごとに支払われるもの（以下「特別の賃金」といいます）がある場合に、上記（2）により⑧欄に記入した期間内に支払われた特別の賃金の支給日、名称および支給額を記入してください。なお、余白には斜線を引いてください（**例6**参照）。

例6

⑭ 賃 金 に 関 す る 特記事項	○.12.25 ○○手当 220,000	○.9.25 ○○手当 140,000	○.6.25 ○○手当 210,000	○.3.25 ○○手当 130,000	

（10）　賃金計算が未処理のため、賃金の支払状況等の欄の記入が行えないとの理由から、届出期限を超過することがないよう注意してください（なお、賃金の支払状況等の欄に記入がなくても、その具体的事情を記入した上で公共職業安定所に届出を行うことが可能です。その際には、後日、改めて公共職業安定所から適正な賃金計算に基づく記入をお願いされることになりますが、その間に離職者の受給手続を進めることができるので離職者の不利益になりません）。

　　　離職者に不利益が及ばないよう、離職証明書の届出は期限内に行うよう注意してください。

（11）　⑩欄から⑭欄の記入に当たっては、雇用保険法第17条の規定による賃金日額を計算するのに必要な賃金の支払状況を正確に記入することができる場合には、当該賃金の支払状況の記入をもって足ります。

（12）　離職証明書（安定所提出用）（第2葉目）の⑮欄には、離職者にこの証明書の内容（⑦欄を除く）を確認させた上、氏名を記載させてください。

　　　なお、帰郷その他やむを得ない理由により離職者の氏名を得ることができないときは、⑮欄にその理由を記入し、事業主の氏名を記載してください。

（13）　※欄には、記入しないでください。

（14）　「社会保険労務士記載」欄は、この証明書等を社会保険労務士が作成した場合にのみ記入してください。

　　　なお、離職票－2（第3葉目）を重ねて記入すると、そのまま複写されてしまいますので注意してください。

注 意

○　偽りその他不正の行為で失業等給付を受けたり、または受けようとした場合には、以後これらの失業等給付を受けることができなくなるばかりでなく、不正に受給した金額の返還・納付（3倍返し）を命ぜられ、また、詐欺罪等で処罰されることがあります。離職票の離職理由について虚偽の申告を行うことも不正行為となりますので注意してください。

○　事業主が離職理由について虚偽の記入を行った場合、偽りその他不

正の行為をしたものとして、そのような虚偽の離職理由に基づき不正に受給した者と連帯して不正受給金の返還・納付命令（3倍返し）の対象となるとともに、詐欺罪等として刑罰に処せられる場合があります。

○ ・1人以上の被保険者を事業主都合により解雇（勧奨退職、解雇予告を含む）させた事業主
・事業所の被保険者の一定割合以上の特定受給資格者（一部のものを除く）を発生させた事業主
のいずれかには、雇入れ関係助成金が支給されないこととなります。

（4）被保険者の転勤等の際における手続

イ　被保険者を転勤させたときの届出

（イ）　あらまし

　　　事業主は、その雇用する被保険者をその事業主の一つの事業所から他の事業所へ転勤させたときは、その事実があった日の翌日から起算して10日以内に、転勤後の事業所の所在地を管轄する公共職業安定所の長に転勤届をそれぞれ提出（年金事務所経由も可）しなければなりません（216～217ページ記入例参照）。

（ロ）　転勤届を提出するに当たっての留意事項

　　　事業主は、転勤届を提出する際には、すでに事業所に交付されている雇用保険被保険者資格喪失届・氏名変更届と労働者名簿その他の転勤の事実を証明できる書類を添えなければなりません。ただし、届出内容を精査する必要がある場合を除いて、添付書類を省略して差し支えないとされています。

ロ　被保険者が氏名を変更したときの届出

　　被保険者が結婚、養子縁組等で氏名を変更したときは、事業主は、被保険者の資格喪失・転勤の届出、育児・介護休業給付金の申請等の際に、その届出の中で変更に関する処理も同時に行います（令和2年1月1日から）。

雇用保険被保険者転勤届

（必ず第2面の注意事項を読んでから記載してください。）

帳票種別

`1 4 1 0 6`

1.被保険者番号

`4 0 0 1 - 0 0 0 0 3 3 - 0`

2.生年月日

`3 - 3 9 1 0 1 5` （2大正 3昭和 4平成 5令和）
元号　年　月　日

3.被保険者氏名　　　　フリガナ（カタカナ）

井田　道夫　　`イタ゛ ミチオ` □□□□□□□□□□□□

4欄は、被保険者が外国人の場合のみ記入してください。

4.被保険者氏名（ローマ字）（アルファベット大文字で記入してください。）

□□□□□□□□□□□□□□□□□□□□□

被保険者氏名〔続き（ローマ字）〕

□□□□□□□□□□□

5.資格取得年月日

`4 - X X 0 4 0 1` （3昭和 4平成 5令和）
元号　年　月　日

6.事業所番号

`3 9 0 1 - 8 5 0 0 0 6 - 0`

7.転勤前の事業所番号

`1 3 0 3 - 3 7 1 1 4 3 - 5`

8.転勤年月日

`5 - 0 6 0 9 2 0` （4平成 5令和）
元号　年　月　日

9.転勤前事業所
名称・所在地　　[大山物産株式会社　　東京都台東区東上野△-○]

10. （フリガナ）	11.	令和
変更前氏名	氏名変更年月日	年　　月　　日

12. 備考	

雇用保険法施行規則第13条第1項の規定により上記のとおり届けます。

令和 6 年　9月 28日

住　所　　高知市北元町X-□

事業主 氏 名　　労働保険事務組合高知商工業組合
　　　　　　　　組合長　　根本　克己

電話番号　088（XXX）XXXX

高知　公共職業安定所長　殿

社会保険 労務士 記載欄	作成年月日・提出代行者・事務代理者の表示	氏　　名	電話番号

※	所長	次長	課長	係長	係	操作者

※ 備考	
	確認通知　令和　　年　　月　　日

2021.9

注 意

1　帳票の提出に際しては、第1面に記載する届出に係る被保険者の既交付の雇用保険被保険者証及び雇用保険被保険者資格喪失届を添付すること。

2　□□□で表示された枠（以下「記入枠」という。）に記入する文字は、光学式文字読取装置（OCR）で直接読取を行うので、この用紙は汚したり、必要以上に折り曲げたりしないこと。

3　記載すべき事項のない欄又は記入枠は空欄のままとし、事項を選択する場合には該当番号を記入し、※印のついた欄又は記入枠には記載しないこと。

4　記入枠の部分は、枠からはみ出さないように大きめのカタカナ及びアラビア数字の標準字体により明瞭に記載すること。

　　この場合、カタカナの濁点及び半濁点は、1文字として取り扱い、また、「キ」及び「エ」は使用せず、それぞれ「イ」及び「エ」を使用すること。

5　事業主の住所及び氏名欄には、事業主が法人の場合は、主たる事務所の所在地及び法人の名称を記載するとともに、代表者の氏名を付記すること。

6　1欄には被保険者証に記載されている被保険者番号を記載すること。

　　なお、被保険者番号が16桁（上下2段で表示されている。）で構成されている場合は、下段の10桁のみを記載すること。この場合、最初の4桁を最初の4つの枠内に、残りの6桁を「日」に続く6つの枠内に記載し、最後の枠は空枠とすること。

　　（例：46011 8****・13015 43210 → 1301-543210- ）

7　2欄の元号は、該当するものの番号を記載し、年月日の年、月又は日が1桁の場合は、それぞれ10の位の部分に「0」を付加して2桁で記載すること。

　　（例：昭和51年5月6日→ 3-510506 ）

8　3欄のフリガナ欄には、その者の氏名をカタカナで記載し、姓と名の間は1枠空けること。

　　被保険者に氏名変更があった場合は、新氏名を記載するとともに、10欄及び11欄を記載すること。

9　4欄には在留カードに記載されている順にローマ字氏名を記載すること。

10　5欄には資格取得年月日を記載すること。なお、年、月又は日が1桁の場合は、それぞれ10の位の部分に「0」を付加して2桁で記載すること。

　　（例：平成10年3月1日→ 4-100301 ）

11　6欄については、当該被保険者が8欄の日に所属する、当該届出を行う事業所の事業所番号を記載すること。事業所番号が10桁の構成である場合は、最初の4桁を最初の4つの枠内に、残りの6桁を「日」に続く6つの枠内にそれぞれ記載し、最後の枠は空枠とすること。

12　7欄は転勤前の事業所の事業所番号を記載すること。なお、事業所番号が10桁の構成である場合の記載については上記11と同様とすること。

13　8欄は転勤の年月日を記載すること。なお、年、月又は日が1桁の場合は、上記10のなお書きと同様に記載すること。

14　9欄には7欄に記載した事業所の事業所名称及び所在地を記載すること。

15　本手続は電子申請による届出も可能であること。

　　なお、本手続について、社会保険労務士が電子申請により本届書の提出に関する手続を事業主に代わって行う場合には、当該社会保険労務士が当該事業主の提出代行者であることを証明することができるものを本届書の提出と併せて送信することをもって、当該事業主の電子署名に代えることができます。

付 録

付録1　労災保険率適用事業細目・労災保険率及び労務費率表

(令和6年4月1日施行)

事業の種類の分類	事業の種類の番号	事業の種類	事業の種類の細目	備考	労務費率	労災保険率
林業	02又は03	林業	A　木材伐出業 0201　伐木、造材、集材若しくは運材の事業又はこれらに付随する事業 B　その他の林業 0301　植林若しくは造林の事業又はこれらに付随する事業 0302　竹の伐出業 0304　薪の切出製造若しくは木炭の製造又はこれらに付随する搬出の事業 0303　その他の各種林業			1000分の52
漁業	11	海面漁業((12)定置網漁業又は海面魚類養殖業を除く。)	1101　海面において行う水産動物（貝類を除く。）の採捕の事業			1000分の18
	12	定置網漁業又は海面魚類養殖業	1201　海面において定置網を用いて行う漁業 1202　海面において行う魚類の養殖の事業			1000分の37
鉱業	21	金属鉱業、非金属鉱業((23)石灰石鉱業又はドロマイト鉱業を除く。)又は石炭鉱業	2101　金属鉱業 金鉱、銀鉱、銅鉱、鉛鉱、蒼鉛鉱、すず鉱、アンチモニー鉱、水銀鉱、亜鉛鉱、鉄鉱、硫化鉄鉱、クローム鉄鉱、マンガン鉱、タングステン鉱、モリブデン鉱、砒鉱、ニッケル鉱、コバルト鉱、ウラン鉱又はトリウム鉱の鉱業 2102　非金属鉱業 りん鉱、黒鉛、アスファルト、硫黄、石膏、重晶石、明ばん石、ほたる石、石綿、けい石、長石、ろう石、滑石又は耐火粘土の鉱業 2103　無煙炭鉱業 2104　れき青炭鉱業 2105　その他の石炭鉱業	(2601) 砂鉱業、(2602) 石炭選別業及び(2603) 亜炭鉱業（亜炭選別業を含む。）を除く。		1000分の88
	23	石灰石鉱業又はドロマイト鉱業	2301　石灰石鉱業又はドロマイト鉱業			1000分の13

	24	原油又は 天然ガス 鉱業	2401 2402	原油鉱業 天然ガス鉱業又は圧縮天然ガス 生産業			1000 分の 2.5
	25	採石業	2501 2502	花こう岩、せん緑岩、斑糲岩、 かんらん岩、斑岩、玢岩、輝緑岩、 粗面岩、安山岩、玄武岩、礫岩、 砂岩、頁岩、粘板岩、ぎょう灰岩、 片麻岩、蛇紋岩、結晶片岩、ベ ントナイト、酸性白土、けいそ う土、陶石、雲母又はひる石の 採取業 その他の岩石又は粘土（耐火粘 土を除く。）等の採取業	(2604) 砂 利、砂等の 採取業を 除き、一貫 して行う岩 石又は粘 土（耐火粘 土を除く。） の破砕等の (4901) そ の他の窯業 又は土石 製品製造 業を含む。		1000 分の 37
	26	その他 の鉱業	2601 2602 2603 2604	砂鉱業 石炭選別業 亜炭鉱業（亜炭選別業を含む。） 砂利、砂等の採取業			1000 分の 26
建設 事業	31	水力発電施設 隧道等 新設事業	3101 3102	水力発電施設新設事業 水力発電施設の新設に関する建 設事業及びこれに附帯して当該 事業現場内において行われる事 業（発電所又は変電所の家屋の 建築事業、水力発電施設新設事 業現場に至るまでの工事用資材 の運送のための道路、鉄道又は 軌道の建設事業、建設工事用機 械若しくは鉄管の組 立て又はすえ付けの事業、送電 線路の建設事業及び水力発電施 設新設事業現場外における索道 の建設事業を除く。） 高えん堤新設事業 基礎地盤から堤頂までの高さ20 メートル以上のえん堤（フィルダ ムを除く。）の新設に関する建設 事業及びこれに附帯して当該事業 現場内において行われる事業（高 えん堤新設事業現場に至るまでの 工事用資材の運送のための道路、 鉄道又は軌道の建設事業、建設工 事用機械以外の機械の組立て又は すえ付けの事業及び高えん堤新設 事業現場外における索道の建設事 業を除く。）		19%	1000 分の 34

		3103	隧道新設事業 隧道の新設に関する建設事業、隧道の内面巻替えの事業及びこれらに附帯して当該事業現場内において行われる事業（隧道新設事業の態様をもって行われる道路、鉄道、軌道、水路、煙道、建築物等の建設事業（推進工法による管の埋設の事業を除く。）を含み、内面巻立て後の隧道内において路面ほ装、砂利散布又は軌条の敷設を行う事業及び内面巻立て後の隧道内における建築物の建設事業を除く。）			
32	道路新設事業	3201	道路の新設に関する建設事業及びこれに附帯して行われる事業	(3103) 隧道新設事業及び (35) 建築事業を除く。	19%	1000分の11
33	ほ装工事業	3301 3302 3303	道路、広場、プラットホーム等のほ装事業 砂利散布の事業 広場の展圧又は芝張りの事業		17%	1000分の9
34	鉄道又は軌道新設事業		次に掲げる事業及びこれに附帯して行われる事業（建設工事用機械以外の機械の組立て又はすえ付けの事業を除く。）	(3103) 隧道新設事業及び (35) 建築事業を除く。	24%	1000分の9
		3401 3402	開さく式地下鉄道の新設に関する建設事業 その他の鉄道又は軌道の新設に関する建設事業			
35	建築事業 ((38) 既設建築物設備工事業を除く。)		次に掲げる事業及びこれに附帯して行われる事業（建設工事用機械以外の機械の組立て又はすえ付けの事業を除く。）		23%	1000分の9.5
		3501	鉄骨造り又は鉄骨鉄筋若しくは鉄筋コンクリート造りの家屋の建設事業（(3103) ずい道新設事業の態様をもって行われるものを除く。）			
		3502	木造、れんが造り、石造り、ブロック造り等の家屋の建設事業			
		3503	橋りょう建設事業 イ　一般橋りょうの建設事業 ロ　道路又は鉄道の鉄骨鉄筋若しくは鉄筋コンクリート造りの高架橋の建設事業 ハ　跨線道路橋の建設事業 ニ　さん橋の建設事業			

			3504	建築物の新設に伴う設備工事業（(3507) 建築物の新設に伴う電気の設備工事業及び (3715) さく井事業を除く。） イ　電話の設備工事業 ロ　給水、給湯等の設備工事業 ハ　衛生、消火等の設備工事業 ニ　暖房、冷房、換気、乾燥、温湿度調整等の設備工事業 ホ　工作物の塗装工事業 ヘ　その他の設備工事業			
			3507	建築物の新設に伴う電気の設備工事業		
			3508	送電線路又は配電線路の建設（埋設を除く。）の事業		
			3505	工作物の解体（一部分を解体するもの又は当該工作物に使用されている資材の大部分を再度使用することを前提に解体するものに限る。）、移動、取りはずし又は撤去の事業		
			3506	その他の建築事業 イ　野球場、競技場等の鉄骨造り又は鉄骨鉄筋若しくは鉄筋コンクリート造りのスタンドの建設事業 ロ　たい雪覆い、雪止め柵、落石覆い、落石防止柵等の建設事業 ハ　鉄塔又は跨線橋（跨線道路橋を除く。）の建設事業 ニ　煙突、煙道、風洞等の建設事業（(3103) ずい道新設事業の態様をもって行われるものを除く。） ホ　やぐら、鳥居、広告塔、タンク等の建設事業 ヘ　門、塀、柵、庭園等の建設事業 ト　炉の建設事業 チ　通信線路又は鉄管の建設（埋設を除く。）の事業 リ　信号機の建設事業 ヌ　その他の各種建築事業		
38	既設建築物設備工事業		3801	既設建築物の内部において主として行われる次に掲げる事業及びこれに附帯して行われる事業（建設工用機械以外の機械の組立て又はすえ付けの事業、(3802) 既設建築物の内部において主として行われる電気の設備工事業及び (3715) さく井事業を除く。） イ　電話の設備工事業 ロ　給水、給湯等の設備工事業 ハ　衛生、消火等の設備工事業	23%	1000分の12

		ニ　暖房、冷房、換気、乾燥、温湿度調整等の設備工事業 ホ　工作物の塗装工事業 ヘ　その他の設備工事業 3802　既設建築物の内部において主として行われる電気の設備工事業 3803　既設建築物における建具の取付け、床張りその他の内装工事業			
36	機械装置の組立て又は据付けの事業	次に掲げる事業及びこれに附帯して行われる事業 3601　各種機械装置の組立て又はすえ付けの事業 3602　索道建設事業		38%組立て又は取付けに関するもの 21%その他のもの	1000分の6
37	その他の建設事業	次に掲げる事業及びこれに附帯して行われる事業 3701　えん堤の建設事業（(3102) 高えん堤新設事業を除く。） 3702　隧道の改修、復旧若しくは維持の事業又は推進工法による管の埋設の事業（(3103) 内面巻替えの事業を除く。） 3703　道路の改修、復旧又は維持の事業 3704　鉄道又は軌道の改修、復旧又は維持の事業 3705　河川又はその附属物の改修、復旧又は維持の事業 3706　運河若しくは水路又はこれらの附属物の建設事業 3707　貯水池、鉱毒沈澱池、プール等の建設事業 3708　水門、樋門等の建設事業 3709　砂防設備（植林のみによるものを除く。）の建設事業 3710　海岸又は港湾における防波堤、岸壁、船だまり場等の建設事業 3711　湖沼、河川又は海面の浚渫、干拓又は埋立ての事業 3712　開墾、耕地整理又は敷地若しくは広場の造成の事業（一貫して行う (3719) 造園の事業を含む。） 3719　造園の事業 3713　地下に構築する各種タンクの建設事業 3714　鉄管、コンクリート管、ケーブル、鋼材等の埋設の事業 3715　さく井事業 3716　工作物の解体事業 3717　沈没物の引揚げ事業 3718　その他の各種建設事業	(33) ほ装工事業及び (3505) 工作物の解体（一部分を解体するもの又は当該工作物に使用されている資材の大部分を再度使用することを前提に解体するものに限る。）、移動、取りはずし又は撤去の事業を除く。	24%	1000分の15

製造業	41	食料品製造業	4101 4112	食料品製造業 たばこ等製造業			1000分の5.5
	42	繊維工業又は繊維製品製造業	4201	繊維工業又は繊維製品製造業			1000分の4
	44	木材又は木製品製造業	4401	木材又は木製品製造業	(6108) 竹、藤又はきりゆう製品製造業を除く。		1000分の13
	45	パルプ又は紙製造業	4501	パルプ又は紙製造業			1000分の7
	46	印刷又は製本業	4601	印刷又は製本業			1000分の3.5
	47	化学工業	4701	化学工業	(42) 繊維工業又は繊維製品製造業及び (6110) くずゴム製品製造業を除く。		1000分の4.5
	48	ガラス又はセメント製造業	4801	ガラス又はセメント製造業			1000分の6
	66	コンクリート製造業	6601	コンクリート製造業			1000分の13
	62	陶磁器製品製造業	6201	陶磁器製品製造業			1000分の17
	49	その他の窯業又は土石製品製造業	4901	その他の窯業又は土石製品製造業			1000分の23
	50	金属精錬業 ((51)非鉄金属精錬業を除く。)	5001	金属精錬業	一貫して行う (52) 金属材料品製造業を含む。		1000分の6.5

51	非鉄金属精錬業	5101	非鉄金属精錬業	一貫して行う(52)金属材料品製造業を含む。		1000分の7
52	金属材料品製造業((53)鋳物業を除く。)	5201	金属材料品製造業	一貫して(50)金属精錬業又は(51)非鉄金属精錬業を行うものを除く。		1000分の5
53	鋳物業	5301	鋳物業			1000分の16
54	金属製品製造業又は金属加工業((63)洋食器、刃物、手工具又は一般金物製造業及び(55)めつき業を除く。)	5401	金属製品製造業又は金属加工業			1000分の9
63	洋食器、刃物、手工具又は一般金物製造業((55)めつき業を除く。)	6301	洋食器、刃物、手工具又は一般金物製造業			1000分の6.5
55	めつき業	5501	めつき業			1000分の6.5

56	機械器具製造業((57)電気機械器具製造業、(58)輸送用機械器具製造業、(59)船舶製造又は修理業及び(60)計量器、光学機械、時計等製造業を除く。)	5601	機械器具製造業			1000分の5
57	電気機械器具製造業	5701	電気機械器具製造業			1000分の3
58	輸送用機械器具製造業((59)船舶製造又は修理業を除く。)	5801	輸送用機械器具製造業			1000分の4
59	船舶製造又は修理業	5901	船舶製造又は修理業			1000分の23
60	計量器、光学機械、時計等製造業((57)電気機械器具製造業除く。)	6001	計量器、光学機械、時計等製造業			1000分の2.5
64	貴金属製品、装身具、皮革製品等製造業	6401	貴金属製品、装身具、皮革製品等製造業			1000分の3.5

	61	その他の製造業	6102	ペン、ペンシルその他の事務用品又は絵画用品製造業			1000分の6
			6104	可塑物製品製造業（購入材料によるものに限る。）			
			6105	漆器製造業			
			6107	加工紙、紙製品、紙製容器又は紙加工品製造業			
			6108	竹、籐又はきりゆう製品製造業			
			6109	わら類製品製造業			
			6110	くずゴム製品製造業			
			6115	塗装業			
			6116	その他の各種製造業			
運輸業	71	交通運輸事業	7101	鉄道、軌道又は索道による旅客又は貨物の運送事業（(7202) 貨物の積みおろし又は集配を伴う貨物の運送事業を除く。）			1000分の4
			7102	自動車又は軽車両による旅客の運送事業			
			7104	航空機による旅客又は貨物の運送事業			
			7105	船舶による旅客の運送事業			
			7103	自動車、航空機等を使用して宣伝、広告、測量等を行なう事業			
			7106	その他の交通運輸事業			
	72	貨物取扱事業（(73) 港湾貨物取扱事業及び (74) 港湾荷役業を除く。）	7201	停車場、倉庫、工場、道路等における貨物取扱いの事業			1000分の8.5
			7202	貨物の積みおろし又は集配を伴う鉄道軌道又は索道による貨物の運送事業			
			7203	自動車又は軽車両による貨物の運送事業			
			7206	船舶による貨物の運送事業			
			7204	貨物の荷造り又はこん包の事業			
			7205	自動車により砂利その他の土石を運搬して販売する事業			
	73	港湾貨物取扱事業（(74) 港湾荷役業を除く。）	7301	港湾の上屋、倉庫等における貨物取扱いの事業	一貫して (74) 港湾荷役業を行うものを除く。		1000分の9
			7302	はしけ又は引船による貨物の運送事業			
	74	港湾荷役業	7401	沿岸において船舶に荷を積み又は船舶から荷をおろすために貨物を取り扱う事業	一貫して行う (73) 港湾貨物取扱事業を含む。		1000分の12
			7402	船舶内において船舶に荷を積み又は船舶から荷をおろすために貨物を取り扱う事業（一貫して行う (7401) 沿岸において船舶に荷を積み又は船舶から荷をおろすために貨物を取り扱う事業を含む。）			

電気、ガス、水道又は熱供給の事業	81	電気、ガス、水道又は熱供給の事業	A 電気業 8101 発電、送電、変電又は配電の事業 B ガス業 8102 天然ガスの採取供給又はガスの製造供給の事業 8103 天然ガス又はガスの供給の事業 C 水道業 8104 上水道業 8105 下水道業 D 熱供給業 8106 熱供給業			1000分の3
その他の事業	95	農業又は海面漁業以外の漁業	9501 土地の耕作又は植物の栽植、栽培若しくは採取の事業その他の農業 9502 動物の飼育若しくは畜産の事業又は養蚕の事業 9503 水産動植物の採捕又は養殖の事業((11)海面漁業及び(12)定置網漁業又は海面魚類養殖業を除く。)			1000分の13
	91	清掃、火葬又はと畜の事業	9101 清掃業 9102 火葬業 9103 と畜業			1000分の13
	93	ビルメンテナンス業	9301 ビルの総合的な管理等の事業			1000分の6
	96	倉庫業、警備業、消毒又は害虫駆除の事業又はゴルフ場の事業	9601 倉庫業 9602 警備業 9603 消毒又は害虫駆除の事業 9606 ゴルフ場の事業			1000分の6.5
	97	通信業、放送業、新聞業又は出版業	9701 通信業 9702 放送業 9703 新聞業又は出版業			1000分の2.5
	98	卸売業・小売業、飲食店又は宿泊業	9801 卸売業・小売業 9802 飲食店 9803 宿泊業			1000分の3

99	金融業、保険業又は不動産業	9901 9902 9903	金融業 保険業 不動産業			1000分の2.5
94	その他の各種事業	9411 9412 9418 9419 9420 9421 9422 9423 9425 9426 9431 9432 9433 9434 9435 9436 9416	広告、興信、紹介又は案内の事業 速記、筆耕、謄写印刷又は青写真業 映画の製作、演劇等の事業 劇場、遊戯場その他の娯楽の事業 洗たく、洗張又は染物の事業 理容、美容又は浴場の事業 物品賃貸業 写真、物品預り等の事業 教育業 研究又は調査の事業 医療業 社会福祉又は介護事業 幼稚園 保育所 認定こども園 情報サービス業 前各項に該当しない事業			1000分の3

船舶所有者の事業の種類の細目

事業の種類	事業の種類の番号	事業の種類の細目	労災保険率
船舶所有者の事業	90	9001　水産動植物の採捕又は養殖の事業 9002　外航旅客運送事業 9003　外航貨物運送事業 9004　内航旅客運送事業 9005　内航貨物運送事業 9006　その他の船舶所有者の事業	1000分の42

付録 2　雇用保険率

区　　　　　分		保険率
一般の事業	特掲事業以外の事業	1000 分の 15.5
特　掲　事　業	土地の耕作若しくは開墾又は植物の栽植、栽培、採取若しくは伐採の事業その他農林の事業（園芸サービスの事業を除く）	1000 分の 17.5
	動物の飼育又は水産動植物の採捕若しくは養殖の事業その他畜産、養蚕又は水産の事業（牛馬の育成、酪農、養鶏又は養豚の事業及び内水面養殖の事業は除く）	
	清酒の製造の事業	
	土木、建築その他工作物の建設、改造、保存、修理、変更、破壊若しくは解体又はその準備の事業	1000 分の 18.5

付録3　隣接する都道府県労働局の管轄区域一覧表

事務所の所在地の都道府県	近接都道府県
北　海　道	青森県
青　森　県	北海道　岩手県　秋田県
岩　手　県	青森県　宮城県　秋田県
宮　城　県	岩手県　秋田県　山形県　福島県
秋　田　県	青森県　岩手県　宮城県　山形県
山　形　県	宮城県　秋田県　福島県　新潟県
福　島　県	宮城県　山形県　茨城県　栃木県　群馬県　新潟県
茨　城　県	福島県　栃木県　群馬県　埼玉県　千葉県　東京都　神奈川県
栃　木　県	福島県　茨城県　群馬県　埼玉県　千葉県　東京都　神奈川県
群　馬　県	福島県　茨城県　栃木県　埼玉県　千葉県　東京都　神奈川県　新潟県　長野県
埼　玉　県	茨城県　栃木県　群馬県　千葉県　東京都　神奈川県　山梨県　長野県　静岡県
千　葉　県	茨城県　栃木県　群馬県　埼玉県　東京都　神奈川県　静岡県
東　京　都	茨城県　栃木県　群馬県　埼玉県　千葉県　神奈川県　山梨県　静岡県
神　奈　川　県	茨城県　栃木県　群馬県　埼玉県　千葉県　東京都　山梨県　静岡県
新　潟　県	山形県　福島県　群馬県　東京都　富山県　長野県
富　山　県	新潟県　石川県　長野県　岐阜県
石　川　県	富山県　福井県　岐阜県
福　井　県	石川県　岐阜県　滋賀県　京都府
山　梨　県	埼玉県　東京都　神奈川県　長野県　静岡県
長　野　県	群馬県　埼玉県　新潟県　富山県　山梨県　岐阜県　静岡県　愛知県
岐　阜　県	富山県　石川県　福井県　長野県　愛知県　三重県　滋賀県
静　岡　県	埼玉県　千葉県　東京都　神奈川県　山梨県　長野県　愛知県
愛　知　県	長野県　岐阜県　静岡県　三重県

三　重　県	岐阜県　愛知県　滋賀県　京都府　<u>大阪府</u>　兵庫県 奈良県　和歌山県
滋　賀　県	福井県　岐阜県　三重県　京都府　<u>大阪府</u>　兵庫県 <u>奈良県</u>
京　都　府	福井県　三重県　滋賀県　大阪府　兵庫県　奈良県 和歌山県　<u>鳥取県</u>　<u>岡山県</u>
大　阪　府	<u>三重県</u>　<u>滋賀県</u>　京都府　兵庫県　奈良県　和歌山県 <u>鳥取県</u>　<u>岡山県</u>　<u>徳島県</u>　<u>香川県</u>
兵　庫　県	<u>三重県</u>　<u>滋賀県</u>　京都府　大阪府　<u>奈良県</u>　<u>和歌山県</u> 鳥取県　岡山県　<u>徳島県</u>　<u>香川県</u>
奈　良　県	三重県　<u>滋賀県</u>　京都府　大阪府　<u>兵庫県</u>　和歌山県
和　歌　山　県	三重県　<u>京都府</u>　大阪府　<u>兵庫県</u>　奈良県　<u>徳島県</u>
鳥　取　県	<u>京都府</u>　兵庫県　島根県　岡山県　広島県
島　根　県	鳥取県　<u>岡山県</u>　広島県　山口県
岡　山　県	<u>京都府</u>　<u>大阪府</u>　兵庫県　鳥取県　<u>島根県</u>　広島県 <u>香川県</u>　愛媛県
広　島　県	鳥取県　島根県　岡山県　山口県　<u>香川県</u>　<u>愛媛県</u>
山　口　県	島根県　広島県　<u>愛媛県</u>　<u>福岡県</u>　<u>大分県</u>
徳　島　県	<u>大阪府</u>　<u>兵庫県</u>　<u>和歌山県</u>　香川県　愛媛県　高知県
香　川　県	<u>大阪府</u>　<u>兵庫県</u>　<u>岡山県</u>　<u>広島県</u>　徳島県　愛媛県 <u>高知県</u>
愛　媛　県	<u>岡山県</u>　<u>広島県</u>　<u>山口県</u>　徳島県　香川県　高知県 <u>大分県</u>
高　知　県	徳島県　<u>香川県</u>　愛媛県
福　岡　県	<u>山口県</u>　佐賀県　<u>長崎県</u>　熊本県　大分県　<u>宮崎県</u> 鹿児島県
佐　賀　県	福岡県　長崎県　<u>熊本県</u>　<u>大分県</u>
長　崎　県	<u>福岡県</u>　佐賀県　<u>熊本県</u>
熊　本　県	福岡県　<u>佐賀県</u>　<u>長崎県</u>　大分県　宮崎県　鹿児島県
大　分　県	<u>山口県</u>　<u>愛媛県</u>　福岡県　<u>佐賀県</u>　熊本県　宮崎県
宮　崎　県	熊本県　大分県　鹿児島県
鹿　児　島　県	熊本県　宮崎県
沖　縄　県	──

※下線は厚生労働大臣が指定する都道府県労働局の管轄区域

付録4　第2種特別加入保険料率

（令和6年4月1日改定）

事業又は作業の種類の番号	事　業　又　は　作　業　の　種　類	保険料率
特1	労働者災害補償保険法施行規則（以下「労災保険法施行規則」という）第46条の17第1号の事業（個人タクシー、個人貨物運送業者、フードデリバリーサービス等の自転車配達員）	1000分の11
特2	労災保険法施行規則第46条の17第2号の事業（建設業の一人親方）	1000分の17
特3	労災保険法施行規則第46条の17第3号の事業（漁船による自営業者）	1000分の45
特4	労災保険法施行規則第46条の17第4号の事業（林業の一人親方）	1000分の52
特5	労災保険法施行規則第46条の17第5号の事業（医薬品の配置販売の事業）	1000分の6
特6	労災保険法施行規則第46条の17第6号の事業（再生資源取扱業者）	1000分の14
特7	労災保険法施行規則第46条の17第7号の事業（船員法第1条に規定する船員が行う事業）	1000分の48
特8	労災保険法施行規則第46条の17第8号の事業（柔道整復師の事業）	1000分の3
特9	労災保険法施行規則第46条の17条第9号の事業（創業支援等措置に基づき事業を行う高年齢者）	1000分の3
特10	労災保険法施行規則第46条の17第10号の事業（あん摩マッサージ指圧師、はり師又はきゆう師の事業）	1000分の3
特11	労災保険法施行規則第46条の17第11号の事業（歯科技工士の事業）	1000分の3
特12	労災保険法施行規則第46条の18第1号ロの作業（指定農業機械従事者）	1000分の3
特13	労災保険法施行規則第46条の18第2号イの作業（職場適応訓練受講者）	1000分の3

特 14	労災保険法施行規則第 46 条の 18 第 3 号イ又はロの作業 （金属等の加工、洋食器加工作業）	1000 分の 14
特 15	労災保険法施行規則第 46 条の 18 第 3 号ハの作業 （履物等の加工の作業）	1000 分の 5
特 16	労災保険法施行規則第 46 条の 18 第 3 号ニの作業 （陶磁器製造の作業）	1000 分の 17
特 17	労災保険法施行規則第 46 条の 18 第 3 号ホの作業 （動力機械による作業）	1000 分の 3
特 18	労災保険法施行規則第 46 条の 18 第 3 号への作業 （仏壇、食器の加工の作業）	1000 分の 18
特 19	労災保険法施行規則第 46 条の 18 第 2 号ロの作業 （事業主団体等委託訓練従事者）	1000 分の 3
特 20	労災保険法施行規則第 46 条の 18 第 1 号イの作業 （特定農作業従事者）	1000 分の 9
特 21	労災保険法施行規則第 46 条の 18 第 4 号の作業 （労働組合等常勤役員）	1000 分の 3
特 22	労災保険法施行規則第 46 条の 18 第 5 号の作業 （介護作業従事者及び家事支援従事者）	1000 分の 5
特 23	労災保険法施行規則第 46 条の 18 第 6 号の作業 （芸能従事者）	1000 分の 3
特 24	労災保険法施行規則第 46 条の 18 第 7 号の作業 （アニメーション制作従事者）	1000 分の 3
特 25	労災保険法施行規則第 46 条の 18 第 8 号の作業 （情報処理システムの設計等の情報処理に係る作業従事者）	1000 分の 3

※令和 6 年に上記に加え、「労災保険法施行規則第 46 条の 17 第 12 号の事業（フリーランス法に規定する、特定受託事業者が業務委託事業者から業務委託を受けて行う事業）」が追加（料率 1000 分の 3）される予定です。

第 3 種特別加入保険料率

（平成 27 年 4 月 1 日改定）

対　　象	保険料率
海外で行われる事業に派遣される労働者等	1000 分の 3

付録5　特別加入保険料算定基礎額

給付基礎日額	保険料算定基礎額	特例による1/12の額
２５，０００円	９，１２５，０００円	７６０，４１７円
２４，０００円	８，７６０，０００円	７３０，０００円
２２，０００円	８，０３０，０００円	６６９，１６７円
２０，０００円	７，３００，０００円	６０８，３３４円
１８，０００円	６，５７０，０００円	５４７，５００円
１６，０００円	５，８４０，０００円	４８６，６６７円
１４，０００円	５，１１０，０００円	４２５，８３４円
１２，０００円	４，３８０，０００円	３６５，０００円
１０，０００円	３，６５０，０００円	３０４，１６７円
９，０００円	３，２８５，０００円	２７３，７５０円
８，０００円	２，９２０，０００円	２４３，３３４円
７，０００円	２，５５５，０００円	２１２，９１７円
６，０００円	２，１９０，０００円	１８２，５００円
５，０００円	１，８２５，０００円	１５２，０８４円
４，０００円	１，４６０，０００円	１２１，６６７円
３，５００円	１，２７７，５００円	１０６，４５９円
（３，０００円）	（１，０９５，０００円）	（９１，２５０円）
（２，５００円）	（９１２，５００円）	（７６，０４２円）
（２，０００円）	（７３０，０００円）	（６０，８３４円）

注　（　）内は、家内労働者のみ適用されます。

労働保険事務組合の実務　令和6年版

令和6年 3月25日　初版

編　　者　株式会社労働新聞社

発 行 所　株式会社労働新聞社
　　　　　〒173-0022　東京都板橋区仲町29-9
　　　　　TEL：03-5926-6888（出版）　03-3956-3151（代表）
　　　　　FAX：03-5926-3180（出版）　03-3956-1611（代表）
　　　　　https://www.rodo.co.jp　　　pub@rodo.co.jp

印　　刷　アベイズム株式会社

ISBN 978-4-89761-970-5

私たちは、働くルールに関する情報を発信し、
経済社会の発展と豊かな職業生活の実現に貢献します。

労働新聞社の定期刊行物のご案内

「産業界で何が起こっているか？」
労働に関する知識取得にベストの参考資料が収載されています。

週刊 労働新聞

タブロイド判・16ページ　月4回発行
購読料（税込）：46,200円（1年）23,100円（半年）

労働諸法規の実務解説はもちろん、労働行政労使の最新の動向を迅速に
報道します。
個別企業の賃金事例、労務諸制度の紹介や、読者から直接寄せられる法
律相談のページも設定しています。　流動化、国際化に直面する労使および
実務家の知識収得にベストの参考資料が収載されています。

安全・衛生・教育・保険の総合実務誌

安全スタッフ

B5判・58ページ　月2回（毎月1・15日発行）
購読料（税込）：46,200円（1年）23,100円（半年）

●産業安全をめぐる行政施策、研究活動、業界団体の動向などをニュース
としていち早く報道
●毎号の特集では安全衛生管理活動に欠かせない実務知識や実践事例、
災害防止のノウハウ、法律解説、各種指針・研究報告などを専門家、企業担
当者の執筆・解説と編集部取材で掲載
●「実務相談室」では読者から寄せられた質問（人事・労務全般、社会・労
働保険等に関するお問い合わせ）に担当者が直接お答えします!
●連載には労災判例、メンタルヘルス、統計資料、読者からの寄稿・活動レ
ポートがあって好評